natürlich oekom!

Mit diesem Buch halten Sie ein echtes Stück Nachhaltigkeit in den Händen. Durch Ihren Kauf unterstützen Sie eine Produktion mit hohen ökologischen Ansprüchen:

- 100 % Recyclingpapier
- mineralölfreie Druckfarben
- Verzicht auf Plastikfolie
- Finanzierung von Klima- und Biodiversitätsprojekten
- kurze Transportwege – in Deutschland gedruckt

Weitere Informationen unter www.natürlich-oekom.de und #natürlichoekom

gefördert durch: Selbach-Umwelt-Stiftung und Schweisfurth Stiftung

Selbach Umwelt Stiftung

Bibliografische Information der Deutschen Nationalbibliothek:
Die Deutsche Nationalbibliothek verzeichnet diese Publikation in der Deutschen Nationalbibliografie; detaillierte bibliografische Daten sind im Internet über www.dnb.de abrufbar.

oekom – Gesellschaft für ökologische Kommunikation mbH
Goethestraße 28, 80336 München
+49 89 544184 – 200
www.oekom.de

Layout und Satz: le tex, xerif
Umschlaggestaltung: Laura Denke, oekom verlag
Umschlagabbildung: © Adobe Stock / EnelEva
Druck: CPI books GmbH, Leck

ISBN 978-3-98726-122-0
https://doi.org/10.14512/9783987263828

BERND SÖHNLEIN

Die Natur im Recht

Vision einer ökologischen Rechtsordnung

Inhalt

Kapitel 1

Eigenrechte der Natur – eine verrückte Idee?

In der *Frankfurter Allgemeinen Zeitung* erschien im August 2022 ein Gastbeitrag zum Thema »Die Natur braucht eigene Rechte«. In dem Kommentarblog zur Onlineausgabe fand sich folgende Anmerkung: »Kann mich dann mein Kaktus verklagen, wenn ich ihn nicht gieße?«

Vielleicht fand der Leser oder die Leserin die Idee, der Natur eigene Rechte zu geben, etwas verrückt und sah sich deshalb zu einer scherzhaften Bemerkung veranlasst. Vielleicht hat der- oder diejenige mit diesem Satz aber auch hinter die Forderung nach eigenen Rechten für die Natur ein dickes Fragezeichen setzen wollen.

Das Fragezeichen hat seinen guten Grund. Denn das Postulat, jemand anderem als Menschen ein eigenes Recht zusprechen zu wollen, klingt erst einmal unerhört. Noch dazu für Juristinnen und Juristen, die es gewohnt sind, sich in festgefügten Denkmustern zu bewegen.

Betrachtet man das Ausmaß der Zerstörung, die wir Menschen in den vergangenen Jahrhunderten der Natur auf dem Planeten Erde zugefügt haben – mit sich beschleunigendem Tempo in den zurückliegenden Jahrzehnten –, werden wir nicht umhinkommen, den Umgang mit der Natur auf dem Gebiet des Rechts fundamental zu überdenken. Die Forderung, die Natur als Rechtssubjekt anzuerkennen, ihr eigene Rechte zuzusprechen, bewegt weltweit die Menschen in zahlreichen Ländern. In einigen Staaten ist sie bereits Bestandteil der Rechtsordnung geworden.[1]

Ich möchte in diesem Buch zeigen, dass die Idee einer rechtlichen Gemeinschaft mit der nichtmenschlichen Natur nicht so abwegig ist, wie es auf den ersten Blick erscheint. Sie lässt sich nicht nur ethisch begründen, sondern auch in unsere geltende Rechtsordnung integrieren.

Der Forderung nach Eigenrechten für die Natur begegnen ausgerechnet Teile der Umweltverbände bislang mit Skepsis. Möglicherweise deswegen, weil sie es als untaugliches Mittel ansehen, um kurzfristige politische Erfolge im Kampf gegen den Klimawandel und den Verlust der biologischen Vielfalt zu erzielen. In der Tat würde man das Konzept »Rechte der Natur« missverstehen, wenn man es lediglich als juristisches Werkzeug begreifen wollte, um das geltende Umweltrecht wirksamer als bisher durchzusetzen.

Eigene Rechte für die Natur bedeuten in Wirklichkeit einen tiefgreifenden Wandel in unserer (Rechts-)Kultur. Es handelt sich nicht nur um eine »Modeerscheinung«, sondern um ein fundamentales Anliegen mit dem Ziel, unsere Rechtsordnung an die heutigen wissenschaftlichen Erkenntnisse und an die Herausforderungen der kommenden Jahrzehnte anzupassen, indem man die Natur nicht weiter als Ressource behandelt, sondern als Rechtssubjekt.

Wie müsste man die Rechtsordnung ergänzen, um das Verhältnis des Menschen zur nichtmenschlichen Natur neu zu ordnen? Welchen Teilen der Natur könnten eigene Rechte eingeräumt werden? Welchen Inhalt hätten solche Rechte? Wer kommt als Sprecher für die Rechte der Natur in Betracht? In welchem Verhältnis stünden Rechte der Natur zu menschlichen Rechtspositionen? Diesen Fragen möchte ich in dem Buch auf den Grund gehen.

Ich maße mir allerdings nicht an, auf alle Fragen eine umfassende Antwort zu geben, geschweige denn, alle Facetten der Thematik erschöpfend zu behandeln. Wer mit dem Umweltrecht etwas vertraut ist, weiß, dass ein Großteil der nationalen Umweltvorschriften durch europäische Gesetze vorgeprägt ist. Wie sich die Rechte der Natur in das Europarecht einpassen würden, lasse ich offen. Dieser Gesichtspunkt würde ein eigenes Buch füllen. Da sich die oben erwähnten Fragen aber auf europäischer Ebene in gleicher Weise stellen wie im bundesdeutschen Recht, weisen die Ausführungen dazu über das deutsche Recht hinaus und sind auch auf den europarechtlichen Kontext übertragbar.[2]

Bei dem Verhältnis zwischen den Rechten der Natur und menschlichen Grundrechten setze ich einen Schwerpunkt auf Aspekte der Landnutzung. Zu den Auswirkungen von Rechten der Natur auf unser Wirtschaftssystem insgesamt, auf unsere Energieversorgung, auf unseren gesamten Lebensstil gäbe es vieles zu erörtern. Den Anspruch, ein allumfassendes Kompendium zu den Rechten der Natur vorzulegen, kann und will ich mit diesem Buch nicht erfüllen. Ziel ist es vielmehr, zur Diskussion, zum Nachdenken und zum Weiterdenken anzuregen.

Kapitel 2

Die Natur als rechtlicher Begriff

Dieses Buch handelt vom Umgang der Rechtsordnung mit der Natur.

Je nachdem, aus welcher Perspektive man sich dem Begriff der Natur nähert, ob aus naturwissenschaftlicher, ästhetischer oder ethischer Perspektive: Die Vorstellungen darüber, was Natur ist, sind überaus vielschichtig. Man kann sie unter dem Aspekt der sinnlichen Wahrnehmung als Landschaft betrachten, als Mosaik oder Gesamtheit von Ökosystemen, in den Gegensätzen Wildnis und Kulturlandschaft usw. Alle diese Aspekte der Natur sind zudem subjektiv, kulturell und zeitgeschichtlich beeinflusst.[3]

Um Missverständnissen aus dem Weg zu gehen, möchte ich eingangs erläutern, was gemeint ist, wenn ich im Folgenden von Natur als rechtlichem Begriff spreche.

In der Rechtsordnung sind – fachsprachlich – unbestimmte Rechtsbegriffe nichts Außergewöhnliches. Im Gegenteil: Eine Rechtsvorschrift kann gar nicht alle denkbaren Einzelfälle beschreiben, die man sich in der Theorie ausdenken kann und die in der Praxis vorkommen.

Juristinnen und Juristen helfen sich mit Interpretationshilfen, indem sie zum Beispiel dem Sinn und Zweck einer Regelung nachgehen, ihren Zusammenhang mit anderen Vorschriften in den Blick nehmen oder die Gesetzgebungsgeschichte erforschen.

Einer Auslegung mit den eben erwähnten Mitteln der Rechtswissenschaft ist der Begriff »Natur« jedoch nur im Kontext einer bestimmten Regelung zugänglich. Für eine allgemein gehaltene Erörterung wie diese helfen herkömmliche Methoden der Rechtsauslegung nicht weiter. »Natur« ist ein so ungemein bedeutungsreicher und interpretationsoffener Begriff, dass man sich angreifbar macht, wenn man ihn nicht inhaltlich einzugrenzen versucht. Denn wenn jeder etwas anderes darunter versteht, wird man bei Debatten um die Rechte der Natur leicht aneinander vorbeireden oder Missverständnisse hervorrufen.

Klarstellen möchte ich, dass der hier gebrauchte Naturbegriff zum einen auf seine Funktion als Rechtsbegriff zugeschnitten ist. Zum anderen erhebt er nicht den Anspruch, allgemeingültig und über jede Kritik erhaben zu sein. Es soll lediglich klar sein, was gemeint ist, wenn nachfolgend von Natur die Rede ist.

Nähern wir uns der Begrifflichkeit von den Rändern her: Verfehlt wäre es, »Natur« als Oberbegriff im Sinne von Wesen oder Gesamtheit der Dinge mit der Gesamtheit ihrer Eigenschaften zu verstehen.[4] Natur wäre dann *alles*, eingeschlossen das gesamte Universum. Bei der Fragestellung, wie wir Menschen gemeinsam mit der Natur (über)leben können, stehen die Geschehnisse auf unserem Erdball im Mittelpunkt. Natur kann also sinnvollerweise nur Prozesse und ihre Erscheinungsformen auf dem Planeten Erde umfassen, einschließlich seiner ihn umgebenden Atmosphäre.

Andererseits wäre ein Naturbegriff, der nur Dinge einschließt, »wie sie unabhängig von allen menschlichen Eingriffen sein würden«,[5] zu eng. Denn dieser Naturbegriff würde alle Kulturlandschaften ausschließen, mithin den überwiegenden Anteil der Erdoberfläche, der von menschlichen Eingriffen geprägt wird.

Man trifft den Kern, wenn man alles Lebendige in den Begriff der Natur einschließt. Wesentliches Merkmal des Naturbegriffs ist die Gesamtheit der Lebewesen. Ich rechne dazu neben den Lebewesen, die wir den Tieren und Pflanzen zuordnen, ausdrücklich auch Pilze, »Mischwesen« (z. B. Flechten) und Mikroorganismen.[6]

Es sind aber nicht nur die Lebewesen selbst, aus denen die Natur besteht, sondern vor allem ihre Wechselbeziehungen untereinander sowie zwischen den Lebewesen und den unbelebten Elementen. Wechselbeziehungen unter den Lebewesen sind die Nahrungsaufnahme, Akte der Fortpflanzung, des Sozial- und Schwarmverhaltens, der Symbiosen und jegliche Arten der Kommunikation. Mit unbelebten Elementen tauschen sich Lebewesen aus, indem sie Stoffe aufnehmen und ausscheiden, Luft, Boden und Wasser zur Fortbewegung und zum Aufenthalt nutzen. Zu den unbelebten Elementen zählen die tote Materie (Gesteine/Erde, Wasser, Luft) ebenso wie physikalische Erscheinungen (Feuer, Wind, Temperatur, Vulkanismus, Erdbeben usw.). Auch sie muss man mit in den Naturbegriff aufnehmen.

Zur Natur gehören auch vom Menschen beeinflusste Lebensvorgänge und deren Erscheinungsformen, soweit sie in einem Austausch mit den Naturkräften und anderen Lebewesen stehen. Das Getreidefeld ist Teil der Natur, auch wenn es von Menschenhand gesät, gedüngt und mit Pestiziden behandelt wird. Denn die Saat geht nur auf, wenn es regnet, der Boden warm genug ist und ein Mindestmaß an Bodenleben die Pflanzen wachsen lässt. Kulturlandschaften, forstwirtschaftlich genutzte Wälder und Gärten sind Natur.

Die Grenze ziehe ich dort, wo unbelebte Materie außerhalb des Wirkungsgefüges der lebendigen Welt steht: Gestein, Öl, Gase in einer Tiefe, in der diese Stoffe nicht mit Lebewesen in Kontakt stehen, schließe ich aus dem Begriff »Natur« aus, jedenfalls solange diese Stoffe nicht an die Oberfläche gelangen oder geholt werden und dadurch mit den Lebensvorgängen in Berührung kommen.

Nicht zur Natur rechne ich alles, was (nahezu) ausschließlich von Menschen geschaffen wird. Das sind alle künstlich hergestellten Gegenstände, die ohne Mitwirkung von Naturkräften entstanden sind und die nicht in einem Austausch mit der belebten Welt stehen (Artefakte).[7] Auch dasjenige, was nur in der geistigen Vorstellungswelt der Menschen existiert, ist keine Natur im Sinne dieser Definition, auch wenn es für uns als Menschen tatsächlich existiert, z. B. juristische Personen, ein musikalisches Werk, Ländergrenzen (außer sie sind mit Mauern und Stacheldraht befestigt) usw.

Zugegebenermaßen gibt es Grauzonen des Naturbegriffs: Eine Pflanzkultur in einem Gewächshaus, das klimatisiert und mit einem künstlichen Bewässerungssystem ausgestattet ist, wird man nicht mehr als Natur bezeichnen können. Ob eine künstlich bewässerte Freilandkultur für Gemüse oder Blumen in einem nicht standortheimischen Pflanzsubstrat noch zur Natur gehört, mag fraglich sein. Solche Grenzfälle stellen allerdings den oben umrissenen Naturbegriff nicht infrage.

Irreführend wäre es, den Begriff der Kultur dem Begriff der Natur gegenüberzustellen. Sieht man Kultur im weitesten Sinne als Ausdruck all dessen an, was spezifisch menschlich ist, insbesondere die Sprache, die Künste und jede Form technischen und kreativen Gestaltens, überlagern sich Kultur und Natur vielfach. Teile der Natur sind Gegenstand menschlicher Kultur (Land- und Forstwirtschaft, Gartenkultur, Gestaltung von Gewässern usw.).

Der in diesem Buch verwendeten Definition von Natur liegt ein ökologischer Naturbegriff zugrunde.[8] Natur ist keine bloße Ansammlung einzelner Lebewesen, sondern ein Geflecht von Interaktionen zwischen den Organismen mit vielfältigsten gegenseitigen Wechselwirkungen und Abhängigkeiten. Innerhalb dieses global miteinander verbundenen Netzwerks haben sich Lebensgemeinschaften mit bestimmten Akteuren entwickelt, die an die physikalischen und chemischen Bedingungen des jeweiligen Standorts angepasst sind. Die Natur ist zwar den physikalischen Gesetzmäßigkeiten unterworfen, die im gesamten Universum gelten: Gravitation, Magnetismus, der Aufbau von Elementarteilchen, die Gesetze der Thermodynamik usw.

Sie folgt aber eigenen Spielregeln, die den Gesetzen der Physik scheinbar widersprechen: Während Materie und Energie danach streben, sich im Weltraum gleichmäßig und zufällig zu verteilen, baut die Natur mithilfe der Sonnenenergie geordnete, nicht zufällige und sich selbst organisierende Strukturen auf. Das gilt für die einzelne Zelle ebenso wie für das einzelne Lebewesen und für ganze Gemeinschaften aus Organismen. Die Geowissenschaften beschreiben solche Lebensgemeinschaften als Ökosysteme.

Selbst bei annähernd konstanten Standortfaktoren sind Ökosysteme keine statischen Gebilde. Sie verändern sich ständig als Reaktion auf Einflüsse von außen und innen. Beispielsweise durchlaufen Ökosysteme nach Bränden oder Überschwemmungen Wiederbesiedelungsphasen bis hin zu reiferen Stadien, die fortbestehen, bis das Spiel von Neuem beginnt. Ökosysteme verändern sich aber auch im Inneren, indem die an ihnen beteiligten Organismen im Zuge der Fortpflanzung zufälligen Veränderungen (Mutationen) in ihrem »Betriebssystem« (d. h. ihrer genetischen Ausstattung) unterworfen sind. Diejenigen Organismen, die sich am besten an ihre Umweltbedingungen anpassen, können sich erfolgreicher als andere fortpflanzen. So entstehen neue Arten, andere verschwinden.

Die Ökologie als »Beziehungswissenschaft« geht auf Ernst Haeckel zurück, der diesen Begriff bereits im 19. Jahrhundert in die wissenschaftliche Diskussion eingeführt hat.[9] Der ökologische Naturbegriff deckt sich größtenteils mit der vom Wissenschaftlichen Beirat der Bundesregierung Globale Umweltveränderungen (WBGU) vorgeschlagenen Definition des Begriffs »Biosphäre«.[10]

Auch die Menschen zählen als Lebewesen, biologisch gesehen, zur Natur, sind mit ihr verwoben. Für die vorliegende Abhandlung gehe ich deshalb von folgendem Naturbegriff aus: Natur ist die Gesamtheit der Lebewesen auf der Erde in ihren komplexen Wechselbeziehungen untereinander sowie mit den unbelebten Elementen.

Auch das Recht beschäftigt sich mit Beziehungen, und zwar mit sozialen Beziehungen zwischen den Menschen. Zu einer Beziehung gehören mindestens zwei Akteure. Ist es deshalb unmöglich, den Menschen einerseits als Teil der Natur anzusehen und andererseits Mensch und Natur in eine rechtliche Beziehung zueinander zu stellen? Kann man juristisch gleichzeitig Teil eines Ganzen und etwas Eigenständiges sein? Die Rechtsordnung hat damit kein Problem: Wenn man als Arbeitnehmerin oder Arbeitnehmer eines Unternehmens tätig ist, ist man, juristisch gesehen, Mitglied einer rechtlichen Einheit, z. B. einer GmbH. Zugleich steht man aber im Rahmen des Arbeitsverhältnisses in einer rechtlichen Beziehung zur Arbeitgeberseite. Rechtliche Beziehungen können auch zu Kolleginnen und Kollegen bestehen, etwa wenn der Betriebsrat bei einer Personalentscheidung mitwirkt.

Naturwissenschaftlich betrachtet, ist die Menschheit Teil der Biosphäre. Diese Tatsache steht einer rechtlichen Beziehung zwischen Mensch und Natur jedoch nicht entgegen.

Kapitel 3

Das überholte Weltbild europäischer Rechtsordnungen

Die Biosphäre mit all ihren Elementen hat sich im Laufe der Erdgeschichte immer wieder gewandelt, und sie wandelt sich weiter. Keine einzelne Art dürfte die Erde aber in ähnlicher Weise verändert haben wie der Mensch. Manche Wissenschaftler sehen darin bereits den Beginn eines neuen Erdzeitalters, des Anthropozän.[11] In der Fachwelt unumstritten ist, dass die dramatischen Umwälzungen, die sich im weltweiten Klimasystem, im Verlust der Artenvielfalt, in der Verschmutzung und Überfischung der Meere und vielem mehr zeigen, auf Handlungen von Menschen zurückgehen.

Die Ausbeutung der Natur mag vielerlei Ursachen haben. Ein ganz wichtiger Grund liegt in dem Selbstverständnis des Menschen gegenüber der nichtmenschlichen Natur. Schon in der Antike hat der Mensch Natur zerstört, ging äußerst grausam und rücksichtslos mit Tieren um und versuchte, sich auf eine Stufe mit den Göttern zu stellen. Die Folgen für den Planeten blieben aber zeitlich und regional begrenzt. Die Erkenntnisse von Wissenschaftlern zu Beginn der Neuzeit haben den Europäern das technologische Werkzeug in die Hand gegeben, tief in die Naturabläufe einzugreifen. Infolge des europäischen Kolonialismus haben diese Technologien ihren weltweiten Siegeszug angetreten.

Mit dem Eintritt in das fossile Zeitalter verfügte der Mensch über Energieressourcen in einem nie zuvor da gewesenen Ausmaß, mit deren Hilfe er die Natur beinahe nach Belieben umgestalten konnte. Die Idee eines unbegrenzten Fortschritts war geboren. Die von der nichtmenschlichen Natur gezogenen Grenzen wurden bedenkenlos überschritten.

Mit dem Glauben, die Welt vollständig kontrollieren und gestalten zu können, hat der (europäisch denkende) Mensch aus den Augen verloren, dass seine Zivilisation in ein größeres planetares System integriert ist. Diese seinen eigenen Untergang heraufbeschwörende Selbstüberschätzung – die griechische Mythologie nannte sie Hybris – fordert angesichts der dramatischen Folgen (Klimawandel, Artenverlust, Vermüllung) zu einem Paradigmenwechsel in der Beziehung des Menschen zur Natur heraus.[12]

Die heutigen Rechtsordnungen europäisch-nordamerikanischer Ausprägung beruhen auf der ungeschriebenen Annahme, der Mensch stehe im Zentrum der Welt, ausgestattet mit einem natürlichen Herrschaftsanspruch über den gesamten Planeten Erde. Die Würde des Menschen ist das zentrale Leitbild heutiger europäischer Verfassungen. Die Natur kommt in diesem Leitbild nicht vor.

Woher kommt diese Selbstbezogenheit und Naturvergessenheit des Menschen, der sich als etwas ganz Besonderes innerhalb der Natur sieht? Gehen wir dazu in das Zeitalter der Renaissance zurück. Ende des 15. Jahrhunderts schrieb der italienische Philosoph Pico della Mirandola sein Traktat über die Würde des Menschen, wobei er Gottvater als Schöpfer der Welt folgende an den Menschen gerichtete Worte in den Mund legte: »Die Natur der übrigen Geschöpfe ist fest bestimmt und wird innerhalb von uns vorgeschriebener Gesetze begrenzt. Du sollst dir deine ohne jede Einschränkung und Enge, nach deinem Ermessen, dem ich dich anvertraut habe, selber bestimmen. (…) Weder haben wir dich himmlisch noch irdisch, weder sterblich noch unsterblich geschaffen, damit du wie dein eigener, in Ehre frei entscheidender, schöpferischer Bildhauer dich selbst zu der Gestalt ausformst, die du bevorzugst.«[13]

Mit dieser geradezu euphorischen Hymne auf die Fähigkeiten des Menschen hat Pico ein Menschenbild gezeichnet, das großen Einfluss auf die europäische Geistesgeschichte genommen hat.[14] Der Mensch soll nach Pico die Welt um sich herum beobachten, über sie nachdenken und sie gestalten. Dieses geistige Vermögen, die Fähigkeit, in kreativer Weise sich mit seiner Umwelt auseinanderzusetzen, ist der Kern der Würde des Menschen.

Picos Menschenbild ist bis heute für die Definition der Menschenwürde als Eckpfeiler des deutschen Grundgesetzes prägend geblieben. Der Menschenwürde liegt, so das Bundesverfassungsgericht,[15] die Vorstellung vom Menschen als einem geistig-sittlichen Wesen zugrunde, das darauf angelegt ist, sich in Freiheit selbst zu bestimmen und sich zu entfalten.

Das Traktat Picos kam weder aus dem Nichts, noch war es Zufall, dass es in Oberitalien im Zeitalter der Renaissance veröffentlicht wurde. Pico hat vielmehr in Worte gefasst, was in den europäischen Handelsmetropolen seit dem Hochmittelalter mehr und mehr zum Gedankengut wurde: Der einzelne Mensch tritt aus der festgefügten göttlichen Ordnung heraus, erschafft sich durch seine geistigen Kräfte seine eigene Welt und entwirft sein Leben nach eigenen Vorstellungen. Dieses Menschenbild ist nach Meinung des Anthropologen Joseph Henrich Ausdruck einer besonderen psychologisch-kulturellen Entwicklung in Europa, die von engen verwandtschaftsbasierten Sozialnormen weg und zu einem im Vergleich zu außereuropäischen Gesellschaften ausgeprägteren Individualismus führte.[16]

Auch wenn die Realität für die allermeisten Menschen damals anders aussah, nahm die Idee des frei denkenden und wirkenden Menschen nachhaltigen Einfluss auf die europäische Geistesgeschichte. Sie war Anstoß für die Forderung, jeder Mensch solle ein freies und selbstbestimmtes Leben führen können. Diese Entwicklung fand letztlich ihren Niederschlag in den Grund- und Menschenrechten, die den Zugriff des Staates auf den einzelnen Menschen beschränken sollen.[17]

Das beschriebene Menschenbild setzte aber auch in anderer Hinsicht ungeahnte Kräfte frei. Denn freieres Denken und Forschen versetzte Angehörige privilegierter Schichten, die über eine gewisse Freiheit sowie über Macht und Geld verfügten, in die Lage, den von Pico vorgezeichneten Weg als Gestalter der Welt in einem vorher nicht gekannten Ausmaß umzusetzen. Die lebendige Natur, der die Menschen in früheren Zeiten das für ihr Überleben Notwendige entnahmen, es ihr manchmal abringen mussten und ihr oft genug hilflos ausgeliefert waren, wurde zu Naturkapital und Handelsware.

Dafür war aber nicht allein das Weltbild des freien, sich selbst entfaltenden Individuums verantwortlich, zumal die Einbindung in familiäre, gesellschaftliche, kirchliche und politische Strukturen zur damaligen Zeit noch wesentlich ausgeprägter war als heute. Maßgeblich war, dass sich der (europäisch denkende) Mensch von der nichtmenschlichen Natur emanzipierte, indem er sie zum Objekt degradierte, das man zum Nutzen des Menschen beliebig umgestalten und ausbeuten darf. Geistige Wegbereiter dieses Dualismus – der denkende, vernunftbegabte Mensch auf der einen Seite, die nichtmenschliche Natur auf der anderen Seite – waren unter anderem die Philosophen René Descartes und Francis Bacon. Die überwiegend bis heute gängige Interpretation der biblischen Schöpfungsgeschichte in Genesis 1,28, der Mensch solle über die Welt »herrschen« und sich die Natur »untertan machen«, bot eine willkommene ethisch-religiöse Rechtfertigung, um die Natur zu unterjochen.[18]

Die allumfassende Befugnis, die Natur für eigene Zwecke nutzen zu dürfen, ist nicht nur Teil des heute vorherrschenden Weltbildes. Sie ist in den westlichen Verfassungsordnungen auch grundrechtlich abgesichert. Das Eigentumsgrundrecht und die Gewerbefreiheit berechtigen zum freien Gebrauch und Verbrauch von Naturgütern, soweit der Staat dies nicht reglementiert hat.[19]

Seit Darwin wissen wir jedoch, dass die Vorstellung eines an der Spitze der Hierarchie innerhalb der Natur stehenden Menschen eine grandiose Selbstüberschätzung ist. Homo sapiens ist keineswegs der Schlussstein der Evolution, sondern ein Seitenzweig eines riesigen und uralten Lebensbaumes. Ein Säugetier aus der Familie der Menschenaffen, dem das Spiel des Lebens besondere Gaben zugeteilt hat. Vor allem: Wir leben in einer komplexen Biosphäre, die nicht beliebig ausgebeutet und umgestaltet werden kann, ohne dass sich die Lebensbedingungen des Menschen und vieler anderer Arten dramatisch verschlechtern. Diese Erkenntnisse der Biologie, Anthropologie, Geografie und anderer Wissenschaften sind heute Teil der menschlichen Kultur. Das zur Selbstüberschätzung neigende Menschenbild der Renaissance, auf der unsere Rechtskultur basiert, ist es aber ebenfalls.

Um diesen Widerspruch aufzulösen, muss sich das Bild des Menschen von sich selbst und seiner Stellung innerhalb des Gesamtsystems des Planeten Erde auch in Bezug auf den rechtlichen Rahmen ändern, den die Gesellschaft sich selbst setzt. Hin zum Bild eines Natur- und Kulturwesens, das sich, sei es aus ethisch-religiösem Impetus, sei es aus Einsicht in die Ergebnisse seiner eigenen wissenschaftlichen Erkenntnisse, gegenüber der nichtmenschlichen Natur selbst beschränkt. Das die nichtmenschliche Natur nicht als lebloses Objekt betrachtet, welches man sich umfassend aneignen und als selbstverständliche Verfügungsmasse betrachten darf. Wenn wir die Erde für uns bewohnbar halten wollen, müssen wir eine (verfassungs-)rechtliche Basis schaffen, um die skizzierten Entwicklungen des Anthropozäns umzukehren und den Einfluss des Menschen auf die Biosphäre zurückzunehmen. Deshalb ist es unausweichlich, dass die Rechtsordnung um einen entscheidenden Baustein ergänzt wird, indem sie anerkennt, dass die menschlichen Zivilisationen mit der Natur verbunden sind, über die der Mensch eben nicht grenzenlos verfügen kann, ohne sich selbst zu schaden.

Der Philosoph Klaus-Michael Meyer-Abich hat für einen solchen Wandel der Rechtskultur schon vor Jahrzehnten geworben und eine »Rechtsgemeinschaft mit der Natur« angemahnt.[20] Diesen Gedanken möchte ich im Folgenden aufgreifen.

Kapitel 4

Gründe für eine Rechtsgemeinschaft mit der Natur

Ethische Grundannahmen europäischer Verfassungen und ihr »blinder Fleck«

Das Selbstverständnis des Menschen, den Planeten Erde ausschließlich als seine eigene Umwelt zu betrachten, die er nach Belieben benutzen, umgestalten und nach seinen Regeln verwalten kann, ist mit den naturwissenschaftlichen Kenntnissen über die Natur als Biosphäre nicht mehr in Einklang zu bringen. Wir haben keinerlei Bedenken, naturwissenschaftliche Forschungsergebnisse für unsere technologische Fortentwicklung zu nutzen, beharren aber auf dem Standpunkt, die Natur juristisch weiterhin als eine Ansammlung von Gegenständen zu betrachten und nicht als lebendiges System, dessen Teil wir sind. Wenn wir die Rechtsordnung in dieser Hinsicht nicht grundlegend ändern, werden wir auch den Niedergang der Biosphäre nicht in den Griff bekommen.

Die Rechtsordnung ist hierarchisch aufgebaut. Rahmen und Richtschnur für die Gesetzgebung ist die bundesdeutsche Verfassung, das Grundgesetz. Das Grundgesetz enthält gleichsam die rechtlichen Spielregeln für die Gesellschaft. Es regelt aber nicht nur, wie die staatlichen Strukturen aufgebaut sind und wie sie funktionieren. In seinem Grundrechtskatalog offenbart sich auch eine objektive Werteordnung, wie das Bundesverfassungsgericht schon frühzeitig in dem vielfach zitierten Lüth-Urteil vom 15.01.1958 (Az. 1 BvR 400/51) hervorgehoben hat. Eine Rechtsgemeinschaft mit der Natur muss an dieser Werteordnung ansetzen, muss sie im Hinblick auf den Umgang mit der Natur neu justieren.

Das Grundgesetz könnte keine Werteordnung abbilden, wenn es nicht auf ethischen Fundamenten ruhen würde, die ihm selbst vorausgehen.[21] Verfassungen ohne ein Wertesystem wären bloße Instrumente der Machtausübung ohne moralischen Anspruch. Die ethische Basis einer Verfassungsordnung kann man nicht beweisen, man muss sie als konstitutiv voraussetzen.[22]

Ethische Grundannahmen sind in den meisten Verfassungen entweder ausdrücklich formuliert oder lassen sich aus der Präambel erschließen. Sie können auch in nicht hinterfragten Traditionen und Prinzipien bestehen, die die stillschweigende Grundlage einer Staatsverfassung bilden, aber aus dem Verfassungskonzept erschlossen werden können. Es handelt sich dabei um religiöse oder quasireligiöse[23] Grundsätze, die als absolut gültig vorausgesetzt werden und keiner weiteren Begründung bedürfen. Sie bilden den Ausgangspunkt für Verfassungen und beruhen auf ethischen, gleichsam vorstaatlichen Prämissen.

Solche grundlegenden Annahmen haben auch Eingang gefunden in völkerrechtliche Dokumente, namentlich in die Allgemeine Erklärung der Menschenrechte aus dem Jahr 1948. Beispiele für explizite Verfassungsprämissen finden sich in der französischen Verfassung und im deutschen Grundgesetz. Die französische Verfassung und das deutsche Grundgesetz machen gleich zu Beginn deutlich, dass es ethische Grundlagen gibt, die nicht hinterfragt werden. Die französische Verfassung der Fünften Republik verweist auf die Präambel der Verfassung von 1946, die die Erklärung der Menschenrechte vom Juli 1789 weiterhin als Grundlage der französischen Nation bestätigt. Gemäß Art. 1 dieser Erklärung sind alle Menschen von Natur aus frei und gleich. Art. 1 Abs. 1 des Grundgesetzes erklärt die Würde des Menschen für unantastbar. Mit dem gleichen Wortlaut und der gleichen Funktion beginnt auch die Europäische Grundrechtecharta. Den genannten Verfassungsgrundlagen gemeinsam sind ein Menschenbild, das dem Einzelnen eine Würde zuspricht, und ein Staatswesen, das auf dem Dreiklang aus Freiheit, Gleichheit und Solidarität aufbaut, welches man als »demokratischen Verfassungs-Humanismus« bezeichnen kann.[24]

Das im vorangegangenen Kapitel beschriebene Selbstverständnis des Menschen im Verhältnis zur Natur, der cartesische Dualismus zwischen Mensch und Natur ist als unausgesprochene Grundannahme den allermeisten zeitgenössischen Rechts- und Verfassungsordnungen gemein. Mit ihr rechtfertigt der Mensch die uneingeschränkte Befugnis, über die nichtmenschlichen Lebewesen und die nichtbelebten Elemente auf dem Planeten zu verfügen, sie sich anzueignen, sie umzugestalten, sie zu verdrängen und zu zerstören. Die ethische Berechtigung zur allumfassenden Machtausübung über die Natur wird bislang von fast keiner staatlichen Ordnung infrage gestellt. Darin unterscheiden sich die westlich-abendländischen Verfassungskonzepte im Ergebnis kaum von fernöstlichen oder islamisch geprägten Staaten.

Bisher einzige Ausnahme ist die Verfassung von Ecuador aus dem Jahr 2008. Sie nennt als eines ihrer ethischen Fundamente in ihrer Präambel die Einbindung des Menschen in die Natur: »Wir preisen die Natur, Pacha Mama (Mutter Erde), deren Teil wir sind und die lebenswichtig für unsere Existenz ist (...) Deshalb haben wir beschlossen, eine neue Form des öffentlichen Zusammenlebens zu errichten, in Vielfalt und in Einklang mit der Natur, um nach einem erfüllten Leben, der ›sumak kawsay‹, zu streben (...).«[25]

Die europäischen Verfassungen, auch das deutsche Grundgesetz (GG), schweigen zu der Frage, in welchem Verhältnis der Mensch und seine Zivilisation zur Natur stehen. Zwar erklärt Art. 20a GG den Schutz der natürlichen Lebensgrundlagen zum Staatsziel. In welchem rechtlichen Verhältnis der Mensch zur Natur steht, bleibt aber offen.

Angesichts des heutigen Wissensstandes und der Dramatik der Veränderungen in der Biosphäre muss die Verfassungsordnung diesen »blinden Fleck« der Rechtsordnung dringend tilgen.

Die ethischen Prämissen der Verfassungen europäisch-nordamerikanischer Prägung in Gestalt des demokratischen Verfassungs-Humanismus bedürfen keiner weiteren Rechtfertigung, man hat sich schlicht auf sie geeinigt.

Eine ethische Grundthese im Hinblick auf das Verhältnis zwischen Mensch und Natur kann nicht auf eine vergleichbare geistesgeschichtliche Entwicklung zurückblicken wie die Menschenwürde oder die Prinzipien der Freiheit und Gleichheit. Deshalb sollte die Frage nicht offenbleiben, wie man ethisch begründen könnte, dass man ein Zusammenleben von Mensch und Natur zur ethischen Grundlage der Rechtsordnung erklärt.[26]

Eine Begründung mit allumfassendem Geltungsanspruch zu formulieren, wäre anmaßend. Sie ließe die vielfältigen kulturellen, religiösen und geistesgeschichtlichen Wurzeln außer Betracht, aus denen sich ethische Prinzipien herleiten. Ein Anspruch auf eine universale Begründung eines neuen Selbstverständnisses des Menschen wäre dem Vorwurf ausgesetzt, einem bestimmten historischen und kulturellen Hintergrund zu entstammen. Denn ethische Vorstellungen sind zeit- und kulturgeprägt, wie nicht nur ein Blick in die Gegenwart, sondern auch in die Vergangenheit zeigt.

Wenn ich im Folgenden den Versuch wage zu begründen, weshalb es ethisch geboten ist, eine Rechtsgemeinschaft von Mensch und Natur zu begründen, und welchen Inhalt eine diese Rechtsgemeinschaft tragende ethische These haben sollte, tue ich dies als Vertreter einer europäischen Denktradition. Außereuropäische Denkweisen und Vorstellungen sollen damit aber nicht als minderwertig oder vormodern abgewertet werden.

Wenn man an die europäische Ideengeschichte anknüpft, kommt man an der im ersten Kapitel erwähnten Schöpfungsgeschichte des Alten Testamentes nicht vorbei. Der amerikanische Historiker Lynn White hat als eine der wirkungsmächtigsten geistesgeschichtlichen Ursachen des westlich-neuzeitlichen Naturverständnisses die Auslegung der biblischen Genesis als »Herrschaftsauftrag über die Erde« beschrieben.[27] Das im hebräischen Urtext verwendete Wort *kabas* wurde und wird mit »herrschen« übersetzt, das Wort *rada* mit »untertan machen«. In dieser Interpretation drückt sich ein auf Bemächtigung, schrankenlose Beherrschung und Ausbeutung gerichtetes Verhältnis zur Natur aus.[28] Auch wenn sich neuzeitliche Wirtschafts- und Gesellschaftsordnungen nicht mehr unmittelbar auf die christliche Religion berufen, ist der so verstandene alttestamentarische Herrschaftsauftrag in das kulturelle Gedächtnis tief eingebrannt und hat die ökonomischen und technischen Strukturen nachhaltig geprägt. Deshalb ist es wichtig, darauf aufmerksam zu machen, dass das gängige Textverständnis keineswegs zwingend, ja bei genauerer Betrachtung sogar fragwürdig ist. Der Theologe Christoph Hardmeier und der Philosoph Konrad Ott stellen die Schöpfungsgeschichte in einen größeren Sinnzusammenhang. Sie übersetzen den hebräischen Begriff *kabas* als »Dienstbarmachen« und das Wort *rada* mit »verfügen über«. Sie verstehen *kabas* nicht als vollständige Beschlagnahme von Land und Meer durch den Menschen, sondern sehen darin den Auftrag an die Menschheit, die Fruchtbarkeit der Erde gemeinsam mit allen anderen Geschöpfen verantwortungsvoll zu nutze.[29] Man muss deshalb nicht die Leitbilder der abendländisch-christlichen Kultur über Bord werfen, wenn man die allumfassende Herrschafts- und Verfügungsmacht des Menschen über die Natur infrage stellt.

Allerdings möchte ich in Bezug auf eine ethische Grundlage für ein die Natur einschließendes Verfassungskonzept die biblische Schöpfungsgeschichte nicht als hauptsächlichen oder gar einzigen Ansatzpunkt heranziehen. Dies verbietet sich schon aus Gründen der religiösen Neutralität der staatlichen Ordnung.

Das Weltbild, das den Menschen als allumfassenden Gestalter sieht, der die belebte und unbelebte Natur gleichsam als Werkzeugkasten und Experimentierfeld benutzt, hat die Menschheit in die Naturkrise des Anthropozäns geführt. Anthropologie, Ökologie, Biologie und andere Naturwissenschaften haben in den vergangenen beiden Jahrhunderten unser Wissen über das Leben auf unserem Planeten aber auch immens erweitert und vertieft, in vielerlei Hinsicht auch revolutioniert.

Aus naturwissenschaftlichen Fakten darf man allerdings nicht ohne weitere Begründung die Schlussfolgerung ableiten, es sei nicht vertretbar, die nichtmenschliche Natur in der Rechtsordnung als Sache zu behandeln. Die den Menschen und die übrige Natur verbindenden Eigenschaften als lebendige Systeme führen nicht zwangsläufig zu einer gleichwertigen Stellung in der Rechtsordnung.

Anzunehmen, die Grund- und Menschenrechte seien naturgegeben, könnten also aus der wissenschaftsbasierten Beobachtung der Wirklichkeit gleichsam herausgelesen werden, wäre genauso ein Fehlschluss: Aus der Tatsache, dass alle Menschen die gleiche genetische Grundausstattung besitzen, kann nicht deduktiv abgeleitet werden, alle Menschen sollen auch als Rechtspersonen gleich sein (ja überhaupt Rechtspersonen sein). Zwar wird das Postulat der Gleichheit im Recht durch die Erkenntnisse der Naturwissenschaften untermauert: Es gibt keine menschlichen Rassen, Frauen und Männer besitzen grundsätzlich die gleichen Befähigungen. Dass alle Menschen vor dem Gesetz gleich sein sollen, ist indessen ein bewusster Rechtsakt, der nicht »von außen« oder von der Natur vorgegeben ist. Das Sollen resultiert aus einer Wertentscheidung des Menschen.[30]

Auf die Frage, ob es universell und zeitlos gültige Werte gibt, die in jeder Rechtsordnung anerkannt werden sollten, möchte ich an dieser Stelle nicht eingehen. Philosophen wie Rousseau hatten eine solche universelle Werteordnung wohl im Kopf, als sie von zeitlos gültigen Menschenrechten sprachen, die jedem Menschen »von Natur aus« zukommen (»Naturrecht«).

Nicht zu leugnen ist aber, dass Wertentscheidungen wie die Zuerkennung von Menschenrechten an Grundbedürfnisse anknüpfen, die von Natur aus vorgegeben sind: der Antrieb, (über)leben zu wollen, das Bedürfnis nach Sicherheit und der Wunsch nach Einbindung in eine soziale Gemeinschaft, ein Mindestmaß an Bewegungsfreiheit.

Obwohl man die Beobachtung der Natur und die Ableitung ethischer und rechtlicher Normen gedanklich trennen muss, wäre ein rechtliches Sollen ohne Berücksichtigung des Seins eine leere Hülse.[31] Wenn das Bundesverfassungsgericht betont, der Menschenwürde liege die Vorstellung zugrunde, der Mensch sei als geistig-sittliches Wesen darauf angelegt, sich selbst zu bestimmen und zu entfalten,[32] knüpft es an die natürlichen Wesensmerkmale des Menschen an. Grundrechte wie der Schutz der körperlichen Unversehrtheit, das Grundrecht, sich zu Vereinigungen zusammenzuschließen, die Kunstfreiheit oder die Redefreiheit sollen körperliche, psychische und soziale und damit naturgegebene Grundbedürfnisse des Menschen schützen.[33] Naturwissenschaftlich gesicherte Gegebenheiten können demnach nicht ignoriert werden.

Welche menschlichen Bedürfnisse als Grundbedürfnisse anerkannt und in welchem Umfang sie rechtlich geschützt werden, kann hingegen nicht aus der Natur abgeleitet werden. Um diese Frage wurde und wird ethisch und politisch gerungen. Ergebnis sind die völkerrechtlich und in der Verfassung verankerten Grund- und Menschenrechte.[34]

In gleicher Weise kann die Überlegung, auf naturwissenschaftliche Erkenntnisse über Lebewesen und Lebensgemeinschaften zurückzugreifen, um eine Rechtsposition ethisch und politisch begründen zu können, auch für die Eigenrechte der Natur nutzbar gemacht werden.

Naturwissenschaftliche Erkenntnisse müssen im Hinblick auf das Selbstverständnis des Menschen und seine Stellung in der Natur demnach rechtsphilosophisch bewertet und ethische Schlussfolgerungen daraus gezogen werden.[35]

Nutzenbezogene (anthropozentrische) Gründe

Man kann sich mehrere Szenarien ausmalen, wie sich das Verhältnis zwischen der Menschheit und der Natur über kurz oder lang entwickeln könnte.

Die für den Menschen ungünstigste Variante wäre ein Katastrophenszenario, in dem der Raubbau an der Natur der Menschheit über kurz oder lang die Lebensgrundlagen entzieht oder sich die Menschheit mit den von ihr entwickelten Waffen selbst zugrunde richtet. Manche Zeitgenossen vertreten den Standpunkt, man könne den Untergang der Menschheit ohnehin nicht verhindern, der Raubbau am Klimasystem und an der Biosphäre sei schon zu weit fortgeschritten, die Menschen seien nicht in der Lage, sich zu besinnen und das Ruder herumzureißen. Einen ähnlich fatalistischen Blick auf die Zukunft pflegte bereits Friedrich Nietzsche, als er im Jahr 1873 zu Beginn seiner Abhandlung *Ueber Lüge und Wahrheit im aussermoralischen Sinn* konstatierte, es habe Ewigkeiten gegeben, in denen es Menschen nicht gab, und es würde sich nichts begeben, wenn es mit ihm wieder vorbei wäre.[36] Aus rein naturwissenschaftlicher Sicht hatte er damit recht: Das Leben auf der Erde existierte, lange bevor der Mensch auftrat, und es würde vermutlich noch lange ohne ihn existieren.

Unter der Annahme, dass sich das Leben auf der Erde langfristig wieder erholen würde, wenn der Mensch als Folge der weitgehenden Vernichtung der Natur verschwände, könnte aus ethischer Sicht sogar positiv betrachtet werden, sofern man die Natur als Ganzes im Blick hat, selbst dann, wenn die Menschheit zuvor oder gleichzeitig einen Großteil der Arten und Lebensgemeinschaften mit in den Abgrund risse. Weshalb soll man sich also überhaupt Gedanken über eine Rechtsordnung machen, die die Zukunft des Menschen in einer dauerhaften Überlebensgemeinschaft mit anderen Lebewesen sieht?

Eine Theorie der Rechtsgemeinschaft mit der Natur würde sich allerdings selbst ad absurdum führen, wenn sie nicht das Überleben der Menschheit als fundamentalen Wert anerkennen würde. Überlegungen zu einer Rechtsgemeinschaft mit der Natur würden ihren Sinn verlieren, wenn man den Fortbestand des Menschen als Art nicht für gut und erstrebenswert hielte. Erkennt man die Achtung der Menschenwürde als grundlegende Wertentscheidung der Verfassung an, woran auch im Rahmen der Rechtsgemeinschaft mit der Natur nicht gerüttelt werden darf, ist damit nicht nur das menschliche Individuum angesprochen, sondern die gesamte Menschheit, auch die künftigen Generationen.[37] Das Überleben der Gesamtheit der Menschen ist deshalb ein an sich schutzwürdiges Gut.

Trotzdem möchte ich es damit nicht bewenden lassen. Denn die Haltung eines »Laisser-faire« in Bezug auf die Natur ist in der Gesellschaft gar nicht so selten, sei es aus Schicksalsergebenheit, Gleichgültigkeit oder aus Egoismus.

Aus ethischen Gründen spricht gegen den von Nietzsche angesprochenen Fatalismus, dass die Natur mit dem menschlichen Bewusstsein und Intellekt eine in der Erdgeschichte, soweit wir heute wissen, einzigartige Ausprägung erreicht hat. Der Mensch ist ersichtlich das erste Wesen im Laufe der Evolution, das Werke erschaffen hat, die über biologische Anpassungsmechanismen weit hinausgehen. Der Mensch ist das einzige Lebewesen, in dem sich die Natur selbst erkennt.[38] Weitet man den Blick über den Planeten Erde und unser Sonnensystem hinaus, wird deutlich, dass wir Menschen auch in einem weiten interstellaren Umkreis die einzigen Lebewesen sein dürften, die in der Lage sind, den Blick ins Weltall hinaus zu richten. Andere bewohnbare Planeten sind für uns in absehbarer Zukunft unerreichbar. Der Mensch ist evolutionsgeschichtlich zweifellos eine Besonderheit. Deswegen ist es gerechtfertigt, dem Fortbestand der Menschheit an sich einen ethischen Wert beizumessen.

Der »Advocatus Diaboli« wird an dieser Stelle einwenden, die Menschheit könne unabhängig von der Biosphäre existieren. Der Mensch hat sich in den letzten Jahrtausenden mehr und mehr von der Natur entfremdet. Das kulturelle Wissen um ein Überleben in der freien Natur ist außer bei einigen wenigen indigenen Völkern weitgehend verloren gegangen. Diese Entfremdung schreitet mit der sprunghaften technologischen Entwicklung rasch voran. Es erscheint nicht ausgeschlossen, dass die Menschheit aufgrund ihrer schöpferischen Fähigkeiten irgendwann in der Lage wäre, auf die natürlichen Lebenskreisläufe zu verzichten. Insbesondere dann, wenn es gelingt, eine unerschöpfliche Energiequelle zu erschließen, beispielsweise die kontrollierte Kernfusion. Die naturwissenschaftlich-technologischen Kenntnisse und Fähigkeiten könnten dazu dienen, eine technokratische, die nichtmenschliche Natur vergewaltigende Entwicklung zu rechtfertigen, indem der Mensch vom Planeten Erde vollständig Besitz ergreift und die Stoff- und Energiekreisläufe nach seinen Vorstellungen kontrolliert. Die Nahrungsmittelproduktion wäre von natürlichen Kreisläufen abgekoppelt, reale Naturbegegnung würde mit virtuellen Erlebnissen kompensiert.

Dieser These möchte ich Folgendes entgegenhalten: Nach allem, was wir heute wissen und was in absehbarer Zeit technologisch für möglich gehalten wird, ist ein für menschliches Leben erträgliches Lebensumfeld nur im Einklang mit einer Natur zu erhalten oder wiederherzustellen, die ausreichend groß, vielfältig und artenreich ist. Am Beispiel des Weltklimasystems lässt sich dies anschaulich verdeutlichen: Selbst wenn es gelänge, die Treibhausgasemissionen auf ein Minimum zu verringern und die Energie für die Zivilisation ausschließlich aus Sonne, Wind und Wasser zu gewinnen, sind die Weltmeere, die borealen und tropischen Wälder und andere Ökosysteme mit der Atmosphäre in einer so komplexen Weise miteinander verflochten, dass ohne sie ein einigermaßen stabiles Klimageschehen schwer vorstellbar ist.

Für eine gemeinsame Zukunft des Menschen mit anderen Lebewesen in einer möglichst natürlichen Umgebung sprechen zudem seine Körperlichkeit, sein Erbgut und seine Herkunft. Grundlegende physiologische Bauelemente teilt der Mensch mit anderen Tieren ebenso wie emotional gesteuertes Verhalten oder die Symbiose mit Bakterien.[39]

Wie bei anderen Lebewesen entfaltet sich das menschliche Individuum aus einem komplexen Zusammenspiel seines Genoms und seiner Umwelt.[40] Diese biologischen Wurzeln lassen sich nicht vollständig kappen. So sind die positiven Wirkungen einer natürlichen Umgebung und der Beobachtung der Natur auf die psychische Gesundheit,[41] das starke Interesse von Kindern an der Entdeckung und dem Erleben der Natur[42] Indizien dafür, dass der Mensch von der Natur nicht nur hinsichtlich seiner Körperfunktionen, sondern auch hinsichtlich seiner seelisch-emotionalen Verfassung abhängig ist. Diese anthropologischen Fakten können bei der Formulierung einer ethischen Prämisse für eine Rechtsgemeinschaft mit der Natur nicht ausgeblendet werden.

Gegen eine rein künstlich geschaffene physiologische und psychische Basis menschlichen Lebens spricht zudem folgende Überlegung: Die genetischen Bausteine für das Leben sind uralt. Sie haben sich über Hunderte von Millionen Jahren in der Auseinandersetzung mit extrem schwankenden Lebensbedingungen auf der Erde bewährt. Sie haben viele, teilweise abrupte Klimaschwankungen überstanden und sind gleichsam als Gedächtnis des Lebens in jedem Lebewesen verborgen. Diese komplexen Strukturen durch künstliche, vom Menschen geschaffene Strukturen zu ersetzen, erscheint äußerst riskant. Die Wahrscheinlichkeit, dass ein Überleben des Menschen ohne oder fast ohne nichtmenschliche Natur dauerhaft gelingt, ist viel geringer als eine Koexistenz des Menschen mit anderen Lebewesen.

Auf dieser vorwiegend auf den menschlichen Nutzen bezogenen Sichtweise basiert das geltende Umweltrecht. Der Staat hat Regeln geschaffen, mit denen die Gesundheit der Menschen geschützt und der Nutzen der Natur als Grundlage freier und selbstbestimmter Lebensführung erhalten werden soll. Zielsetzung ist eine »nachhaltige Entwicklung«.

In Bezug auf die nichtmenschliche Natur ist die Funktion des Rechts, verbindliche Grenzen für die Freiheitsausübung zu ziehen, allerdings in Ansätzen stecken geblieben. Dass der Rechtsordnung noch das Weltbild Picos eingeprägt ist, wird verdrängt. Die bundesdeutsche Rechtsordnung zeigt diese gravierende Lücke in typischer Weise auf. Wohl genießt das Staatsziel Umweltschutz in Art. 20a GG einen ähnlich hohen Rang wie der Rechtsstaat und der Sozialstaat. Die Norm ist aber immer noch in erster Linie auf den Menschen selbst bezogen. Der verfassungsrechtliche Schutz der Tiere hat seine Wurzel im Tierschutz, der im Wesentlichen das Wohlergehen der in menschlicher Obhut lebenden Tiere im Auge hat.

Zwar soll die (nichtmenschliche) Natur gemäß § 1 Abs. 1 Bundesnaturschutzgesetz (BNatSchG) auch »aufgrund ihres eigenen Wertes« vom Staat geschützt werden. Das Bundesverwaltungsgericht hat in einer Entscheidung den Begriff »Integritätsinteresse der Natur« kreiert,[43] möglicherweise in Anlehnung an das in den Wissenschaften diskutierte Konzept der »Ökologischen Integrität«.[44] Eine grundlegende Änderung im rechtlichen Mensch-Natur-Verhältnis hat dies aber nicht bewirkt: Die nichtmenschliche Natur ist in der Rechtsordnung nach wie vor nur ein Objekt, das grundsätzlich der Verfügungsgewalt des Menschen unterworfen ist.

Um eine Rechtsgemeinschaft mit der Natur zu begründen, reicht es deshalb nicht aus, allein mit der Nützlichkeit der Natur für das Überleben der Menschheit zu argumentieren.

Menschenwürde und Koexistenz mit der Natur

Die Fähigkeit, sich mit seiner Umwelt auseinanderzusetzen, sich Gedanken zu machen, Entscheidungen zu treffen und Perspektiven für das eigene Leben zu entwickeln, bildet den Kern der Menschenwürde. In der Lage zu sein, über Vergangenes, Gegenwärtiges und Zukünftiges nachzudenken, zeichnet den Menschen in besonderer Weise aus. Als Basis und Rückhalt, um Gedanken einordnen und bewerten zu können, sind Gefühle und Empathie unerlässlich, auch bei moralischen und rechtlichen Wertentscheidungen. Nicht ohne Grund *empfindet* man etwas als gerecht oder ungerecht.

Dies zeigt sich an der Ausgestaltung von Grund- und Menschenrechten. Der hohe Rang, den viele Verfassungsordnungen sowie die Menschenrechtskonventionen dem Schutz der Menschenwürde einräumen, basiert auf einem Idealbild des freien, mit Vernunft und Gewissen begabten Menschen. Diese Wertschätzung wird allen Menschen entgegengebracht, auch jenen, die tatsächlich nicht über das Potenzial des sich selbst bestimmenden und entfaltenden Menschen verfügen, z. B. wegen einer schweren geistigen oder körperlichen Behinderung. Darin zeigt sich, dass dieser Wertentscheidung kein rein auf Vernunftgründen basierendes Konzept innewohnt, sondern auch der Gedanke des Mitgefühls. Es ist Ausdruck der Nächstenliebe, alle Menschen so zu behandeln, als entsprächen sie dem gezeichneten Ideal. Dass alle Menschen rechtlich die gleiche Wertschätzung erfahren, ist nur erklärbar, wenn man Motive der Empathie und der Selbstlosigkeit berücksichtigt.[45]

Die Menschenwürde kann als höchstes Rechtsgut nur geschützt werden, wenn das gesamte Potenzial für das emotionale Erleben und die emotionale Auseinandersetzung mit der Umwelt bewahrt wird, und zwar nicht nur in Bezug auf das soziale Umfeld und eine künstlich geschaffene, sondern auch auf eine natürliche Umwelt. Reinald Eichholz zitiert in diesem Zusammenhang Alexander von Humboldt, der über die bloße biologische Verbundenheit hinaus eine innere Beziehung zwischen Mensch und Natur angenommen hat. Wissenschaftler bezeichnen diese angeborene Hinwendung der Natur als Biophilie. Sämtliche Facetten des Menschseins kommen nur dann zum Ausdruck, wenn der Mensch Stimmungen und Atmosphären im seelischen Widerklang der Natur aufnehmen kann.[46] Möglicherweise könnte der Mensch auf einem verwüsteten Planeten in einer technisch vollkommen kontrollieren Umgebung überleben. Damit würde jedoch eine wesentliche Basis eines menschenwürdigen Daseins wegbrechen. Ohne Bewahrung der Natur ist der Schutz der Menschenwürde nicht zu gewährleisten.

Skeptiker mögen einwenden, diese Feststellung sei unstreitig, es bedürfe zur Erhaltung der Natur aber keiner eigenständigen Rechtsposition der Natur. Diesem Argument kann man aber entgegenhalten, dass der Schutz der Natur nur dann effektiv bei der Gesetzgebung und der Anwendung des Rechts Beachtung erfährt, wenn der Natur in der Verfassung eine herausgehobene Rechtsstellung eingeräumt wird. Eine ausschließlich auf menschliche Rechte ausgerichtete Rechtsordnung neigt dazu, nur die dringendsten und am deutlichsten sichtbaren Symptome der Naturzerstörung zu bekämpfen. Die Wurzel der Umweltkrise, nämlich das in unserer Rechtsordnung verankerte, wissenschaftlich längst überholte Selbstverständnis des Menschen gegenüber der Natur, bleibt unangetastet. Dieses Weltbild betrachtet die Natur wie einen Gegenstand, sei es zur Siedlungsentwicklung, zur Energieversorgung oder als Rohstofflagerstätte, sei es zur Nahrungserzeugung, Trinkwassergewinnung, als Ort der Erholung, Sinnfindung und sportlichen Betätigung. Sie bleibt, rechtlich gesehen, ein Etwas und nicht ein Jemand. Dies kann nur mithilfe einer Rechtsgemeinschaft mit der Natur überwunden werden.

Der Eigenwert der Natur

Als wissenschaftlich gesichert gilt die gemeinsame Evolutionsgeschichte des Menschen mit der übrigen Lebenswelt. Alles Leben auf der Erde hat einen gemeinsamen Ursprung. Es haben sich vielfältige Arten und Lebensgemeinschaften herausgebildet, sind unter den wechselnden physikalischen, chemischen und klimatischen Bedingungen nach den Gesetzmäßigkeiten der Evolution geformt worden, sind aufgeblüht und untergegangen, haben sich verzweigt und verfeinert. Ein winziger, evolutionsgeschichtlich äußerst junger Spross dieser Verzweigungen ist Homo sapiens sapiens.

Die besonderen Fähigkeiten des Menschen, nämlich moralisch zu urteilen, sein Leben selbstbestimmt zu führen und mithilfe einer differenzierten Sprache komplexe Inhalte auszutauschen (um nur die wichtigsten zu nennen), können als spezielle Ausprägung eines sich selbst organisierenden Universums verstanden werden.[47] Auch wenn der Mensch eine ganz eigene Geisteswelt entwickelt und mit ihrer Hilfe eine künstliche, mittlerweile auch virtuelle Welt geschaffen hat, bleibt er ein animalisches Wesen, ein mit den Menschenaffen eng verwandtes und in seiner Körperlichkeit auf die Natur angewiesenes Tier. Er ist ein Lebewesen wie alle anderen Lebewesen auch. Die biologische Verwandtschaft und die gemeinsame Evolutionsgeschichte von Mensch und nichtmenschlicher Natur können als Argumente für einen Rechtsstatus der Natur ins Feld geführt werden.[48]

Aus der Evolution des Lebens kann man eine weitere Begründung herleiten: Da die nichtmenschliche Natur lange vor dem Erscheinen des Menschen existierte, kann sie nicht zum alleinigen Nutzen des Menschen geschaffen worden sein. Sie darf somit auch nicht allein unter dem Aspekt ihres Nutzens für den Menschen betrachtet werden. Die Natur hat einen Eigenwert. Dieser Eigenwert ist im Bundesnaturschutzgesetz sogar ausdrücklich erwähnt. Nach § 1 Abs. 2 sind Natur und Landschaft auch aufgrund ihres eigenen Wertes zu schützen.

Was bedeutet es, dass etwas einen eigenen Wert hat? Der Begriff des Eigenwertes geht auf den Philosophen Immanuel Kant zurück. Nach seiner Definition ist der Mensch nicht bloßes Mittel und Verfügungsobjekt, das dazu dient, einen bestimmten Zweck zu erfüllen. Vielmehr ist der Mensch sich selbst genug, er ist selbst Zweck und hat demnach einen Eigenwert, von Kant als »Würde« bezeichnet. Kant leitete den Selbstzweck des Menschen aus seiner Fähigkeit ab, moralisch handeln zu können.[49]

Die These, dass Lebewesen ebenfalls eine eigene Zweckbestimmung haben und nicht nur Mittel zum Zweck sind, wie Kant es in Bezug auf den einzelnen Menschen formuliert hat, hat die Philosophin Christine Korsgaard überzeugend begründet. Korsgaard entwickelt die Kant'sche These vom Selbstzweck fort.

Sie argumentiert, dass lebende Organismen danach streben und dafür sorgen, gut zu funktionieren. Sie sind Wesen, für die Dinge gut oder schlecht sein können. Das unterscheidet sie von leblosen Sachen wie etwa einem Möbelstück oder einem Messer. Wenn man sagt, es sei gut für ein Messer, wenn man es schleife, so meint man damit, dies sei gut für seine Funktion als

Mittel, es zu gebrauchen. Es hat aber keinen Selbstzweck, sondern wurde geschaffen, um es zu benutzen. Ist etwas gut für ein Lebewesen, so ist es hingegen für es selbst gut, weil ein Lebewesen danach strebt, für sich selbst und seine Nachkommen zu sorgen.[50]

In Anlehnung an die Systemtheorie könnte man diese Argumentation damit untermauern, dass Lebewesen sich selbst organisierende Systeme sind, die aus sich heraus entstehen und existieren, und keine bloßen Artefakte. Die US-amerikanische Philosophin Martha Nussbaum formuliert das Streben jeder Lebensform nach eigenen Zielen wie folgt: »Wir Menschen ähneln der Elster, den Delfinen und den Elefanten in ihrem Streben nach Überleben und einer gedeihlichen Entwicklung in einer größtenteils feindlichen Welt; wir unterscheiden uns von ihnen in der spezifischen Art der Güter, die wir erstreben.«[51] Man könnte ergänzen, dieses Streben ist jedem Lebewesen eigen, sodass man gewichtige Gründe für einen Eigenwert von Lebewesen in die Waagschale legen kann.

Hat aber dann die Natur insgesamt, oder haben Arten oder einzelne Landschaften ebenfalls einen Eigenwert? Meines Erachtens ist diese Frage zweitrangig. Denn wenn alle Lebewesen einer Art einen Eigenwert besitzen, dann hat auch der Fortbestand der Art als solcher einen Wert. Gleiches gilt für alle Lebewesen, die in einem Lebensraum beheimatet sind. In Anlehnung an den Philosophen Jens Soentgen könnte man in diesem Zusammenhang den Begriff »Ökologie der Subjekte« verwenden, die der Natur insgesamt einen Eigenwert verschafft.[52]

An diesem Punkt möchte ich der Argumentation von Tilo Wesche widersprechen. Seiner Ansicht nach speist sich ein Eigenwert der Natur aus der Annahme, dass die Existenz der Natur wertvoll sei. Man könne daraus ein Existenzrecht aber nicht begründen. Dass das Sein besser ist als das Nichtsein, sei eine These, die sich nicht beweisen, sondern nur metaphysisch, also mithilfe von Glaubenssätzen, begründen lasse. Um die globalen Umweltkrisen meistern zu können, benötige man aber wegen der Vielfalt der Kulturen einen universellen, »nachmetaphysischen« Ansatz. Diesen Ansatz sieht er in einem nachhaltigen Eigentumsrecht, den man aus der Geltungslogik des Eigentumsrechts heraus entwickeln könne.[53]

Diesem Gedankengang kann man zweierlei entgegenhalten: Auch Menschenrechte lassen sich ohne metaphysische Grundannahmen nicht begründen, weder naturwissenschaftlich noch nach rein logischen Maßstäben. Trotzdem haben sich sämtliche Nationen der Erde in der UN-Menschenrechtserklärung zur Freiheit und Gleichheit aller Menschen bekannt. Das gilt auch für das Grundgesetz: Nicht nur die Menschenwürde selbst, sondern auch die einzelnen Grundrechte spiegeln Wertentscheidungen wider.

Außerdem ist die von Wesche in seinem Werk gezeichnete Figur des nachhaltigen Eigentumsrechts keineswegs universell gültig, sondern beruht auf den Rechtstraditionen des globalen Nordens. Manche Kulturen wie das in Neuseeland ansässige Volk der Maori lehnen den westlichen Eigentumsbegriff kategorisch ab. Ein Besitzrecht an der Natur ist ihnen von Haus aus fremd. Zwischen dem Volk der Maori und dem neuseeländischen Staat, dessen Rechtsordnung sich an dem Vorbild des britischen Mutterlandes orientiert, wurde viele Jahre um die Bewahrung der indigenen Kultur in den angestammten Siedlungsgebieten der Maori gerungen. Ergebnis war ein Vertrag zwischen der Regierung Neuseelands und den Vertretern der Maori, mit dem die Landschaften um den Whanganui-River als Rechtsperson anerkannt wurden. Der Rechtsstatus des Flusses ist aber kein Ausdruck des von Wesche skizzierten nachhaltigen Eigentumsrechts, sondern ein mehrstufiges Konstrukt, um die in britischer Rechtstradition stehende Verfassungsordnung Neuseelands mit den Vorstellungen der Maori formal in Einklang zu bringen.[54]

Antropozentrik oder Ökozentrik?

In der philosophischen und juristischen Fachwelt wird seit Langem diskutiert, ob die Rechtsordnung in erster Linie auf den menschlichen Nutzen bezogen (anthropozentrisch) ausgerichtet sein soll oder ein ganzheitlicher (ökozentrischer) Ansatz angemessener wäre. Anthropozentrisch wird das Recht insofern immer sein, als es sich ausschließlich auf die Handlungen von Menschen bezieht. Den Borkenkäfer auf Schadensersatz zu verklagen, weil er den Fichtenwald zugrunde richtet, oder den Wolf vor Gericht zu stellen, weil er sich an der Schafherde vergriffen hat, wäre töricht. Richtet man den Blick hingegen darauf, wie wir uns als Menschen anderen Lebewesen und deren Lebensansprüchen gegenüber verhalten und wie wir uns innerhalb der Lebensprozesse auf der Erde einordnen, hat nach meinem Dafürhalten ein ganzheitlicher Ansatz die besseren Argumente für sich.

Letztlich muss nicht entschieden werden, ob eine Neuausrichtung der verfassungsrechtlichen Werteordnung im Verhältnis zur Natur anthropozentrisch oder ökozentrisch (oder mit welcher Begrifflichkeit sonst) begründet werden kann. Es ist gerade die Stärke nicht beweisbarer ethischer Grundannahmen, dass sie sich auf verschiedene Weisen begründen lassen. Jeder kann somit die für ihn oder sie »richtige« Begründung heranziehen, um sie für sich akzeptieren zu können. Denn darauf kommt es bei verfassungsrechtlichen Grundannahmen auch, vielleicht sogar in besonderem Maße an: dass sie sich nicht nur logisch herleiten lassen, sondern die Menschen sie »im Herzen« annehmen. Nur dann werden sie tatsächlich im alltäglichen Leben wirksam.

Die unterschiedlichen Begründungen für eine verfassungsrechtliche Grundannahme, wonach der Mensch in die natürlichen Prozesse eingebunden ist und der Natur ein eigener Rechtsstatus zukommt, habe ich aufgezeigt. Dieser Rechtsstatus wird im Folgenden ausgeformt in einer Rechtsgemeinschaft mit der Natur, die sich aus drei Bausteinen zusammensetzt: einem verfassungsrechtlichen Bekenntnis zur Koexistenz mit der Natur (Kap. 5), einem ökologischen Grundprinzip (Kap. 6) und eigenen Rechten für die Natur (Kap. 7).

Kapitel 5

Bekenntnis zur Koexistenz von Mensch und Natur in der Verfassung

Das Bekenntnis zur Menschenwürde stellt die grundlegende Wertentscheidung der bundesdeutschen Verfassung dar. Neben der Unantastbarkeit der Menschenwürde, welche der Dreh- und Angelpunkt ist, der in die Rechtsordnung hineinwirkt, benötigen wir einen weiteren verfassungsrechtlichen Fixpunkt, der das Verhältnis der menschlichen Zivilisation zur Biosphäre regelt.

Darin sollte sich der Staat dazu bekennen, dass der Mensch in Koexistenz mit der Natur in einem komplexen Netzwerk mit wechselseitigem Einfluss leben soll. Die basale Wertentscheidung, dass jedem Menschen eine Würde zukommt, muss um ein Bekenntnis zur Koexistenz mit der Natur, um eine Art ökologische Basisnorm, ergänzt und vervollständigt werden.

Auch wenn die ethische Begründung kulturbedingt variiert, muss dieses Bekenntnis in seiner Grundaussage universal angelegt sein, ähnlich wie die den Menschenrechten zugrunde liegenden Thesen zur Freiheit, Gleichheit und Menschenwürde. Dies umso mehr, als die Stoff- und Energiekreisläufe, das Klima und die Lebensräume vieler Arten global miteinander verwoben sind. Die realen Gegebenheiten verlangen danach, dass auch ethische Prinzipien für das Verhältnis Mensch/Natur weltumspannend und kulturübergreifend sind.

Einbindung der Zivilisation in die Kreisläufe der Natur

In der Art und Weise, wie das Eingebundensein in die natürlichen Prozesse formuliert wird, können sich unterschiedliche Weltanschauungen widerspiegeln. Art. 71 der ecuadorianischen Verfassung drückt die Einbindung des Menschen in die Natur sinnbildlich aus: Pacha Mama. Dieser den indigenen Sprachen entlehnte Begriff bezeichnet den Raum und Zeit einschließenden Kosmos allen Lebens, in den der Mensch eingebunden ist.[55]

Man kann eine solche These auch nüchtern-säkular formulieren, indem man die Einbindung des Menschen in die Kreisläufe der Biosphäre als Basis für eine langfristige Überlebensfähigkeit der Zivilisationen konstatiert.[56] Wir erkennen damit an, in die Lebensprozesse und Kreisläufe der Natur integriert und von ihnen abhängig zu sein. Mit dem Begriff »Kreisläufe« kann ausgedrückt werden, dass die kosmischen und planetaren Prozesse vielfach in Zyklen verlaufen, angefangen vom Tag-Nacht-Wechsel und dem Kreis der Jahreszeiten über Süß- und Meereswasserkreisläufe, Stickstoff- oder Kohlendioxidkreisläufe bis zu langfristig wiederkehrenden Verschiebungen der Erdachse (Milankovic-Zyklen), planetaren Umlaufbahnen, Sonnenzyklen oder der immerwährenden Gebirgsbildung und Erosion.[57]

Die Würde der Natur

Die zweite entscheidende Aussage eines Bekenntnisses zur Koexistenz mit der Natur ist, dass nichtmenschliches Leben nicht mehr wie ein bloßer Gegenstand behandelt wird. Lebensräume anderer Lebewesen werden nicht mehr als einzig vom Menschen beherrschter und verfügbarer Raum angesehen. Die Natur gehört nicht allein den Menschen. Die Frage ist, ob man diese Grundaussage mit dem Begriff »Würde der Natur« umreißen könnte.

Mit ihrem Vorschlag zu einer Änderung des Art. 20a GG, wonach jedes Lebewesen seine naturgegebene Würde hat, hat das Netzwerk Rechte der Natur den Begriff der Würde in Zusammenhang mit dem Schutz der Natur in Deutschland zur verfassungspolitischen Diskussion gestellt.[58] Die Formulierung lehnt sich an Art. 120 der Schweizer Bundesverfassung aus dem Jahr 1992 an. Die Schweiz hat in dieser Verfassungsnorm festgeschrieben, dass der Gesetzgeber im Umgang mit dem Keim- und Erbgut von Tieren, Pflanzen und anderen Organismen der »Würde der Kreatur« Rechnung zu tragen hat.

Damit stellt sich die Frage, was mit der »Würde« nichtmenschlichen Lebens gemeint sein könnte. Ferner, wie sich die Naturwürde zur Würde des Menschen verhält, die in Art. 1 GG an höchst prominenter Stelle Grund und Ziel der staatlichen Ordnung zum Ausdruck bringt.[59]

Umgangssprachlich knüpft der Begriff »Würde« an den lateinischen Begriff *dignitas* an. Sie bezeichnete im antiken Rom den Ruhm und das Ansehen einer Person innerhalb der Gesellschaft. In den Ausdrücken »Würdenträger« oder »in Amt und Würden« hat sich diese Bedeutung von Würde, welche das besondere Ansehen einer Person beschreibt, bis heute erhalten.

In der christlichen Theologie des Mittelalters sprach man dem Menschen Würde zu, weil er als Ebenbild Gottes erschaffen worden sei. Man bezog sich dabei insbesondere auf Genesis 1,26–28 im Alten Testament.[60] Mit der Zuschreibung von Würde grenzte man den Menschen von der nichtmenschlichen Natur ab und hob seine besondere Stellung im Gesamtgefüge der Natur hervor. Schon der römische Politiker und Philosoph Cicero hatte das Merkmal, das den Menschen von allen anderen Lebewesen unterscheidet, als *dignitas* bezeichnet. Die in Kapitel 1 erwähnte Huldigung des Menschen als sich selbst bestimmendes Wesen durch Pico della Mirandola baut auf dieser Ideengeschichte auf. Pico entwickelte sie zum philosophischen Programmsatz fort und zeichnete damit den Weg für das humanistische Menschenbild in der europäischen Geistesgeschichte vor.[61]

Sosehr dieses humanistische Menschenbild grundlegende Voraussetzung für allmähliche Anerkennung der Menschen- und Bürgerrechte im 18. und 19. Jahrhundert war, so wenig fand der Begriff »Würde« Widerhall im englischen und französischen Sprachraum. Vermutlich ist es Immanuel Kant zu verdanken, dass im Deutschen der Begriff »Würde« über den ursprünglichen Wortsinn hinaus mit einem moralphilosophischen Gehalt aufgeladen und mit der Fähigkeit des Menschen verbunden wurde, sich selbst moralische Prinzipien des Handelns aufzuerlegen.

In das Völkerrecht und das nationale Verfassungsrecht fand die Würde des Menschen erst nach dem Zweiten Weltkrieg Eingang, so in der Präambel der UN-Menschenrechtskonvention vom 10. Dezember 1948, in der Bayerischen Verfassung aus dem Jahr 1946 und schließlich in Art. 1 GG. Trotz zahlreicher Nuancen und unterschiedlicher Interpretationen im Detail ist in der Fachwelt eines weitgehend unumstritten: Die in Art. 1 GG verankerte Würde des Menschen wurzelt im Menschenbild des Humanismus. Sie hat das Ziel, allen Menschen ein freies und selbstbestimmtes Leben innerhalb der sozialen Gemeinschaft zu ermöglichen.

Wenn Würde als Begriff des Verfassungsrechts demnach Ausdruck eines bestimmten Menschenbildes ist, wäre es dann nicht verfehlt, diesen Begriff auch in Zusammenhang mit nichtmenschlichem Leben zu verwenden? Dieser Einwand ist nicht von der Hand zu weisen. Jedenfalls müsste man die Würde der Natur als Rechtsbegriff anders auslegen als die Menschenwürde.

In der gesellschaftspolitischen Diskussion kommt noch hinzu, dass die umgangssprachliche Bedeutung von Würde im Sinn von Verdienst, Ansehen oder Vornehmheit bei der Interpretation weiterhin mitschwingt. Tiere und Pflanzen, vor denen wir uns ekeln oder vor denen wir Angst haben, eine Würde zuzusprechen, erfordert einige Überwindung.

Wenn man den Begriff »Würde« mit der Natur in Verbindung bringen möchte, muss man sie ideengeschichtlich von dem humanistischen Würdebegriff trennen. Dagmar Richter hat die These vertreten, dass der Ansatz, den Menschen als vernunftbegabtes Wesen von der nichtmenschlichen Natur abzugrenzen, nicht in erster Linie gegen Tiere gerichtet war, sondern in erster Linie dem Menschenschutz diente. Denn im Mittelalter und in der frühen Neuzeit wurden eben nicht alle Menschen als gleichwertig angesehen. Einem Großteil der Bevölkerung mangelte es an heute selbstverständlichen elementaren Rechten.[62]

Dass auch die nichtmenschliche Natur einen Wert an sich besitzt, hat allerdings schon der französische Philosoph und Politiker Michel de Montaigne im 16. Jahrhundert proklamiert. Seine Feststellung, dass wir Menschen weder höher noch tiefer als die übrigen Geschöpfe stehen und es zwar Rangordnungen und Stufen gebe, doch stets nur als Erscheinungsform der einen Natur, bildet geradezu eine Antithese zu Picos Oratio. De Montaigne beleuchtet damit die andere Seite des menschlichen Wesens, nämlich seine Gemeinsamkeiten mit den nichtmenschlichen Lebewesen. Erkenntnisse der Medizin, der Anthropologie, der Biologie und anderer Naturwissenschaften bestätigen die Geschwisterlichkeit mit anderen Organismen. Dagmar Richter hat es treffend auf den Punkt gebracht: Die Idee gemeinsamer Schöpfung oder gemeinsamer Grundgefühle wie Glücksempfinden oder Leiden, die Eigenbewegung aller Lebewesen, die Verletzlichkeit des Lebendigen, seine Abhängigkeit von unverfügbaren Vorgaben oder von anderen Kreaturen könnte als Begründung herangezogen werden, dass es eine Würde aller lebenden Kreaturen gibt.[63]

In diesem Zusammenhang ist ihr Hinweis erwähnenswert, dass in der französischsprachigen Version der Schweizer Bundesverfassung der Ausdruck »Würde der Kreatur« nicht wortwörtlich als »dignité de la créature« erscheint. Vielmehr findet sich in der französischsprachigen Fassung der Ausdruck »intégrité des organismes vivants«[64]. Der Begriff der Integrität trifft meines Erachtens auch die Kernaussage der oben erwähnten Formulierung der »naturgegebenen Würde aller Lebewesen«: Jedes Lebewesen besitzt im Innersten etwas Unverfügbares, etwas, das der Mensch nicht geschaffen hat. Der Begriff »Integrität aller Lebewesen« wäre vom Wortsinn her eindeutiger und weniger angreifbar, als wenn von der »Würde der Natur« die Rede ist. Andererseits wohnt dem Begriff der Würde etwas Erhabenes, die Gefühlswelt Ansprechendes inne und kann somit das Bekenntnis zur Koexistenz mit der Natur eindrücklicher zum Ausdruck bringen als das etwas spröde anmutende Wort »Integrität«.

Vielleicht könnte man das verfassungsrechtliche Bekenntnis zur Koexistenz von Mensch und Natur als ökologische Basisnorm sinngemäß formulieren: »Der Mensch ist eingebunden in die Kreisläufe der Natur. Der Natur wohnt eine eigene Würde inne.«

Mit einer solchen verfassungsrechtlichen Grundthese würde sich der Mensch in seiner Rechtsordnung eine Beschränkung der eigenen Handlungsoptionen in Bezug auf die Natur auferlegen.

Kapitel 6

Ökologisches Grundprinzip

Die Schwächen des geltenden Umweltstaatsziels

Stellt man der Menschenwürde die ihr eigene Würde der Natur als Grundwert zur Seite, wäre es folgerichtig, neben das Demokratie- und das Rechtsstaatsprinzip ein ökologisches Grundprinzip als weitere Säule in die Verfassung einzubauen. Denn allein mit dem Bekenntnis zur Koexistenz mit der Natur ist noch keine Rechtsfolge verbunden. Auch an Art. 1 Abs. 1 Satz 1 GG, der dem Grundgesetz die Unantastbarkeit der Menschenwürde als zentrale Wertentscheidung voranstellt, schließt sich in Art. 1 Abs. 1 Satz 2 GG ein Grundprinzip an, nämlich die Verpflichtung aller staatlichen Gewalt, die Menschenwürde zu achten und zu schützen. Diese Verpflichtung ist die Wurzel aller nachfolgenden Grundrechte, sie soll als übergeordnetes Freiheitsprinzip die Entfaltungschancen jedes Einzelnen in der sozialen Gemeinschaft sichern.[65]

Die Strukturprinzipien des Grundgesetzes, nämlich das Demokratie-, Rechtsstaats- und Sozialstaatsprinzip, sind ebenfalls Ausdruck der Pflicht, die Menschenwürde zu achten und zu schützen. Denn ein solches Staatswesen kann nur ein demokratischer Rechtsstaat sein – in welcher Ausprägung auch immer. Menschenwürde ist die Fähigkeit zu einem selbstbestimmten Leben. Selbstbestimmung kann aber nur gewährleistet werden, wenn man auch an gesellschaftlichen Prozessen mitwirken, sie mitgestalten und die Personen, die Entscheidungen für alle treffen, mit auswählen darf. Dafür steht das Demokratieprinzip in der Verfassung. Die vom demokratischen Gesetzgeber geschaffenen Regelungen sollen zudem rechtmäßig umgesetzt und von unabhängigen Gerichten kontrolliert werden. Dafür steht das Rechtsstaatsprinzip. Neben den sozialen Grundbedingungen, deren Gewährleistung das Sozialstaatsprinzip dient, soll Art. 20a GG die natürlichen Lebensgrundlagen als reale Grundbedingungen eines selbstbestimmten Lebens sichern. Die Staatszielbestimmung Umweltschutz in Art. 20a GG kann die Funktion eines ökologischen Grundprinzips jedoch nicht erfüllen, auch wenn die im Jahr 1994 in das Grundgesetz aufgenommene Verfassungsnorm in der juristischen Fachliteratur als »Umweltstaatsprinzip« bezeichnet wird. Art. 20a GG verpflichtet vorrangig den Gesetzgeber, zum Schutz von Natur und menschlicher Gesundheit tätig zu werden. Der Schutz der natürlichen Lebensgrundlagen kann es zwar rechtfertigen, andere Belange von verfassungsrechtlichem Gewicht wie zum Beispiel Grundrechte zurückzustellen. Der Schutz der Natur genießt aber keinen generellen Vorrang vor konkurrierenden verfassungsrechtlich geschützten Belangen. Der Gesetzgeber hat einen weiten Gestaltungsspielraum.[66] Sollte eine demokratisch gewählte Regierungsmehrheit versuchen, beim Schutz von Natur und Umwelt das Rad zurückzudrehen, könnte Art. 20a GG womöglich eine wirksame Sperre gegen ein solches Ansinnen darstellen. Für eine grundlegende Neuausrichtung von Staat und Gesellschaft im Hinblick auf den Umgang mit der Natur reicht die geltende Staatszielbestimmung hingegen nicht aus.

Zudem bleibt weitgehend offen, an welchen Kriterien sich die Gesetzgebung bei der Berücksichtigung des Umweltstaatsprinzips ausrichten soll.[67] Der unbestimmte Wortlaut der Staatszielbestimmung ist eine weitere Schwäche dieser Verfassungsnorm. Andere Grundprinzipien wie das Demokratie- und das Rechtsstaatsprinzip kommen in diversen Regelungen zum Ausdruck, etwa wie das Staatswesen organisiert ist (Gewaltenteilung, Bindung der Verwaltung an Recht und Gesetz, unabhängige Justiz, effektiver Rechtsschutz, freie Wahlen usw.). Zudem haben Demokratie und Rechtsstaat eine lange geschichtliche und philosophische Tradition, die beim Demokratieprinzip bis in die Antike zurückreicht. Eine vergleichbare Ideengeschichte fehlt beim Umweltstaatsprinzip.

Deshalb halte ich es für notwendig, das Umweltstaatsprinzip als ökologisches Grundprinzip mit greifbaren Merkmalen in der Verfassung zu verankern. Das ökologische Grundprinzip der Verfassung zielt darauf ab, eine gemeinsame Zukunft des Menschen mit dem nichtmenschlichen Leben auf der Erde zu fördern, indem der Mensch der nichtmenschlichen Natur genügend eigene Freiräume belässt, um fortbestehen und sich fortentwickeln zu können. Kersten hat dafür den Begriff des ökologischen Staatsprinzips vorgeschlagen.[68] Unter einem Staats- oder Verfassungsprinzip versteht man eine oder mehrere Verfassungsnormen, die eine Wertentscheidung von hohem Gewicht zum Ausdruck bringen. In diesem Sinne verstanden, sind Prinzipien Normen, die nicht eine bestimmte Rechtsfolge vorschreiben, sondern im Zusammenwirken mit anderen Prinzipien in einem möglichst weitgehenden Umfang zu verwirklichen sind.[69] Das demokratisch gewählte Parlament hat einen weiten Gestaltungsspielraum, darf aber die wesentlichen Merkmale eines Verfassungsprinzips nicht aushöhlen.[70] Verfassungsprinzipien sind insbesondere die Grundrechte, das Rechtsstaats-, das Demokratie-, das Sozialstaats- und das Umweltstaatsprinzip.

Verfassungsprinzipien können aber auch – sogar gleichzeitig – eine Leitidee mit bestimmten Vorgaben verkörpern, aus denen Regeln, also Ge- oder Verbote, abzuleiten sind. Das Bundesverfassungsgericht hat schon in einer sehr frühen Entscheidung das Rechtsstaatsprinzip als grundlegende Leitidee des Grundgesetzes bezeichnet. Das Rechtsstaatsprinzip verbietet dem Staat beispielsweise, einer Bürgerin/einem Bürger eine gesicherte Rechtsposition ohne triftigen Grund wieder zu entziehen. Rechtssicherheit und Vertrauensschutz sind wesentliche Elemente des Rechtsstaats.[71]

Ein ausdrückliches Verbot enthält Art. 3 Abs. 3 Satz 2 GG, der jegliche Benachteiligung von Menschen wegen ihrer Behinderung untersagt. Diese Norm hebt in besonderer Weise den gleichen Wert aller Menschen hervor und spricht zugleich ein Verbot aus, Menschen mit Behinderung bewusst schlechterzustellen als Menschen ohne körperliche, geistige oder seelische Einschränkungen.

Im Hinblick auf das ökologische Grundprinzip steht infrage, welche Art von Norm damit gemeint ist. Müsste sich der Mensch nicht den Regeln der Natur unterwerfen, oder würden durch strikte Verfassungsregelungen zum Schutz der Natur die Spielräume des Gesetzgebers ausgehöhlt und damit das Demokratieprinzip tiefgehend beschnitten? Ich werde auf dieses Thema weiter unten noch einmal zurückkommen. An dieser Stelle genügt es, Gründe dafür aufzuzeigen, dass ein ökologisches Staatsprinzip sowohl eine Wertentscheidung als auch verfassungsrechtliche Gebote enthalten sollte. Verbote und Gebote auf Verfassungsebene lassen nämlich trotz allem Spielräume für die Ausgestaltung durch den Gesetzgeber und die Anwendung des Gesetzes auf den Einzelfall.

Die in Kapitel 5 skizzierte ökologische Basisnorm enthält als Kernaussage, dass der Natur ein Eigenwert innewohnt. Welche Schlussfolgerungen ergeben sich daraus für das ökologische Grundprinzip? Ich hatte darauf hingewiesen, dass wissenschaftliche Erkenntnisse bewertet werden müssen, um Normen daraus abzuleiten, dass man andererseits gesicherte Erkenntnisse aber dabei nicht leugnen darf. Deshalb möchte ich einen kurzen Exkurs zu den Fakten unternehmen, die über die Funktionsweise der Biosphäre als wissenschaftlich gesichert gelten.

Die Spielregeln der Ökologie

Im Zeitalter der Aufklärung setzte sich die Vorstellung durch, die Natur gehorche strikten Naturgesetzen, die wie ein großes Uhrwerk funktionierten. Eine Ursache erzeuge immer eine bestimmte Wirkung. Descartes sah Lebewesen als Maschinen, die man beliebig manipulieren könne. Nach der Vorstellung von Pierre Simon Laplace könnte man deshalb theoretisch den Aufenthalt aller Teilchen im Universum berechnen, wenn man über ein umfassendes Wissen verfügte.[72]

Die heutige Naturwissenschaft kommt hingegen immer mehr zu der Erkenntnis, dass nicht nur physikalische Vorgänge wie das Wettergeschehen von unvorhersehbaren, chaotischen Verläufen gekennzeichnet sind. Auch Abläufe in der Biosphäre wie Räuber-Beute-Beziehungen oder das Wachstum und der Niedergang von Tier- und Pflanzenpopulationen geschehen zuweilen sprunghaft und unberechenbar. Aber auch außerhalb chaotischer Prozesse entziehen sich Entwicklungen der Natur einer genauen Vorhersage. Denn die Biosphäre ist eingebunden in ein »kompliziertes Labyrinth aus Rückkopplungsschleifen und Ausgleichsprozessen«, was heißt: Die Bestandteile der Biosphäre stehen nicht nur untereinander in einer dynamischen Wechselwirkung, sondern prägen in ihrer Gesamtheit auch die Zusammensetzung der Atmosphäre, des Bodens und der Meere.[73] Die Natur ist keine Fabrik, die man mithilfe komplexer Berechnungen in Richtung eines bestimmten Zustandes lenken kann.[74]

Es scheint sogar so zu sein, dass einzelne Arten in der Lage sind, ihre Umweltbedingungen so zu verändern, dass nicht nur die betreffende Art selbst davon profitiert, sondern aus der Koevolution von Leben und planetarer Umwelt eine Art Win-win-Situation entsteht. Forscher haben dieses Phänomen am Beispiel der Wolkenbildung nachgewiesen, die durch das Algenwachstum gesteuert wird. Indem Meeresalgen Aerosole freisetzen, welche die Wolkenbildung steigern, sinkt die Lufttemperatur unter den Wolken. Durch die Wolkenbildung entsteht ein Auftrieb im Wasser, in dessen Sog die Algen aufsteigen und sich besser ausbreiten können. Der kühlende Effekt wirkt gleichzeitig stabilisierend auf das weltweite Klimasystem.[75]

Lässt man landgebundenen Ökosystemen genügend Zeit, streben sie danach, Nährstoffkreisläufe zu verlangsamen, um den Verlust an mineralischen Nährstoffen wie Kalzium, Kalium und Magnesium zu verringern. Ökosystemen wohnen demnach selbstregulierende Kräfte inne, die von einem hochkomplexen Ineinandergreifen von Organismen getragen werden.[76]

Allgemein kann man festhalten, dass einzelne Arten, aber auch Ökosysteme insgesamt über Mechanismen verfügen, die abrupten Veränderungen ihrer Umweltbedingungen entgegensteuern und stabilisierend wirken. Werden allerdings bestimmte Kipppunkte überschritten, können chaotische Entwicklungen mit unvorhersehbaren Ergebnissen ihren Lauf nehmen.

»Spielregeln der Ökologie« als Überschrift zu diesem Abschnitt habe ich bewusst als Allegorie gewählt. Ich will damit veranschaulichen, dass wesentliches Merkmal von Ökosystemen und Lebensgemeinschaften die Interaktion ihrer Glieder ist. Wie bei einem Spiel – namentlich Mannschaftssportarten wie Handball, Fußball, Basketball – sind die Mitspieler ständig in Bewegung. Es gibt Dynamik, Konkurrenz und Kampf, aber auch Zusammenspiel, zufällige und spontane Geschehnisse sowie Einflüsse von außen auf das Spiel. Ein Spiel beginnt nicht schon dann, wenn sich Spieler auf dem Spielfeld aufhalten, sondern erst wenn sie durch ihr Handeln miteinander in Beziehung treten (sich den Ball zuspielen oder sich ihn abjagen). Das Spiel entsteht also durch das Zusammenwirken in einem Netzwerk aus Interaktionen. Dieses Phänomen wird in der Wissenschaft unter dem Stichwort »Emergenz« diskutiert. Übertragen auf die Natur: Ökosysteme und Lebensgemeinschaften bilden aufgrund des vielfältigen Zusammenwirkens ihrer Glieder als Gesamtheit etwas Eigenständiges, das mehr als die Summe ihrer einzelnen Glieder ist.[77]

Auch der Mensch ist Mitspieler im globalen Erdsystem. Er hat sich jedoch mehr und mehr zum Störfaktor entwickelt und droht im schlimmsten Fall zum Zerstörer des Spiels zu werden. Im übertragenen Sinne könnte man sagen: Die menschliche Gesellschaft muss sich an die Spielregeln der Ökologie anpassen. Darauf ist das ökologische Grundprinzip ausgerichtet.

Bausteine eines ökologischen Grundprinzips

Um die wesentlichen Bausteine eines ökologischen Grundprinzips herauszuarbeiten, ist es erforderlich, sie an die Wertentscheidungen anzubinden, die ich als Bestandteil des verfassungsrechtlichen Bekenntnisses zur Koexistenz von Mensch und Natur vorgeschlagen habe. Wie bereits mehrfach angesprochen, können naturwissenschaftliche Erkenntnisse zwar Hinweise geben, welche Gesetzmäßigkeiten in der Natur vorherrschen und wie sich menschliche Aktivitäten und Verhaltensweisen auf die Natur auswirken. Ohne die Frage nach dem, was gut oder schlecht ist, was sein soll und nicht sein soll, lassen sich aber keine Rechtsnormen kreieren. Um den Philosophen Zhao zu zitieren: Eine Rechtsordnung ist nicht selbsterklärend, ihre Motive können nicht naturwissenschaftlich-mathematisch hergeleitet bzw. bewiesen werden.[78]

Für das ökologische Grundprinzip knüpfe ich an die Argumente für eine Rechtsgemeinschaft mit der Natur an. Als verfassungsrechtliche Grundwerte habe ich den Eigenwert der Natur, die ihr eigene Würde besitzt, sowie die Einbindung der menschlichen Zivilisation in die Kreisläufe der Natur definiert.

Der Eigenwert von nichtmenschlichem Leben beruht darauf, dass auch für Lebewesen etwas gut oder schlecht sein kann. Wem ich einen Eigenwert zuspreche, verdient, geachtet zu werden. Grundlegendes Element jedes Achtungsanspruchs ist die universell gültige ethische Pflicht, den anderen so zu behandeln, wie man selbst behandelt werden will, das heißt, niemanden vorsätzlich oder fahrlässig zu schädigen. Diese Pflicht findet sich kulturübergreifend in beinahe allen Religionen und Philosophien und wird deshalb als »Goldene Regel« bezeichnet. Die Goldene Regel ist darauf ausgerichtet, dass sich die Menschen untereinander wechselseitig respektieren, um Nachteile für andere möglichst zu vermeiden oder zu minimieren.[79]

Dem geltenden Umweltrecht ist, auch in Bezug auf die nichtmenschliche Natur, das Schädigungsverbot durchaus geläufig. Es ist im Gebot enthalten, den ökologischen Zustand von Gewässern nicht zu verschlechtern (§ 27

Wasserhaushaltsgesetz), Beeinträchtigungen von Natur und Landschaft durch bauliche und sonstige Eingriffe mithilfe geeigneter Maßnahmen zu kompensieren (§ 14ff. BNatSchG), schädliche Immissionen durch Lärm und Luftschadstoffe nach Maßgabe der einschlägigen technischen Vorschriften zu vermeiden (§ 5 Bundesimmissionsschutzgesetz) oder Schäden an Boden, Wasser oder Artenvielfalt zu sanieren (Umweltschadensgesetz).

Das Umweltrecht ist allerdings bislang sehr stark von der mechanistischen Weltsicht und einem statischen Bild der Natur geprägt: Man nimmt sehr oft den aktuellen Zustand der Natur in den Blick und vergleicht diesen mit vergangenen Zuständen oder prognostiziert zukünftige Zustände. Im Verhältnis zur Natur muss man das Schädigungsverbot anders interpretieren als bei der Regelung von Verkehrsunfällen oder der Ahndung vermögensschädigender Geschäftspraktiken. Man muss die Verhaltensregeln darauf richten, die Interaktionen in der Natur so wenig wie möglich zu stören.

Ich gehe sogar noch einen Schritt weiter: Das ökologische Grundprinzip muss darauf abzielen, die das Erdsystem stabilisierenden Faktoren zu fördern und, soweit dies möglich ist, zu beiderseitigem Nutzen mit der Natur zu kooperieren.

Dafür kann man auf einen ethischen Grundsatz zurückgreifen, welcher der chinesischen Tradition entlehnt ist. Er verlangt ein aktives Tun, nämlich die Maximierung wechselseitigen Nutzens. Zhao nennt dies das konfuzianische Optimum: »Willst du sicher stehen, hilf anderen, sich aufzurichten, willst du etwas erreichen, hilf anderen, etwas zu erreichen.«[80]

Versucht man, bei seinem Tun nicht nur sich selbst einen Vorteil zu verschaffen, sondern gleichzeitig auch anderen Menschen, so stabilisiert dies das Gesamtsystem, was wiederum positiv auf alle zurückwirkt.[81] Zwischen den Menschen in der globalisierten Welt besteht eine hochgradige wechselseitige Abhängigkeit. Die sozialen, wirtschaftlichen und politischen Verhältnisse verbessern sich, wenn es nicht nur einzelnen Staaten oder ihren ökonomischen, politischen oder militärischen Eliten gut geht, sondern wenn alle Menschen profitieren.

Diese Überlegungen lassen sich auf das Verhältnis von Mensch und Natur übertragen: Da die menschlichen Zivilisationen auf mannigfache Art und Weise in die globalen ökologischen Prozesse integriert sind, muss sich auch in ethischer Hinsicht der Blick auf das Ganze richten.

Ich möchte diesen Gedanken an einem Beispiel verdeutlichen: Die Ökosystemforschung hat herausgefunden, dass man Savannen und Graslandschaften wiederbeleben kann, wenn man große Pflanzenfresser wieder ansiedelt. Nachdem man in den 1960er-Jahren Schutzmaßnahmen für die Gnus in der Serengeti ergriffen hatte, vermehrten sich diese Weidetiere wieder stark. Entgegen der Erwartung haben die großen Tierherden die Savanne aber nicht kahl gefressen. Im Gegenteil haben sie durch ihren Dung, der von Heerscharen von Mistkäfern verarbeitet und in den Boden eingebracht wurde, die Bodenqualität verbessert, das Wachstum von Gräsern und Bäumen angeregt und die Artenvielfalt insgesamt gesteigert. Die Heilung dieser Naturlandschaft hatte darüber hinaus einen positiven Effekt für das globale Klima, denn die Wurzelsysteme der Grasländer speichern ungeheure Mengen an Kohlendioxid. Die Serengeti hat dadurch von einer Kohlenstoffquelle zu einer Kohlenstoffsenke gewandelt.[82]

Anknüpfend an das konfuzianische Optimum, kann man im Verhältnis von Mensch und Natur eine ethische Pflicht zur aktiven Koexistenz formulieren. Sie ist bezogen auf die Gesamtheit der Lebenswelt auf dem Planeten Erde. Alle Menschen, so die These des Bekenntnisses zur Koexistenz von Mensch und Natur, sind wegen ihrer Körperlichkeit abhängige Mitglieder im komplexen, wechselseitig voneinander abhängigen Netzwerk des Lebens und damit Teil der Biosphäre. Sie tragen andererseits aber mit ihren geistigen Fähigkeiten und den daraus resultierenden technologischen Fertigkeiten und Möglichkeiten der Zerstörung und Umgestaltung der Natur eine große Verantwortung für das Leben auf der Erde.[83]

Aus dieser Verantwortung heraus ergeben sich ethische Pflichten gegenüber der Natur, die in der staatlichen Verfassung als Rechtspflichten zu verankern sind: die Pflicht, Auswirkungen menschlicher Aktivitäten auf die Biosphäre zu minimieren und darüber hinaus den Nutzen für die Natur in ihrer Gesamtheit bei jeglichem menschlichen Handeln so weit wie möglich zu mehren.

Das ökologische Grundprinzip nimmt die Gesamtheit der Natur in den Blick: Jede menschliche Aktivität, jedes staatliche Handeln ist gedanklich daraufhin abzuklopfen, welche Auswirkungen es auf kurze oder lange Sicht auf die Biosphäre haben kann. Nur wenn es den menschlichen Einfluss möglichst gering hält und zur Verbesserung der Koexistenz von Mensch und

Natur beiträgt, entspricht es dem Prinzip ökologischen Handelns. Das ökologische Grundprinzip geht über das bereits in der Rechtsordnung etablierte Vorsorgeprinzip hinaus. Das Vorsorgeprinzip betrachtet das menschliche Handeln unter dem Blickwinkel der unbekannten oder nicht beherrschbaren Nachteile für Rechtsgüter wie die menschliche Gesundheit, den Naturhaushalt oder die Biodiversität.[84]

Das Vorsorgeprinzip ist zwar ein wichtiger Baustein des ökologischen Grundprinzips. Ebenso wichtig ist aber ein weiteres Element, nämlich das Handeln zum gegenseitigen Nutzen von Mensch und Natur. Zur Einhaltung des ökologischen Grundprinzips sollte nicht nur der Staat als Institution verpflichtet sein, sondern jede Bürgerin und jeder Bürger.

Das ökologische Grundprinzip setzt sich aus mehreren Komponenten zusammen: erstens einer Art innerer Schranke der allgemeinen Handlungsfreiheit und aller anderen Grundrechte. Genauso wie jeder Mensch sein Leben nach eigenem Gusto führen darf, solange er nicht die Rechte anderer verletzt, darf er oder sie auch nicht die Rechte der Natur verletzen und muss sich an die ökologischen Spielregeln anpassen.

Zweitens muss der Staat nicht nur das Vorsorgeprinzip als »Vorsichtsprinzip« hinsichtlich unkalkulierbarer Risiken beachten, sondern auch ein Fürsorgeprinzip, um die Kreisläufe der globalen Biosphäre zu stabilisieren und eingetretene Schäden möglichst zu heilen.

Sinngemäß könnte das ökologische Grundprinzip in folgende Worte gefasst werden: Die Natur hat das Recht auf Schutz und Achtung ihrer Existenz. Ihre natürlichen Kreisläufe, Ökosysteme und die biologische Vielfalt sind zu achten und zu schützen. Der Staat und jeder Einzelne sind verpflichtet, zum Fortbestand der Natur nach den Grundsätzen der Vorsorge und Fürsorge beizutragen. Der Staat trifft Maßnahmen zur Vorbeugung, Minderung und Anpassung der durch den Menschen verursachten Klimaveränderung.

Ebenso wie sich aus anderen Verfassungsprinzipien konkrete Gebote und Verbote ergeben, werden sich auch für das Vorsorge- und Fürsorgeprinzip als Bausteine des ökologischen Grundprinzips bestimmte Grundregeln für das staatliche Handeln folgern lassen. Das ökologische Grundprinzip schließt ein Gebot zum Klimaschutz ein, das das Bundesverfassungsgericht bereits im geltenden Art. 20a GG verortet hat. Das Gericht sieht den Gesetzgeber beim Klimaschutz in der Pflicht, die einzuhaltende Temperaturschwelle für die globale Klimaerwärmung zu konkretisieren. Im Einklang mit dem Pariser Klimaschutzabkommen legt das deutsche Klimaschutzgesetz dieses Ziel auf 1,5 °C bis 2 °C fest. Das Bundesverfassungsgericht betont, dass der Gesetzgeber nicht völlig frei ist, welches Ziel er festlegt. Er muss sich nach dem Stand der wissenschaftlichen Erkenntnisse richten und dabei die Auswirkungen auf die Grundrechte berücksichtigen.[85]

Diese Überlegungen kann man, bezogen auf das ökologische Grundprinzip, übertragen und vertiefen: Aus dem Gebot, Schäden an der Biosphäre zu vermeiden, das Erdsystem zu stabilisieren und eingetretene Fehlentwicklungen umzukehren, folgt die Pflicht für den Gesetzgeber, konkrete gesetzliche Vorgaben zu formulieren. Diese Vorgaben wiederum sind keine rein politischen Entscheidungen. Die Politik, und zwar nicht nur die Umweltpolitik, sondern vor allem auch die Wirtschafts- und Finanzpolitik, die Verkehrspolitik und nicht zuletzt die Sozialpolitik, ist gehalten, greifbare Leitplanken für staatliches Handeln und die Ausübung der Grundrechte in Ansehung der Auswirkungen auf die Natur aufzustellen.

In Bezug auf die Biosphäre hat der Wissenschaftliche Beirat der Bundesregierung Globale Umweltveränderungen bereits in seinem Jahresgutachten 1999 entsprechende Handlungsempfehlungen auf Basis des wissenschaftlichen Erkenntnisstandes veröffentlicht.[86] Daraus ließe sich aus dem ökologischen Grundprinzip für das staatliche Handeln als staatlicher Handlungsauftrag ableiten,

- nicht abbaubare und für Lebewesen giftige Stoffe nicht herzustellen und zu verbreiten,
- Treibhausgase, die das Weltklima verändern, weitestgehend zu reduzieren,
- Rohstoffe der Natur in möglichst geringem Umfang zu entnehmen und entweder im Kreislauf zu führen oder als abbaubare Stoffe der Natur zur Nutzung für nichtmenschliche Lebewesen wieder zuzuführen,
- die räumliche Ausdehnung des vom Menschen genutzten Lebensraumes zu begrenzen,
- bereits eingetretene Zerstörungen und negative Auswirkungen menschlichen Handelns zu heilen,
- im Rahmen menschlicher Aktivitäten die Umwelten anderer Lebewesen mit dem Ziel der Mehrung der Biodiversität zu verbessern.

Dem parlamentarischen Gesetzgeber kommt dann die Aufgabe zu, unter Berücksichtigung anderer Verfassungsprinzipien den gesetzlichen Rahmen zu setzen, um diese Gebote mit Leben zu erfüllen. Das ökologische Grundprinzip ist dabei nicht nur inhaltlich auszuformulieren, sondern muss gleichermaßen durch staatliche Kompetenzen, Verfahrensrechte und Institutionen in der Rechtsordnung zur Wirkung gebracht werden.

Kapitel 7

Rechtssubjekt Natur

Argumente für eine subjektive Rechtsposition der Natur

Ist es überhaupt notwendig, der Natur eine subjektive Rechtsposition einzuräumen, oder reicht es aus, Vorschriften zum Schutz der Natur nach den beschriebenen Merkmalen eines ökologischen Grundprinzips so strikt auszugestalten, dass sie tatsächlich wirksam sind?

Die anderen grundlegenden Strukturprinzipien einer freiheitlichen Verfassung werden flankiert durch subjektive Rechtspositionen ihrer Bürgerinnen und Bürger. Im Grundgesetz verleiht beispielsweise Art. 19 Abs. 4 jedermann ein Grundrecht auf effektiven Rechtsschutz gegenüber staatlichen Maßnahmen. Aus Art. 3 Abs. 1 GG in Verbindung mit dem Rechtsstaatsprinzip folgt ein subjektives Recht, sich gegen willkürliches staatliches Handeln zu wehren. Beruft man sich vor Gericht darauf, dass man in seinen Grundrechten verletzt ist, prüfen die Gerichte in diesem Zusammenhang auch die Verletzung von Verfassungsrecht, das primär objektive, d. h. dem Allgemeininteresse dienende Normen enthält, wie etwa das Rechtsstaatsprinzip. Das Demokratieprinzip wird mithilfe des Rechtes auf gleiche und freie Wahlen abgesichert, ebenso wie das Recht auf Gründung von Parteien und Wählergemeinschaften.

Ohne diese subjektiven Rechte wäre die Gefahr groß, dass die Vorgaben zu Demokratie und Rechtsstaat in der Verfassung von denjenigen, die die Macht im Staat ausüben, missachtet oder zu ihrem Vorteil angewendet werden.

Die grundrechtlich geschützten Werte selbst müssen bei der Gesetzgebung untereinander und mit anderen Verfassungsprinzipien abwägend in Einklang gebracht werden. Der Gesetzgeber muss dabei entscheiden, welchem Grundrecht er größeres Gewicht einräumt. Wertungsentscheidungen setzen sich auch bei der Rechtsanwendung fort, wenn rechtliche Begriffe ausgelegt oder Ermessens- und Abwägungsspielräume genutzt werden. Ein Grundrecht, das den Menschen zwar in der Verfassung eingeräumt wäre, gegenüber staatlichen Institutionen oder im Verhältnis zu anderen Grundrechtsträgern aber nicht verteidigt werden könnte, wäre weitgehend wertlos. Dies hat das Bundesverfassungsgericht schon frühzeitig deutlich gemacht, indem es auf die verfahrensrechtliche Dimension der Grundrechte hingewiesen hat.[87] Wer gleichsam nur Zuschauer ist und in das Geschehen nicht aktiv eingreifen kann, läuft Gefahr, dass seine Interessen letztlich hintangestellt werden.

Das ökologische Grundprinzip enthält Grundregeln, um das Verhältnis der menschlichen Zivilisation zur Natur im Sinne einer dauerhaften Koexistenz zu lenken. Die Gefahr einer Missachtung des ökologischen Grundprinzips wäre mindestens so groß wie in Bezug auf die anderen Grundprinzipien staatlicher Verfassung, wenn es nicht durch eigene Rechte der Natur flankiert würde.

Man könnte einwenden, es bedürfe nur entsprechender Institutionen und Verfahren, die die nichtmenschliche Natur als Schutzobjekt gegen einen Machtmissbrauch des Menschen verteidigen können. In seinem Grundlagenwerk »Rechtsstaat und Umweltstaat« vertritt der Jurist Christian Calliess die von den meisten Juristinnen und Juristen bis dato geteilte Auffassung, die mit einem ökozentrischen Ansatz verfolgten Ziele ließen sich rechtlich-praktisch genauso gut mithilfe eines ausschließlich auf die menschlichen Interessen bezogenen (anthropozentrischen) Rechts verwirklichen. Voraussetzung sei allerdings, dass der Schutzbereich des Staatszieles Umweltschutz weit ausgelegt und die Verpflichtung des Staates, die natürlichen Lebensgrundlagen zu schützen, wirksam umgesetzt werde.[88]

Der Schwachpunkt dieser Argumentation liegt genau in diesem Vorbehalt: Art. 20a GG verschafft dem Staat zwar die Möglichkeit, wesentlich strengere Umweltgesetze zu erlassen. Stets werden dabei aber die Freiheitsrechte des Menschen gegeneinander abgewogen, wenn auch das Bundesverfassungsgericht den Gesetzgeber in seinem Klimabeschluss mahnt, die Freiheitsrechte zukünftiger Generationen bei dieser Abwägung zu berücksichtigen. Uns Menschen fällt es schwer, Jahrzehnte vorauszudenken. Tendenziell wiegen deshalb ungewisse Beschränkungen der Freiheit in der Zukunft in einer demokratischen, von vielfältigen Interessen beeinflussten Gesetzgebung weniger schwer als dasjenige, was den Bürgerinnen und Bürgern aktuell zugemutet werden kann.

Ein Blick auf das Weltgeschehen lehrt, dass der Missbrauch von Macht nur durch Institutionen begrenzt werden kann, die in der Lage sind, wirksam Widerstand hiergegen zu leisten. Die klassische Gewaltenteilung funktioniert nur dann, wenn der Regierung Verfassungsorgane gegenüberstehen, die mit genügend Macht und Autorität ausgestattet sind. In Bezug auf den einzelnen Menschen ist Machtmissbrauch nur dann ausgeschlossen, wenn der Einzelne sich auf grundrechtlich abgesicherte Rechtspositionen berufen und diese gegen eine Verletzung dieser Rechte mithilfe effektiver, rechtlich gesicherter Verfahren zur Wehr setzen kann.

Man könnte zwar die Überlegung anstellen, dass die Grundrechte des Menschen auch zur Durchsetzung des ökologischen Grundprinzips aktiviert werden können. Bis zu einem gewissen Grad könnte dies auch funktionieren. Allerdings bliebe eine derartige Rechtsordnung in dem herkömmlichen Weltbild verhaftet, die nichtmenschliche Natur als Gegenstand wahrzunehmen und zu behandeln. Die Rechtsordnung kennt nur Sachen (Rechtsobjekte) und Inhaber oder Träger von Rechten (Rechtssubjekte). Wenn die Natur nach rechtlichen Maßstäben kein Objekt mehr sein soll, ist es zwingend, sie als Subjekt zu behandeln. Wer die lebendige Natur nicht nur als Verfügungsmasse und Ressource wie ein Rechtsobjekt behandeln will, muss sie wie ein Subjekt mit eigenen Rechten anerkennen. Etwas Drittes gibt es nicht.[89]

Über Objekte kann der Mensch verfügen, auch wenn die Verfügungsmacht durch das Recht beschränkt werden kann, z. B. beim Eigentum an Gegenständen. Der Unterschied zum Subjekt liegt darin, dass jedem menschlichen Rechtssubjekt etwas Unverfügbares, Unantastbares innewohnt. Zwar kann über Rechtssubjekte auch Macht ausgeübt werden: Staatliche Organe können Menschen zu Handlungen oder Unterlassungen zwingen, in bestimmten Fällen sogar Gewalt anwenden. Eltern dürfen über ihre minderjährigen Kinder bestimmen.

Die Stellung als Rechtssubjekt wirkt sich aber bei der Interessenabwägung zwischen verschiedenen Rechtsgütern aus. Wenn Bestandteile der Natur keine eigenen Rechte besitzen, werden ihre Belange letztlich immer in Bezug auf den Nutzen für den Menschen gewichtet. Die Belange der Natur bleiben Gemeinwohlbelange wie etwa der Denkmalschutz oder der Schutz öffentlicher Infrastruktur. Das Allgemeinwohl meint nach geltendem Recht vorrangig das Wohlergehen der Gattung Mensch, selbst wenn es das Leben zukünftiger Generationen einschließt. Welches Gewicht kommt in einer konkreten Abwägungsentscheidung der Erhaltung einer vom Aussterben bedrohten Käferart als bloßer Gemeinwohlbelang zu, wenn dagegen das Eigentumsgrundrecht einer menschlichen Person steht?

Über den Kern menschlicher Existenz, der im Grundgesetz mit dem Begriff »Menschenwürde« umschrieben wird, dürfen nach den Maßstäben der Menschenrechtskonvention und der Grundrechtskataloge aber weder der Staat noch andere Menschen verfügen.

Im Gegensatz dazu können juristische Personen von Menschen liquidiert werden (z. B. im Rahmen eines Insolvenzverfahrens), trotz ihres Status als Rechtssubjekte, die sogar Grundrechtsschutz genießen. Wenn aber juristische Personen als Rechtssubjekte behandelt werden, obwohl ihnen kein unverfügbarer Kern innewohnt, spricht vieles dafür, Lebewesen und Lebensgemeinschaften, die dem Menschen aufgrund ihrer Körperlichkeit und ihrer gemeinsamen evolutionären Wurzeln in gewisser Weise verwandt sind und damit einen Kern an Unverfügbarkeit in sich tragen, erst recht den Status eines Rechtssubjektes zu verleihen.

Das Konzept der Eigenrechte der Natur

Ausgehend von der verfassungsrechtlichen Prämisse, dass der Mensch als Teil der Natur von ihr abhängig ist und die Natur nicht als leblosen Gegenstand und bloße Ressource betrachten soll, stellt das Konzept der Eigenrechte der Natur die geeignete Antwort des Rechts auf dieses veränderte Weltbild dar.[90]

Eigenrechte der Natur bringen einen Paradigmenwechsel zum Ausdruck: Rechte dienen nicht nur mehr nur als Mittel, um sich im Verhältnis zu anderen Menschen und zur menschlichen Gemeinschaft insgesamt die Möglichkeit zu verschaffen, die Natur für eigene Zwecke zu nutzen. Eine subjektive Rechtsstellung der Natur soll den Menschen zwingen, sich an die natürlichen Prozesse in der Biosphäre anzupassen. Eigenrechte der Natur begrenzen die individuelle Freiheit des Menschen nicht nur gegenüber der Freiheit anderer Menschen, sondern auch gegenüber der übrigen lebendigen Mitwelt auf dem Planeten Erde.

Die Rechte der Natur dienen letztlich dazu, den Menschen in Ansehung der Natur vor sich selbst zu schützen und ein gemeinsames Überleben auf dem Planeten zu ermöglichen.[91] Eigenrechte der Natur sind dementsprechend auch als Wertentscheidung zu verstehen, ähnlich wie die Menschenwürde, die eine Doppelfunktion als oberster Wert[92] wie auch als Grundrecht[93] erfüllt.

Vor diesem Hintergrund sollte man die Rechte der Natur nicht als einfaches Pendant der subjektiven Rechte von Menschen ansehen. Verfehlt wäre es, die Natur mit ihren nichtmenschlichen Lebewesen zu »vermenschlichen«, indem man sie als Träger von Rechten genauso wie menschliche Individuen oder juristische Personen behandelt. Rechte der Natur sind vielmehr ein Konstrukt, um die nichtmenschliche Natur mit den Mitteln des Rechts gegen die Ansprüche des Menschen zu verteidigen.

Was aber bedeutet es überhaupt, ein Recht zu besitzen? Recht kann im Sinne eines mithilfe staatlicher Institutionen durchsetzbaren Anspruchs verstanden werden, im Verhältnis zu jemand anderem etwas tun, den anderen von einem Tun abhalten oder von ihm ein Verhalten einfordern zu dürfen.[94] Das ist der gängige, im Alltag gebräuchliche Inhalt eines subjektiven Rechtes.

Von dem Begriff des subjektiven Rechts ist der Begriff des Interesses abzugrenzen. Jedes Recht ist von einem Interesse getragen, aber nicht aus jedem Interesse folgt auch ein Recht. Ich möchte dies an einem Beispiel deutlich machen: Als Eigentümer eines Grundstücks kann ich in Bezug auf diesen Eigentumsgegenstand verschiedenste Interessen haben: Das Interesse kann auf den finanziellen Wert gerichtet sein (Verkauf, Sicherungsobjekt für Kredite), auf die wirtschaftliche Nutzung (Wohn- und Gewerbefläche, Land- oder Forstwirtschaft) oder einen ideellen Zweck (Erholung, Naturschutz). Rechtlich geschützt sind diese Interessen nur so weit, wie die Gesetze des Privatrechts und des öffentlichen Rechts dies vorsehen. Gemäß § 906 BGB habe ich ein Recht, mich gegen den Eintrag von Schadstoffen, Lärm oder Gerüchen zu wehren, jedoch keinen Rechtsanspruch, den Eintrag von Blättern vom Baum des Nachbarn zu unterbinden. Wenn ein benachbartes Grundstück bebaut wird, kann ich rechtlich dagegen vorgehen, wenn entgegen den Abstandsflächenvorschriften des Baurechts zu nahe an der Grenze gebaut wird. Das Interesse, freie Aussicht auf die umgebende Landschaft zu genießen, ist hingegen rechtlich nicht geschützt. Recht und rechtlich geschütztes Interesse werden in diesem Zusammenhang synonym verwendet.[95]

Ein Recht kann aber auch im Sinne eines verfassungsrechtlichen Anspruchs auf Achtung und Schutz verstanden werden, das den Staat verpflichtet, diesen Anspruch in der Rechtsordnung wirksam werden zu lassen. Ich bezeichne diese Art von Recht im Folgenden als »Geltungsanspruch«. Grundrechte wie die Menschenwürde, die Religionsfreiheit oder das Eigentumsgrundrecht zählen zu dieser Art von Rechten.

Träger von Grundrechten sind stets Rechtssubjekte. In der Regel sind verfassungsrechtlich verbürgte Rechte aber nicht unmittelbar einklagbar. Sie bedürfen eines vom Parlament beschlossenen Gesetzes, damit das betreffende Rechtssubjekt ihre Einhaltung einfordern und erzwingen kann. Nur ausnahmsweise kann man sich vor Gericht unmittelbar auf ein Grundrecht berufen, und dies auch nur gegenüber staatlichen Institutionen, nicht aber gegenüber Privatleuten.

In Zusammenhang mit den Rechten der Natur stellt sich die Frage, ob die Rechtsordnung auch Rechtssubjekte kennt, die Rechte im Sinne eines Geltungsanspruchs besitzen, aber keine einklagbaren subjektiven Rechte haben. Solche Rechtssubjekte gibt es tatsächlich: Werden menschliche Keimzellen für die künstliche Befruchtung außerhalb des menschlichen Körpers aufbewahrt, gelten sie als Sachen (Rechtsobjekte), solange sie nicht befruchtet sind. In dem Moment, in dem Eizelle und Samen verschmelzen, wird der Embryo zum Rechtssubjekt.[96] Gleiches gilt für den Zeitpunkt der Einnistung einer befruchteten Eizelle in der Gebärmutter bei natürlicher Befruchtung. Auch wenn der Embryo noch kein Mensch ist, ist er bereits ein zu schützendes Rechtssubjekt, dem Menschenwürde zukommt und dessen Lebensrecht Geltung beanspruchen kann. Der Staat muss mithin wirksame Gesetze schaffen, um die Menschenwürde und das Lebensrecht des ungeborenen menschlichen Lebens zu schützen.[97]

Embryos verfügen allerdings noch nicht über subjektive Rechte im Sinne durchsetzbarer Rechtsansprüche. Ein Embryo kann also beispielsweise keine Klage gegen seine Mutter einreichen, ihn auszutragen, wenn eine Schwangerschaftskonfliktlage gegeben ist.

Dieser feine Unterschied, Rechtssubjekt zu sein und einen damit verbundenen Geltungsanspruch zu besitzen einerseits und subjektive durchsetzbare Rechte innezuhaben andererseits, kann auch für das Konzept der eigenen Rechte der Natur fruchtbar gemacht werden. Die Natur kann Rechtssubjekt sein. Ob und inwieweit sie Träger subjektiver, einklagbarer Rechte sein kann, muss dann in weiteren Schritten geklärt werden und hängt von der Klärung folgender Fragen ab: Welche Teile der Natur können rechtsfähig sein? Lässt es die Rechtsordnung zu, der Natur subjektive, einklagbare Rechtsansprüche zu verleihen? Soll man die Natur als Rechtsperson im Rechtsverkehr anerkennen?

Die Begriffe »rechtsfähig«, »Inhaber subjektiver Rechte« und »Rechtsperson« werden manchmal synonym verwendet oder begrifflich vermischt. Sie auseinanderzuhalten, ist aber keine juristische Spitzfindigkeit, sondern gerade im Zusammenhang mit den Rechten der Natur wichtig. Denn nicht jedes Rechtssubjekt ist, wie gezeigt, rechtsfähig. Rechtsfähig zu sein, heißt nicht zwangsläufig, tatsächlich eigene Rechte zu besitzen und last, but not least Rechtsperson zu sein.

Rechtsfähigkeit

Inhaber eines subjektiven Rechts[98] kann man nur sein, wenn man rechtsfähig ist. Für ein Recht benötigt man ein Gegenüber, es beschreibt ein Verhältnis, eine Beziehung zu einem anderen. Fähig, Träger von Rechten zu sein, bedeutet, dass man identifizierbar und von anderen Rechtsträgern unterscheidbar ist.[99] Die Unterscheidbarkeit kann sich aus der Realität ergeben (ein Mensch als Träger von Rechten), sie kann aber auch durch das Recht selbst hergestellt werden, indem die Rechtsordnung bestimmte Gruppen oder Vereinigungen als rechtsfähig definiert. Das kann eine Gruppe von Menschen (Personengesellschaft) oder eine juristische Person (Verein, Aktiengesellschaft) oder eine politische Körperschaft (Gemeinde, Staat) sein. Im Völkerrecht werden auch Bevölkerungsgruppen wie indigene Völker als rechtsfähig angesehen, obwohl nicht von vorneherein klar ist, nach welchen Merkmalen sich die Zugehörigkeit zu einem indigenen Volk richtet.[100]

Die Unterscheidbarkeit muss sich folglich nicht bis zum Individuum zurückverfolgen lassen, eine »gewisse Einheitlichkeit«[101] genügt. Vereinfacht könnte man sagen: Rechtsfähig kann sein, wer einen Namen trägt oder wen man zumindest namentlich bezeichnen kann.

Ob man der Natur subjektive Rechte zugestehen kann, hängt davon ab, ob sie fähig ist, als unterscheidbare Einheit Adressat von Rechten zu sein. Deshalb müssen wir uns mit der Frage beschäftigen, welche Bestandteile der Natur identifizierbar, gleichsam mit einem Namen zu versehen und damit rechtfähig sein könnten.

Natur in ihrer Gesamtheit

Als umfassendste Einheit, deren Rechtsfähigkeit in Rede steht, kommt die Natur als solche in Betracht, symbolhaft aufgeladen als »Mutter Erde«. Die Natur ist ein komplexes System aus allen Lebewesen auf der Erde, ihren Wechselbeziehungen untereinander und mit der menschlichen Zivilisation sowie mit den unbelebten Elementen unter den auf dem Planeten Erde vorgegebenen physikalischen und chemischen Randbedingungen.

Die Natur ist ein lebendiges, dynamisches System, das in unendlich vielen Zuständen existieren kann. Wegen ihrer Lebendigkeit ist die Natur keine Sache und kann deshalb Rechtssubjekt sein. In ihrer Gesamtheit ist sie aber nicht greifbar, nicht identifizierbar. Deshalb kann die Natur als solche nicht rechtsfähig sein. Stellt sich demnach das in Art. 71 der ecuadorianischen Verfassung verankerte Existenzrecht der Natur als unvereinbar mit den Maßstäben der Rechtsordnungen europäisch-abendländischer Tradition dar?

Man darf das in Art. 71 EV formulierte Existenzrecht der Natur nicht als Recht im engeren Sinne verstehen, sondern muss es als Recht im Sinne eines Geltungsanspruchs begreifen. Ich möchte an dieser Stelle den Grundgedanken des Philosophen Tiang Zhou in Bezug auf das Tianxia-Konzept aufgreifen und auf das Existenzrecht der Natur übertragen. Bei dem Tianxia-Konzept handelt es sich um eine politische Theorie, mit der eine Weltordnung geschaffen werden soll, die die Welt als Ganzes im Blick hat, auf eine Ordnung der Koexistenz abzielt und die ganze Welt als politische Einheit betrachtet.[102] Die Koexistenz geht der Existenz voraus, die Koexistenz ist die Voraussetzung der Existenz.[103]

Weder möchte ich an dieser Stelle auf den genauen Inhalt der Tianxia-Theorie eingehen noch mir diese zu eigen machen. Vielmehr möchte ich an die obige Feststellung anknüpfen, dass jeder Rechtsordnung die Erkenntnis vorausgeht, die menschliche Zivilisation als integralen Bestandteil natürlicher Lebensprozesse, das heißt in wechselseitiger Abhängigkeit mit der Natur, zu betrachten. Voraussetzung der menschlichen Existenz ist die Existenz der Natur. Daraus ergibt sich ein Recht auf Fortbestand der Natur als grundlegendes Rechtsgut, das in Art. 71 EV verankert ist.

Ebenso wie das Konzept der Menschenwürde Grundvoraussetzung jeder humanen Gesellschaftsordnung ist, ist das Existenzrecht der Natur das Fundament jeder langfristig überlebensfähigen Rechtsordnung. Rechtsfähigkeit als Voraussetzung für subjektive Rechtsansprüche kann der Natur in ihrer Gesamtheit aber nicht zugestanden werden. Rechtsfähig können nur identifizierbare Teile der Natur sein.

Arten

Arten spielen eine fundamentale Rolle im Fortbestand und der Evolution ökologischer Systeme. Man könnte die Biosphäre sogar als System komplexer Interaktionen zwischen sämtlichen Individuen aller Arten bezeichnen. Arten sind jedoch mehr als die Summe ihrer Individuen, sie sind »überorganismische Ganzheiten«.[104] Mit dieser Formulierung kann man umschreiben, dass die Vertreter einer Art als Organismen mit gleicher genetischer Ausstattung untereinander in Beziehung stehen, sei es als Fortpflanzungspartner, Nahrungs- und Revierkonkurrenten, Mitglieder einer Herde oder eines Schwarms oder einer Pflanzengesellschaft.

Der Artbegriff ist zwar naturwissenschaftlich noch nicht abschließend geklärt, etwa hinsichtlich der Frage, ob Populationen zu einer Unterart gehören oder lediglich eine regionaltypische Ausprägung darstellen. Zudem sind viele Tier- und Pflanzenarten bisher nicht beschrieben und damit rechtlich nicht fassbar. Diese Argumente stehen einer Rechtsträgerschaft von Arten aber nicht grundsätzlich entgegen. Denn zumindest die inventarisierten Arten sind untereinander hinreichend abgrenzbar und somit auch als Rechtssubjekte ausreichend bestimmbar. Als Träger von Rechten kommen deshalb die einzelnen Tier- und Pflanzenarten in Betracht, ebenso wie Pilze und Mikroorganismen.

Ökosysteme

Die Biosphäre besteht aus einem zusammenhängenden Netz von Ökosystemen, weshalb das Existenzrecht der Natur insbesondere auf den Erhalt von

Ökosystemen und Lebensräumen (Biotopen) abzielen muss. Lebensraumtypen (z. B. Auwälder) oder Biotoptypen (Kalkmagerrasen) sind bereits jetzt Schutzobjekte des europäischen und bundesdeutschen Naturschutzrechts. Auf den ersten Blick läge es nahe, Ökosysteme und Biotope auch als Träger von Rechten und damit als Rechtssubjekte anzuerkennen.

Man muss sich im Klaren sein, dass Ökosystem nur auf den ersten Blick ein rein naturwissenschaftlicher Begriff ist. Hinter dieser Begriffsbildung stehen kontroverse ökologische Theorien.[105] Zum einen benutzt man den Begriff des Ökosystems als Modell, um die komplexen natürlichen Prozesse und deren Erscheinungsbilder zu beschreiben, die sich unter bestimmten Bodenverhältnissen, klimatischen und geografischen Bedingungen herausbilden (z. B. natürliche Laubwälder in Mitteleuropa, Steppenlandschaften Zentralasiens, tropische Regenwälder im Amazonas usw.). Ökosysteme kann man unter verschiedenen Blickwinkeln betrachten, sei es unter dem Aspekt des Energiehaushaltes, von Nahrungsketten, ökologischen Nischen, der typischen Artenausstattung u. v. m. Wenn man beispielsweise von einem Ökosystem Mitteleuropäischer Buchenwald spricht, wird damit kein realer Landschaftsausschnitt beschrieben, sondern ein abstraktes Idealbild gezeichnet. Ökosysteme sind keine Superorganismen, denen man irgendwelche Interessen zuschreiben kann, nicht einmal im übertragenen Sinne.[106]

Wenn man einzelnen Bestandteilen der Natur Rechte einräumt, müssen diese Teile als Rechtssubjekte jedoch beschreibbar und abgrenzbar sein. Ein Rechtssubjekt Mitteleuropäischer Buchenwald, um bei dem Beispiel zu bleiben, lässt sich zum einen räumlich kaum sicher abgrenzen. Denn den Idealtypus findet man in der Realität so gut wie nicht, sondern allenfalls Waldformen, die dem Modell angenähert sind. In Mitteleuropa sind die Wälder zudem durch jahrhundertelange Bewirtschaftung überformt und weichen dadurch mehr oder weniger stark von dem wissenschaftlichen Modell ab.

Unklar wäre die Abgrenzung auch inhaltlich: In welcher Artenzusammensetzung entspräche ein solches Ökosystem noch dem Typ Mitteleuropäischer Buchenwald? Und weshalb sollten dann Wälder verschiedenster Couleur, die nicht in dieses Schema passen, keine Rechtssubjekte sein?

»Ökosystem« wird aber gleichermaßen in einem erweiterten Sinne mit einem räumlichen Bezug verwendet, vor allem in Zusammenhang mit Auswirkungen menschlicher Aktivitäten auf die Natur. Wenn beispielsweise vom bedrohten Ökosystem der Oder die Rede ist, sind damit die Lebensgemeinschaften gemeint, die im und am Fluss ihre Lebensräume haben. Als Rechtsbegriff im deutschsprachigen Raum hat sich dafür die Bezeichnung »Biotop« etabliert. Möglicherweise hat der Gesetzgeber es wegen der Mehrdeutigkeit des Ökosystembegriffs bewusst vermieden, ihn als Rechtsbegriff zu verwenden. Denn was ein Ökosystem ist, hängt vom Auge des Betrachters ab: Ein Waldgebiet kann in seiner gesamten Ausdehnung als *ein* Ökosystem angesehen werden. Jede Waldabteilung, jeder Waldbaum für sich genommen kann ebenfalls als Ökosystem abgegrenzt werden. Ja sogar eine Fahrspur im Waldweg, in der sich zeitweise Wasser sammelt und die einer speziellen, nur periodisch dort auftretenden Lebensgemeinschaften einen Lebensraum bietet, ist ein Ökosystem.[107] Wegen seiner Vieldeutigkeit lässt sich der Begriff des Ökosystems rechtlich kaum fassen, weswegen er sich meiner Ansicht nach als Träger von Rechten nicht eignet.

Lebensräume mit ihren Lebensgemeinschaften

Lebensräume mit ihren Lebensgemeinschaften wild lebender Tiere und Pflanzen werden im Bundesnaturschutzgesetz als »Biotop« bezeichnet (§ 7 Abs. 2 Nr. 4). Dieser Definition lässt sich aber noch kein Merkmal einer unterscheidbaren Einheit entnehmen. Räumliche Ausschnitte der Biosphäre als unterscheidbare Einheiten zu definieren, ist aber trotzdem möglich: Man kann Lebensräume nach fachwissenschaftlichen Merkmalen räumlich abgrenzen, man kann Gebiete geografisch bezeichnen oder die Grenzen durch Rechtsvorschrift festlegen (z. B. Nationalparkverordnung).

Den Weg der fachwissenschaftlichen Eingrenzung geht das Bundesnaturschutzgesetz mit den gesetzlich geschützten Biotopen.

Das sind bestimmte Lebensräume mit einer charakteristischen Lebensgemeinschaft, die gegenüber ihrer Umgebung mehr oder weniger scharf abgrenzbar sind, wie etwa ein Hochmoor, eine Salzwiese, ein Teich oder ein Erlenbruch.[108] Ob ein Biotop bestimmter Ausprägung vorhanden ist, hat die Rechtsprechung als bestimmbar anhand fachlicher Kriterien angesehen.[109]

Räumliche Ausschnitte der Natur können auch durch geografische Bezeichnungen konkretisiert werden. In der mitteleuropäischen Kulturlandschaft existieren geografische Bezeichnungen nicht nur für größere naturräumliche Einheiten wie das Mittlere Elbetal, den Jadebusen oder den Schwarzwald.

Mithilfe der in topografischen Karten enthaltenen Flurnamen können auch relativ kleine naturräumliche Einheiten benannt werden.

Will man Gebiete mithilfe geografischer Bezeichnungen identifizierbar und damit rechtsfähig machen, sieht man sich allerdings mit der Frage konfrontiert, wo die räumlichen Grenzen eines solchen Rechtssubjekte zu ziehen sind.

Nehmen wir als Beispiel den Rhein: Der Rhein bildet mit sämtlichen Zuflüssen ein einheitliches Flusssystem, deren Lebensgemeinschaften sich wechselseitig beeinflussen. Zum Fluss gehört das von dem Gewässer natürlicherweise in Anspruch genommene Flusstal. Zum Rheintal gehören auch seine Überschwemmungsgebiete, wobei sich dann die Frage stellen würde, wie die vom Menschen errichteten Deiche und Begradigungen zu berücksichtigen wären. Denn das Rheintal in seiner heutigen Form ist nicht mehr der frei mäandernde Fluss mit seinen begleitenden Auwäldern, der er ohne Begradigung, Eindeichung und den Stoffeintrag aus der menschlichen Zivilisation wäre.

Vielleicht ist aber auch die Frage falsch gestellt: Nicht der Rhein als solcher ist das Rechtssubjekt, sondern der Landschaftsausschnitt, dem im jeweiligen Einzelfall Rechte zustehen können. Rechtsverhältnisse entstehen aus konkreten Situationen. Soll beispielsweise eine Straße im Flusstal gebaut werden, die den Fluss überbrücken soll, treffen die möglichen Auswirkungen einen geografischen Ausschnitt des Tales bzw. Abschnitt des Flusses. Diejenigen Lebensräume mit ihren Lebensgemeinschaften sind dann rechtsfähig, soweit sie von dem Projekt potenziell betroffen und sie mithilfe von geografischen Bezeichnungen einzugrenzen sind.

Die dritte Möglichkeit besteht darin, Landschaften und Meeresgebiete durch einen Rechtsakt räumlich zu definieren, sei es eine Einzelfallregelung (Verwaltungsakt) oder eine Rechtsvorschrift (Verordnung, Satzung). Diese Methode hätte den Vorteil, dass keine Zweifel über die räumliche Reichweite des betreffenden Rechtssubjekts bestünden.

Trotz gewisser Unschärfen bestehen prinzipiell keine unüberwindbaren Hürden, Lebensräume mit ihren Lebensgemeinschaften als rechtsfähige Einheiten anzusprechen.

Individuen

Auf den ersten Blick sind Individuen von nichtmenschlichen Lebewesen ebenso konkret fassbar wie Menschen. Auf den zweiten Blick stößt man aber auf Definitionsschwierigkeiten: Im Gesamtsystem der Natur, ob im Wasser, im Boden oder in mehrzelligen Lebewesen, sind Mikroben wie Bakterien, Einzeller, Pilze und Algen ein unersetzlicher Faktor, um die Lebensvorgänge aufrechtzuerhalten. Deshalb wäre es naturwissenschaftlich nicht zu begründen, Mikroorganismen nicht als lebendige Individuen anzusehen. Gleichwohl sind sie nicht identifizierbar, soweit ihnen individuelle Merkmale fehlen. Wollte man Mikroorganismen als rechtsfähig ansehen, so wären die allermeisten mehrzelligen Lebewesen im Grunde eine Symbiose vieler Individuen.

Je kleiner die Lebewesen sind, desto schwieriger wird es, Individuen auseinanderzuhalten. Betrachtet man beispielsweise großflächige Pflanzenbestände einer Art (Schilf, Gräser, Moose), wird man sich schwertun, einzelne Pflanzen mit ihren Wurzelgeflechten zu identifizieren. Auch bei Insekten, Weichtieren oder ähnlichen Kleinlebewesen ist es praktisch kaum noch möglich, das Einzeltier in den Blick zu nehmen.

Sofern einzelne Lebewesen unterscheidbar sind, steht ihrer Rechtsfähigkeit aber grundsätzlich nichts im Weg.

Rechtssubjektivität

Wie ich am Beispiel des menschlichen Embryos gezeigt habe, bedeutet Rechtssubjekt zu sein, noch nicht zwangsläufig, rechtsfähig zu sein. Selbst der Status als rechtsfähiges Rechtssubjekt heißt aber nicht, dass man zwangsläufig subjektive, einklagbare Rechte besitzen muss: Embryos sind Rechtssubjekte. Sie sind wohl auch identifizierbar und wären somit rechtsfähig, könnten somit theoretisch Inhaber einklagbarer Rechte sein. Die geltende Rechtsordnung sieht dies aber nicht vor. Subjektive Rechte werden einem Rechtssubjekt nämlich erst durch die Rechtsordnung zugewiesen.[110]

Subjektive Rechte können auch einer Gemeinschaft von mehreren Rechtssubjekten eingeräumt werden. Anschauliches Beispiel dafür ist die Gemeinschaft der Wohnungseigentümer. Sie ist eine Mehrheit von Personen, die anteilig Eigentümer an einem gemeinsamen Grundstück mit Eigentumswohnungen sind.

Als Rechtsgemeinschaft im Sinne des BGB wurden der Wohnungseigentümergemeinschaft lange Zeit keine eigenen Rechte zugestanden, bis der Bundesgerichtshof sie als »rechtsfähig« (nach unserer Definition als Inhaber subjektiver Rechte) anerkannte und der Gesetzgeber diese Rechtssubjektivität im Wohnungseigentumsgesetz ausdrücklich regelte.[111]

Handlungsfreiheit, Menschenwürde und Dialogfähigkeit als Voraussetzungen?

Nachdem ich mich mit der Frage befasst habe, welche Teile der Natur rechtsfähig sein können, möchte ich nunmehr diskutieren, welche dieser Bestandteile der Natur auch geeignet wären, Inhaber subjektiver einklagbarer Rechte zu sein; und schließlich, was dafür- und dagegen spricht, ihnen tatsächlich subjektive Rechte zuzuerkennen.

Eingangs will ich aber einige grundsätzliche Einwände gegen subjektive Rechte von Naturelementen auszuräumen versuchen.

In der Literatur wird die Auffassung vertreten, Rechte könnten nur denjenigen Rechtsträgern eingeräumt werden, die zu freiem Handeln fähig sind. Denn einen rechtlich abgesicherten Freiraum könne man nur ausnutzen, wenn man Handlungsoptionen habe, sich also entscheiden könne, ob man so oder so handelt oder eine bestimmte Handlung unterlässt. Subjektive Rechte seien Ausdruck von Freiheit,[112] denn sie schaffen einen staatlich abgesicherten Freiraum für die Entfaltung von Menschen innerhalb der sozialen Gemeinschaft mit anderen Menschen.

Die Behauptung, ein subjektives Recht setze spezifisch menschliche Handlungsfreiheit voraus, sieht sich nicht nur theoretischen Einwänden ausgesetzt, sondern wird auch von der Rechtspraxis widerlegt.

Subjektive Rechte werden auch Menschen zugestanden, die zu einer freien Willensbildung nicht (mehr) fähig sind. Dies trifft zum einen auf noch nicht geborene Menschen zu, deren Leben schon im Mutterleib grundrechtlich geschützt ist, ebenso auf Menschen mit schwerer geistiger Behinderung oder an Demenz leidenden Menschen. Die Verleihung subjektiver Rechte ist folglich nicht zwingend mit der tatsächlichen Fähigkeit verbunden, aufgrund einer Willensbildung Entscheidungen treffen zu können.

Diesem Einwand begegnet man damit, eine tatsächliche Handlungsfreiheit sei nicht Voraussetzung für ein subjektives Recht, es genüge die potenzielle, möglicherweise zukünftige Fähigkeit dazu. Dies mag für ungeborene oder zeitweise im Koma liegende Menschen zutreffen. Es gibt aber auch Menschen, die aufgrund ihrer Erbanlagen oder einer nicht heilbaren Erkrankung diese Fähigkeit niemals (mehr) erlangen können. In diesen Fällen von einer potenziellen Fähigkeit auszugehen, überzeugt nicht.

Die Rechtsprechung geht sogar noch einen Schritt weiter: Die Würde des Menschen als absolutes Grundrecht ist auch über seinen Tod hinaus vor grober Herabwürdigung und Erniedrigung geschützt.[113] Dass ein verstorbener Mensch keinen Willen mehr bilden kann und ihm auch die potenzielle Fähigkeit dazu fehlt, liegt auf der Hand. Trotzdem besitzt er weiterhin ein subjektives Recht auf Achtung seiner Menschenwürde.

Nicht zuletzt kratzen die Erkenntnisse der Naturwissenschaften an der in der Rechtswissenschaft immer noch gebräuchlichen Vorstellung einer freien Willensbildung. Angesichts der Erkenntnisse der Hirnforschung ist nämlich fraglich geworden, inwieweit menschliche Willensäußerungen instinktiven Gehirnaktivitäten folgen, ohne dass wir uns dessen bewusst sind.[114]

Andererseits gibt es zumindest im Tierreich Verhaltensweisen, die nicht zwingend festgelegt sind, sondern eine gewisse Handlungsoffenheit zeigen, etwas, was wir gemeinhin als intelligentes Verhalten bewerten. Die Aussage, dass nichtmenschliches Leben ausschließlich genetisch vorgegebenen Mustern oder Instinkten folgt, während Menschen von ihrem Willen geleitet werden, trifft in dieser pauschalen Form nicht zu und gerät durch naturwissenschaftliche Erkenntnisse zunehmend ins Wanken.

Gleichwohl wird niemand abstreiten, dass die meisten subjektiven Rechte nur in Zusammenhang mit bewussten Entscheidungen von Menschen denkbar sind. Weiterhin dürfte die Aussage auf wenig Widerspruch stoßen, dass die allermeisten Lebewesen keine bewussten Entscheidungen treffen können. Eine Pflanze kann sich nicht bewusst dafür entscheiden, früher oder später zu blühen, kleiner oder größer zu wachsen, sondern sie wächst nach den vorgegebenen Standortbedingungen. Ein Vogel entscheidet sich nicht bewusst dafür, nur fünf statt zehn Eier auszubrüten, sondern er folgt seinem Trieb, möglichst viele Nachkommen großzuziehen.

Wie erwähnt, kennt die Rechtsordnung subjektive Rechte, die nicht an eine freie Willensbildung geknüpft sind: das Recht auf Leben und körperliche Unversehrtheit, den Kern des Persönlichkeitsrechts und das Recht auf ein materielles Existenzminimum. Diese Rechte können sinngemäß auch Rechtsträgern zuerkannt werden, die nicht zu einer menschlichen Willensbildung fähig sind.

Über diese existenziellen Rechte hinaus ist es nicht fernliegend, die Ausnutzung von grundrechtlichen Freiräumen, sprich die Handlungsfreiheit, als Ausdruck menschlicher Lebensäußerungen im weiteren Sinne zu betrachten. Unser freier Wille ist genauso eine spezielle Ausprägung der Natur wie die Lebensäußerungen anderer Wesen. Man sollte sich vor Augen halten, dass der Mensch grundlegende physiologische Bauelemente ebenso wie emotional gesteuertes Verhalten oder die Symbiose mit Bakterien mit anderen Tieren teilt. Wie bei anderen Lebewesen entfaltet sich das menschliche Individuum aus einem komplexen Zusammenspiel seines Genoms und seiner Umwelt. Wenn man nicht das Trennende in den Vordergrund stellt, sondern die gemeinsamen biologischen Wurzeln, ist es gerechtfertigt, den Begriff des subjektiven Rechts vom gesicherten Handlungs- und Gestaltungsraum menschlicher Individuen auf den rechtlich geschützten Freiraum für unbewusste Lebensäußerungen nichtmenschlichen Lebens zu erweitern.

Spricht also die mangelnde Handlungsfreiheit in spezifisch menschlichem Sinne nicht gegen eine Zuweisung von subjektiven Rechten an Bestandteile der Natur, so sehen sich Eigenrechte der Natur dem weiteren Einwand ausgesetzt, subjektive Rechte seien letztlich Ausdruck der Menschenwürde.[115]

Ursprünglich war die Zuerkennung von subjektiven Rechten untrennbar mit dem Menschsein verknüpft. Nach dem Rechtsgelehrten Savigny ist jeder Mensch, und nur der einzelne Mensch, rechtsfähig.[116] Savigny knüpft damit, ohne zwischen der Rechtsfähigkeit und der Rechtssubjektivität zu unterscheiden, an die besonderen Eigenschaften des Menschen an.

Ich habe diese Eigenschaften in Übereinstimmung mit den naturwissenschaftlichen Kenntnissen bereits oben als Fähigkeit beschrieben, moralisch zu urteilen, sein Leben selbstbestimmt zu führen und mithilfe einer differenzierten Sprache komplexe Inhalte auszutauschen.

Als weitere Besonderheit zeichnet den Menschen die Fähigkeit aus, sich zu einer individuellen Persönlichkeit entwickeln und sein Leben nach einem selbstbestimmten Lebensentwurf gestalten zu können. Die Menschenwürde schließt die Fähigkeit ein, sich aktiv und schöpferisch mit seiner Umwelt auseinandersetzen zu können. Sich Kenntnisse und Fertigkeiten von anderen anzueignen, mit eigenem Wissen zu verknüpfen und daraus Neues zu schöpfen sowie gesammeltes Wissen an Nachkommen und an andere Gruppen weiterzugeben, ist das, was den Menschen im Gegensatz zu allen anderen Lebewesen auszeichnet. Mit diesen Fähigkeiten haben wir den Rubikon überschritten, wie es der Anthropologe Joseph Henrich formuliert.[117] Kulturfähigkeit ist der Kern dessen, was man als Menschenwürde bezeichnet.

Zustimmen würde ich der These, dass die Menschenwürde der Grund dafür ist, dass alle Menschen als Rechtssubjekte anerkannt werden müssen, denn die Menschenwürde ist nach Art. 1 Abs. 1 GG »unantastbar«.[118] Einem Menschen darf man deshalb nicht sämtliche Rechte entziehen, er muss Rechtssubjekt bleiben. Daraus kann man aber nicht folgern, dass jedes Rechtssubjekt Menschenwürde besitzen muss. Juristische Personen wie ein Verein, eine GmbH oder eine Aktiengesellschaft sind im Gegenteil der Inbegriff fremdbestimmter Personen. In ihnen drückt sich auch nicht das selbstbestimmte Handeln der an ihr teilhabenden Menschen aus. Denn in den Gremien einer juristischen Person – im Falle etwa einer Aktiengesellschaft Vorstand, Aufsichtsrat, Aktionärsversammlung – werden regelmäßig Mitglieder durch Beschlüsse überstimmt. Deren selbstbestimmtes Handeln kommt in dem Handeln der Gesellschaft als Rechtsperson in diesen Fallgestaltungen gerade nicht zum Ausdruck. Eine juristische Person generell als Ausdrucksform selbstbestimmt handelnder Menschen anzusehen, entspricht demnach nicht der Realität.

Rechtliche Handlungen von juristischen Personen, hinter denen in beherrschender Weise Institutionen der öffentlichen Hand stehen, sind ebenfalls nicht Ausdruck sich selbst formierender und entfaltender Menschen. Denn die natürlichen Personen, die für juristische Personen des Staates tätig sind, handeln als Amtspersonen. In ihrem Handeln kommt nicht ein selbstbestimmter Lebensentwurf zum Ausdruck, sondern ihr Handeln ist von gesetzlichen und politischen Vorgaben gelenkt.

Das Rechtssystem erkennt als Rechtssubjekte sogar Gebilde an, die keine Vereinigung von Menschen bilden, sondern allein aus einem Kapitalvermögen bestehen, nämlich die rechtsfähige Stiftung. Die Stifterin bzw. der Stifter kann zwar eine natürliche Person sein. Gleichwohl kann das Kommunikationsband zwischen Stiftungsvorstand und der stiftenden Person, die ihrerseits eine juristische Person sein kann, dünn sein oder ganz abreißen, wenn die stiftende Person nicht mehr am Leben ist. In diesen Fällen findet eine auch nur mittelbare Kommunikation zwischen einer natürlichen Person als Stifter/in und anderen Rechtsträgern nicht mehr statt, sondern wird weitestgehend vom Willen des Stiftungsvorstandes als Vertreter des mutmaßlichen Stifterwillens getragen.

Die Menschenwürde ist demnach nicht Voraussetzung, um sich auf subjektive Rechte berufen zu können.

Schließlich wende ich mich noch dem Einwand zu, eine mangelnde Dialogfähigkeit der Natur stehe der Teilnahme der Natur am Rechtsverkehr entgegen. Richtig daran ist, dass eine Kommunikation im Rechtsleben nur unter Menschen geführt werden kann. Während nämlich die Verständigung von Menschen untereinander im Bereich sozialer Konventionen oder universaler Umgangsformen auch ohne Worte stattfinden kann, wie etwa durch Gesten, rituelle oder traditionelle Handlungen, Musik, Bewegung oder andere nichtverbale Ausdrucksformen, ist der Rechtsverkehr bis auf wenige Ausnahmen auf sprachliche Kommunikation angewiesen.

Ebenso wenig wie einem Rechtssubjekt zwingend Menschenwürde zukommen muss, muss es nicht selbst zur sprachlichen Kommunikation in der Lage sein. Zwar ist die Feststellung richtig, dass man in die abstrakte Welt der Rechtsbegriffe und damit in den rechtlichen Dialog ohne Sprache nicht eintreten kann.[119] Richtig ist aber auch, dass man dazu nicht selbst sprechen oder sich schriftlich ausdrücken können muss. Auch eine juristische Person kann nicht selbst kommunizieren, sondern benötigt Menschen als Repräsentanten, die für sie den Rechtsdialog führen.

Selbst natürliche Personen, die nicht, noch nicht oder nicht mehr sprachfähig sind, können am Rechtsverkehr teilnehmen: Kleinkinder, an Demenz leidende Menschen, im Schlafkoma liegende Menschen sind und bleiben Rechtssubjekte. Sie werden im Rechtsverkehr durch andere Menschen vertreten.

Eine Vertretung, so wird weiter argumentiert, sei aber nur bei Trägern subjektiver Rechte möglich, wenn die Vertreter deren Perspektive einnehmen, sich in ihre Welt hineindenken können. Die Umwelt eines Baumes, einer Termitenkolonie oder einer Fledermaus könne der Mensch aber niemals wahrnehmen und deshalb auch nicht in gebotener Weise im Rechtsverkehr repräsentieren.[120]

Wenn die Belange der Natur von Menschen in Worte gefasst werden, so die Mutmaßung, würden sich darin in mehr oder weniger großem Ausmaß menschliche Interessen widerspiegeln. Juridische Rechte der Natur dienten deshalb in erster Linie als Projektionsfläche für die Werte und Interessen ihrer menschlichen Betrachter. Dies gelte jedenfalls für abstrakte Subjekte wie Landschaften oder Arten. Darin zeige sich der grundlegende Unterschied zwischen juristischen Personen, die für bestimmte Zwecke geschaffen seien, an deren Maßstab man das Wohlergehen dieser Institutionen ablesen könne.[121]

Diese These berücksichtigt nicht, dass es innerhalb von juristischen Personen wie Aktiengesellschaften, Stiftungen oder Vereinen unterschiedliche Interessen und deshalb keinen einheitlichen Maßstab für das Wohlergehen solcher Institutionen gibt. Die Interessen einer juristischen Person konkretisieren sich in Entscheidungen, die in geregelten Verfahren innerhalb der vorgesehenen Gremien getroffen werden. Die gesetzlichen Vertreter sind gleichsam die Hüter dieser Interessen. Dadurch werden die vielfältigen, oftmals vielschichtigen, manchmal auch widersprüchlichen subjektiven Interessen innerhalb einer juristischen Person in gewisser Weise objektiviert.

Übertragen auf die Natur und deren Bestandteile, die als Rechtssubjekte anerkannt werden, bedeutet dies, dass ihre mutmaßlichen Interessen möglichst objektiv zur Sprache gebracht werden sollten. Deshalb ist es notwendig, vom Menschen geschaffenen Einrichtungen diese Aufgabe zu übertragen und Verfahrensregeln für die rechtliche Vertretung der Natur aufzustellen. Dabei lässt sich nicht vermeiden, dass eine Interessenfindung im Sinne der Natur immer aus der menschlichen Betrachtung seiner Umwelt heraus geschieht, da wir als Menschen auf unsere Sinneswahrnehmung beschränkt sind.[122] Man wird das Dilemma, dass Menschen die Welt immer nur als Menschen betrachten und bewerten können und nicht aus der Perspektive der nichtmenschlichen Natur, nicht vollständig aus der Welt schaffen können.

Die naturwissenschaftliche Forschung hat aber in den letzten Jahrzehnten viele neue Erkenntnisse geliefert, unter welchen Bedingungen Arten und

Lebensgemeinschaften gedeihen und welche Faktoren für ihr Verschwinden verantwortlich sind. Entscheidend ist, dass der Rechtsdialog mit der Natur auf einer möglichst umfassenden Grundlage geführt wird, die sich aufgrund neuer Erkenntnisse ständig fortentwickeln und auch verändern kann.

Wir können heute beispielsweise Magnetfelder messen, Infra- und Ultraschall für Menschen wahrnehmbar machen und Duftstoffe von Insekten in unvorstellbar geringen Konzentrationen nachweisen. Wir können mithilfe der IT komplexe Vorgänge in der Natur darstellen und bis zu einem gewissen Grad auch prognostizieren. Auch wenn wir uns in die Welt eines Regenwurms oder einer Orchidee nicht hineindenken können, ist es uns möglich, annähernd festzustellen, welche Lebensbedingungen diese Wesen benötigen, um sich fortzupflanzen und ihren Bestand zu erhalten.

Unsere technischen und wissenschaftlichen Möglichkeiten, die Natur zu beobachten und daraus Schlüsse auf ihr Wohlergehen zu ziehen, haben sich in den letzten Jahrzehnten immens erweitert, sodass die Bedenken, die Interessen der Natur seien nicht ermittelbar, an Überzeugungskraft eingebüßt haben.

Als Einwand gegen subjektive Rechte der Natur dient zuweilen das Argument, es genüge, dem Menschen ein Grundrecht auf Bewahrung seiner natürlichen Lebensgrundlagen zuzusprechen. Wenn die natürlichen Lebensgrundlagen des Menschen geschützt werden, würde gleichzeitig auch die gesamte Natur geschützt.

Daran ist richtig, dass dem Menschen ohne natürliche Lebensgrundlagen die Basis für die Ausübung seiner Grundrechte entzogen würde. Wirtschaftliche, soziale und kulturelle Betätigung wäre nicht möglich, ohne die Leistungen der Biosphäre in Anspruch zu nehmen. Natur und Zivilisation bilden eine untrennbare Einheit.[123] Dieser Auffassung neigt offenbar das Bundesverfassungsgericht zu, auch wenn es in seinem Klimabeschluss vom 24.03.2021 die Frage offengelassen hat, ob es ein Grundrecht auf ein ökologisches Existenzminimum oder ein Grundrecht auf eine menschenwürdige Zukunft gibt. Denn das Verfassungsgericht leitet aus dem Grundrecht auf Schutz der körperlichen Unversehrtheit und dem Eigentumsgrundrecht ein Grundrecht auf ökologische Existenzsicherung ab. Der Staat muss alles ihm Mögliche unternehmen, damit die Umwelt des Menschen nicht so lebensfeindlich wird, dass er zwar noch überleben kann, ihm aber die materiellen

Grundlagen für eine soziale, kulturelle und politische Betätigung entzogen werden.[124] Man denkt dabei unweigerlich an die Ereignisse im Ahrtal im Juli 2021, nur wenige Monate nach der zitierten verfassungsgerichtlichen Entscheidung.

Wie weit ein Grundrecht auf Erhalt der natürlichen Lebensgrundlagen reichen müsste, ist eine ethische und politische Frage, die ich an dieser Stelle nicht vertiefen möchte. Ich hielte es aber für verfehlt, Rechte der Natur für entbehrlich zu erklären, wenn man einem menschlichen Grundrecht auf Natur seinen gebührenden Platz in der Verfassung einräumt. Verzichtet man darauf, der Natur eine eigene Rechtsposition einzuräumen, verharrt man bei einer rein auf den Menschen ausgerichteten (anthropozentrischen) Sichtweise der Natur. Die Natur wird dann weiterhin rein auf die Bedürfnisse des Menschen bezogen betrachtet. Sie bleibt Objekt, d. h. etwas, über das der Mensch jederzeit verfügen darf. Der Mensch lebt danach von der Natur und soll sie nutzen können, solange ihm dies – auch langfristig – nicht schadet.

Die Rechte der Natur verfolgen demgegenüber den Zweck, die Verfügungsmacht des Menschen über die Natur zu begrenzen. Eigenrechte der Natur sollen aufzeigen, dass der Natur etwas Unverfügbares innewohnt. Die Natur besteht aus vielfältigen Lebenszusammenhängen, in die die Menschheit eingebunden ist. Der Mensch lebt also in und mit der Natur.

Man müsste demnach eher umgekehrt argumentieren: Nicht das Grundrecht auf Natur macht die Rechte der Natur überflüssig, sondern die auf den Schutz natürlicher Systeme abzielenden Eigenrechte der Natur schließen den Schutz eines menschlichen Rechtes auf Sicherung der natürlichen Lebensgrundlagen ein.

Obwohl es zwischen einem Grundrecht auf Erhaltung der natürlichen Lebensgrundlagen und Eigenrechten der Natur große Schnittmengen gibt, decken sich beide Grundrechte nicht vollständig. Um ein Beispiel aufzugreifen: Das Grundrecht auf Leben und Gesundheit verpflichtet den Staat, das Trinkwasser vor Verunreinigungen durch chemische Stoffe zu schützen. Bevor Wasser zum Trinkwasser wird, ist es Teil der Biosphäre, es sei denn, man fördert Grundwasser aus großer Tiefe. Werden die Gewässer als Teil der natürlichen Lebensgrundlagen des Menschen geschützt, dient das auch dem Schutz menschlicher Grundrechte, gleichgültig, ob man diese Schutzpflicht im Grundrecht auf körperliche Unversehrtheit ansiedelt oder in einem eigenen Umweltgrundrecht.

Die Grenzwerte für chemische Stoffe im Trinkwasser sind jedoch allein an der Empfindlichkeit des menschlichen Organismus ausgerichtet, nicht aber an den Folgen für nichtmenschliche Lebewesen. Deren Grundrecht kann verletzt sein, auch wenn für den Menschen nach heutigem Erkenntnisstand keine Gefahr besteht. Ein Umweltgrundrecht würde deshalb, sofern man es in die Verfassung aufnähme, eine subjektive Rechtsposition der Natur nicht ersetzen können.

Fassen wir zusammen: Rechtsbeziehungen zwischen Menschen und nichtmenschlichen Lebewesen als Rechtssubjekte zuzulassen, für die im Rechtsverkehr Menschen als Repräsentanten sprechen, ist kein grundlegender Einschnitt in die Rechtsordnung, sondern eine Fortentwicklung des bestehenden Rechtssystems. Wenn man einem abstrakten, nicht zur eigenen Willensbildung fähigen Stiftungsvermögen die Teilnahme am Rechtsverkehr eröffnet, ist kein unumgängliches Hindernis ersichtlich, einem nichtmenschlichen Lebewesen, einer Tier- oder Pflanzenart oder einem natürlichen Gebilde oder Territorium eigene Rechte einzuräumen.

Welchen Bestandteilen der Natur sollten subjektive Rechte zuerkannt werden?

Individuen

Erkennt man Teile der Natur als Rechtssubjekte an, müsste man erst recht einzelnen Lebewesen als Akteuren dessen, was ich als Natur definiert habe, Rechte einräumen.[125] Nach moralphilosophischen Erwägungen erschiene dies sogar zwingend, denn der ethische Status eines Lebewesens knüpft am Individuum an, das danach strebt, »gut zu funktionieren«. Auch unter dem Aspekt der genetischen Verwandtschaft aller Lebewesen wäre es folgerichtig, einzelnen Individuen von Tieren oder Pflanzen ebenso wie jedem Menschen subjektive Rechte einzuräumen.

Individualrechte von nichtmenschlichen Lebewesen sind auf der anderen Seite durchgreifenden Einwänden ausgesetzt. Das beginnt bereits mit dem Problem, das Rechtssubjekt zu definieren. Manche Lebewesen lassen sich nur schwer individualisieren, man denke etwa an Pilzgeflechte, die sich unterirdisch über riesige Gebiete erstrecken können.

Abgesehen von diesen – möglicherweise lösbaren – Definitionsproblemen, hat eine Rechtsträgerschaft von nichtmenschlichen Individuen vor allem den Nachteil, dass das ständige und massive Einwirken menschlichen Handelns auf die Natur fortlaufend unendlich viele Rechtsverhältnisse hervorbringen würde. Streng genommen würde bei jeder Stechmücke, die man erschlägt, oder jedem Baum, den man fällt, eine Rechtsfrage aufgeworfen. Oder man denke an die Dutzenden von Fliegen, Bienen und Schmetterlingen, die bei jeder Autofahrt ihre Spuren auf der Windschutzscheibe hinterlassen.

Diese Flut an Rechtsverhältnissen könnte man nur eindämmen, wenn man Individualrechte auf bestimmte Lebewesen beschränkt. Doch mit welchen Argumenten wäre dies zu rechtfertigen? Wo zöge man die Grenze: zwischen Säugetieren und Vögeln? Zwischen Reptilien und Insekten? Zwischen Bäumen und Gräsern?

Lenkt nicht auch die individuenbezogene Betrachtungsweise von der grundlegenden Problematik im Verhältnis zwischen Mensch und Natur ab?

Die Natur ist ein komplexes, vernetztes und dynamisch interagierendes System. Die Beschränkung des menschlichen Nutzungs- und Herrschaftsanspruches gegenüber der übrigen Lebenswelt auf das Verhältnis zu einzelnen Individuen zu reduzieren, würde bei Weitem zu kurz greifen.

Selbst wenn sich menschliches Handeln gezielt auf ein individualisierbares Exemplar einer Tier- oder Pflanzenart richtet, wie etwa bei der Abschussgenehmigung für einen vermeintlich gefährlichen Braunbären, ist damit nicht das Individuum selbst als Rechtsträger angesprochen, sondern das Tier als Vertreter seiner Art.

Arten

Ich habe weiter oben bei der Begründung für die Rechte der Natur auf die Philosophin Christine Korsgaard Bezug genommen, die den moralischen Status von Tieren im Unterschied zu lebloser Materie und Artefakten damit begründet hat, dass sie ein funktionales Gut besitzen, also für sie etwas gut oder schlecht sein kann. In Bezug auf Arten bezweifelt Korsgaard ein vergleichbares funktionales Gut. Denn eine Art sei selbst kein Lebewesen, sondern nur ein Typus genetisch gleicher (wenn auch nicht identischer) Organismen oder eine Gruppe bzw. Population von deren Vertretern.[126]

Wollte man einer moralphilosophisch rigiden Linie folgen und die Anerkennung von subjektiven Rechten ausschließlich an einen moralischen Status im Sinne eines Selbstzwecks binden, müsste man subjektive Rechte auch juristischen Personen vorenthalten. Denn ein Verein oder eine Aktiengesellschaft sind keine Dinge, für die etwas gut oder schlecht sein kann. Juristische Personen sind künstliche Gebilde, denen man um der Menschen willen eine Rechtsstellung verleiht, damit sie dieses rechtliche Konstrukt im Rechtsverkehr wirksam nutzen können.

Wenn man Arten Rechte verleiht, sind damit alle lebenden Exemplare einer Spezies angesprochen, und zwar zum einen in ihrer Rolle als Mitglied einer Fortpflanzungsgemeinschaft (Population), zum anderen aber auch in ihrer Rolle innerhalb einer durch Nahrungsketten und Symbiosen vernetzten Lebensgemeinschaft an Tier- und Pflanzenarten. Sie haben als Individuen einen Eigenwert.

Aus den oben genannten Erwägungen heraus sollten subjektive Rechte aber nicht den Individuen verliehen werden, sondern der Art als genetisch verbundener Gruppe von Individuen. Man sollte deshalb auch nicht im Singular vom »Recht des Seeadlers« sprechen, sondern von den »subjektiven Rechten der Seeadler«. In bestimmten Rechtsverhältnissen wie etwa der Gesetzgebung können damit alle Seeadler im Geltungsbereich eines Gesetzes gemeint sein, in anderem Zusammenhang, wie etwa einem konkreten Bauprojekt, nur die in dem betroffenen Gebiet lebenden Vögel.

Für eine Rechtssubjektivität von Arten sprechen mehrere praktische Gründe: Der Artbegriff hat sich in der nationalen und internationalen Rechtsordnung bereits eingebürgert (z. B. § 7 Abs. 2 Satz 1 Nr. 3 BNatSchG). Die objektiven Interessen von Arten sind bestimmbar. Obwohl die naturwissenschaftliche Forschung bei Weitem noch nicht alle Lebensraumansprüche, Symbiosen und sonstigen Interaktionen der Arten durchleuchtet hat, reichen die Erkenntnisse in den meisten Fällen aus, um deren Rechte geltend machen zu können. Der fortschreitende Erkenntnisgewinn der Forschung im Bereich der Ökologie kann im Sinne einer dynamischen Entwicklung Eingang in die Rechtsanwendung finden. Mit der Übertragung von Eigenrechten auf Arten von Lebewesen würde auch das sehr selektive Schutzregime des derzeitigen Artenschutzes aufgehoben. Betrachtet man beispielsweise die Anhänge II und IV der europäischen Flora-Fauna-Habitat-Richtlinie, fällt das Missverhältnis zwischen den geschützten Arten und der Zahl der tatsächlichen Arten ins Auge. Insekten, Weichtiere, Pilze und Mikroben, deren Artenzahl die Anzahl an Säugetieren und Vogelarten bei Weitem übersteigt, finden sich nur weit unterproportional in diesen Anhängen. Ähnlichen Mustern folgen völkerrechtliche Abkommen wie das Washingtoner Artenschutzübereinkommen.

Die erwähnten Rechtsvorschriften zum Artenschutz enthalten bereits jetzt Pflichten des Menschen, schädigende Handlungen gegenüber diesen Arten zu unterlassen. Rechtstheoretisch ist es nur ein kleiner Schritt, um diese Pflicht gleichsam spiegelbildlich mit einem Recht zu verknüpfen, welches sämtlichen wild lebenden Arten eingeräumt wird.

Der Vorteil, Arten subjektive Rechte zu übertragen, läge darin, dass deren Rechte nicht nur bei direkten Eingriffen in ihre Lebensräume verteidigt werden könnten. Ihre Rechtsposition wäre auch bei solchen Vorschriften zur Regelung der Wirtschaft oder des gesellschaftlichen Lebens zu berücksichtigen, die nur mittelbar Einfluss auf ihre Lebensbedingungen haben können.

Als Argument gegen subjektive Rechte von Arten wird möglicherweise ins Feld geführt, dies könne unabsehbare Folgen für die Wirtschaftstätigkeit mit sich bringen. Denn beinahe jede menschliche Tätigkeit, die sich auf die Natur auswirkt, berührt den Lebensraum irgendeiner Art. Mit diesem Einwand wird der zentrale Konflikt zwischen den Rechten der Natur und den Rechten der Menschen angesprochen. Die damit aufgeworfenen Schwierigkeiten sind aber nicht in Zusammenhang mit der Rechtsträgerschaft zu klären. Sie betreffen vielmehr die Frage, wie weit die Rechte von Naturelementen gegenüber dem Menschen reichen sollen.

Kritiker könnten auch folgenden Einwand gegen subjektive Rechte von Arten erheben: An einem Gerichtsprozess, der sich um ein die Natur beeinträchtigendes Projekt dreht, könnten theoretisch Hunderte von Arten beteiligt sein, deren Lebensraum berührt wäre. Müsste das Gericht dann eine Rechtsverletzung jeder einzelnen betroffenen Art prüfen? Dieses Szenario würde den Rahmen eines solchen Gerichtsverfahrens sprengen und die Justiz lahmlegen.

Dieser Gefahr kann man aber durch verfahrensrechtliche Vorkehrungen vorbeugen. Man könnte beispielsweise die Anzahl der Arten, die an einem Prozess beteiligt sein dürfen, gesetzlich beschränken. Es wäre dann Aufgabe des für die jeweils betroffenen Arten berufenen Sprechers, diejenigen Arten auszuwählen, deren Rechte am augenscheinlichsten betroffen sind oder die die betroffene Artengemeinschaft am besten repräsentieren.

Lebensräume mit ihren Lebensgemeinschaften

Lebensräume mit ihren jeweiligen Lebens(arten)gemeinschaften können nur dann Träger von Rechten sein, wenn man sie räumlich hinreichend sicher eingrenzen kann – naturwissenschaftlich mithilfe definierter Biotoptypen, durch geografische Bezeichnungen oder durch Rechtsakte. Auf diese Einteilung möchte ich im Folgenden zurückkommen.

Der Biotopbegriff, für sich genommen, ist offen. Auch Lebensräume, die als Ausfluss menschlicher Aktivitäten stark verändert, ja erst durch Menschenhand geschaffen wurden, sind Biotope. Selbst ein intensiv bewirtschafteter Maisacker ist ein Biotop mit einer sehr rudimentär ausgeprägten Lebensgemeinschaft.

Der Gesetzgeber müsste deshalb entscheiden, welche Biotope Rechtssubjekte sein sollten und welche nicht. Im Bundesnaturschutzgesetz und in den Naturschutzgesetzen der Bundesländer sind etliche Biotoptypen unter besonderen Schutz gestellt. Auf diese Biotope könnte man das Augenmerk richten, wenn man bestimmten Lebensräumen mit ihren Lebensgemeinschaften Rechte zuerkennen will.

Zu bedenken ist dabei, dass Biotoptypen, wie der Name belegt, typische Lebensgemeinschaften repräsentieren, aber die Wirklichkeit mit ihren vielfältigen Nuancen und Überschneidungen nur bedingt abbilden. In dieser Hinsicht gilt für sie Ähnliches wie für Ökosysteme.

Gesetzlich geschützte Biotope sind außerdem oft sehr kleinflächig. Man definiert sie anhand ihrer Vegetation (z. B. Röhrichte, binsenreiche Nasswiesen, Streuobstbestände, Felsheiden usw.). Träger der Rechte soll aber nicht nur eine bestimmte Pflanzengesellschaft sein, sondern die im Biotop beheimatete Lebensgemeinschaft insgesamt. Anders als die Pflanzen im Biotop sind die in ihm lebenden Tiere mobil, sie halten sich auch außerhalb des gesetzlich geschützten Biotops auf. Für einen Igel, der in einer Hecke seinen

Unterschlupf hat, aber in der angrenzenden gesetzlich geschützten Streuobstwiese auf Nahrungssuche geht, würde das bedeuten, dass er als Teil der Lebensgemeinschaft Streuobstwiese subjektive Rechte hätte, in Bezug auf die Hecke jedoch nicht. Weder ist das wissenschaftlich nachvollziehbar noch rechtlich begründbar.

In der Landschaft sind es gerade die Übergangsbereiche sowie Mischformen von Biotoptypen, die ökologisch besonders wertvoll sein können. Deshalb würde es zu kurz greifen, nur die gesetzlich bezeichneten Biotoptypen mit eigenen Rechten auszustatten.

Soweit es um darum geht, subjektive Rechte von Naturelementen im Gesetzgebungsverfahren zu berücksichtigen, kann man die besondere Schutzwürdigkeit seltener oder empfindlicher Biotope wie Hochmoore oder Quellbereichen über die subjektiven Rechte der in ihnen vorkommenden Arten oder Artengemeinschaften abbilden.

Steht die rechtliche Betroffenheit einer Lebensgemeinschaft in einem bestimmten Gebiet im Blickpunkt, kann man sie mit einer geografischen Angabe hinreichend sicher räumlich eingrenzen. Der geografische Umgriff kann je nach räumlichem Ausmaß der Betroffenheit größer oder kleiner gewählt werden. Da man im Prinzip jede Landfläche und küstennahe Meereszone mit einem geografischen Namen in Verbindung bringen kann, kann man dadurch, auf den Einzelfall bezogen, eine unüberschaubare Anzahl an Rechtssubjekten »kreieren«. Das spricht aber nicht gegen diese Art von Rechtssubjekt. Denn alle Lebensräume und Lebensgemeinschaften (einschließlich der menschlichen Zivilisation) sind in eine globale Natur eingebunden. Der Natur nur punktuell subjektive Rechte zuzusprechen, würde der Idee einer Rechtsgemeinschaft mit der Natur widersprechen. Dabei muss klar sein: Nicht die Fläche an sich ist es, die das Rechtssubjekt ausmacht, sondern die Lebewesen, die darin ihren Lebensraum haben, sind Träger von eigenen Rechten.

Bezogen auf bestimmte Gebiete, kann es sinnvoll sein, das Territorium des Rechtssubjektes mithilfe von rechtlich definierten Grenzen festzulegen. Diesen Weg hat das Königreich Spanien bei der Lagune Mar Menor beschritten und diesem Gebiet sogar den Status einer Rechtspersönlichkeit[127] verliehen. Verbindliche Grenzlinien, dargestellt auf einer Karte, vermitteln eine gewisse Rechtssicherheit über ein mit subjektiven Rechten ausgestattetes Naturelement. Man könnte auf vergleichsweise einfache Art und Weise das Bundesnaturschutzgesetz dahingehend abändern, dass man allen Lebensgemeinschaften in bestehenden Schutzgebieten eigene Rechte zuerkennt.

Auf der anderen Seite sind durch Rechtsakt gezogene Grenzen relativ starr und lassen den Umstand außer Betracht, dass die Natur sich ständig verändert. Außerdem ist in Betracht zu ziehen, dass die Grenzen von Schutzgebieten oft unter politischem Einfluss festgelegt wurden und nicht nach den Bedürfnissen der Natur.

Jedenfalls wird man sich mit den tragenden Gründen für die Auswahl eines Gebietes auseinandersetzen müssen, dessen Lebensräume und Lebensgemeinschaften kraft eines Rechtsaktes subjektive Rechte erhalten und ggf. zu Rechtspersonen erhoben werden sollen.

Prinzipiell können dies auch religiöse, ethische oder ästhetische Motive sein, die eine besondere emotionale Verbindung zu der betreffenden Landschaft ausdrücken, wie dies etwa beim Urewera National Park In Neuseeland der Fall ist.

Im säkularisierten Europa des 21. Jahrhunderts wird sich eine religiöse oder sonstige transzendentale Begründung, die über rechtspraktische Argumente hinausgeht, gesellschaftspolitisch kaum als tragfähig erweisen. Abseits spiritueller oder religiöser Motive sollten emotionale Gründe jedoch nicht außer Acht gelassen werden. Denn es wäre wünschenswert, das Verhältnis des Menschen zur nichtmenschlichen Natur um eine ästhetisch-emotionale Komponente zu bereichern und in einem ganzheitlicheren Sinne zu betrachten. Ein subjektives Recht, das sich allein aus emotionalen Quellen speist, wäre im Kontext europäischer Rechtstraditionen zwar eher ein Fremdkörper. Die Schönheit und Eigenart von Naturlandschaften war aber gerade in der Anfangszeit der Naturschutzgesetzgebung durchaus ein gewichtiger Faktor bei der Ausweisung von Schutzgebieten. Sie wird auch heute noch in § 1 Abs. 1 Nr. 3 BNatSchG als Ziel des Naturschutzrechts ausdrücklich erwähnt.

Darüber hinaus haben beispielsweise große Flüsse eine hohe Symbolkraft, denn das Strömen des Wassers, seine Kräfte und seine Dynamik gelten als Sinnbild für das Leben schlechthin. Diese Symbolik sollte man in der gesellschaftspolitischen Auseinandersetzung nicht unterschätzen.

Ungeachtet etwaiger emotionaler Motive liegt es nahe, nach naturwissenschaftlichen Kriterien mit Eigenrechten versehene Regenerationsräume in Gestalt von Nationalparks, Wildnisgebieten oder Meeresschutzgebieten zu schaffen, aus denen sich der Mensch weitestgehend zurückzieht. So weit wie möglich ungestörte Regenerationsräume sind im Hinblick auf das gesamte ökologische Gefüge der Erde in Zukunft unabdingbar notwendig. Es würde beispielsweise die Rechtsposition des Nationalparks Wattenmeer in Planungs- und Genehmigungsverfahren spürbar stärken, wenn der Nationalpark als Rechtssubjekt an Verwaltungsverfahren beteiligt wäre, die sein Gebiet betreffen. Als Rechtsträger wäre ein solches Gebiet jedenfalls hinreichend bestimmbar. Die Rechtssubjektivität der Natur konkretisiert sich damit je nach den Anforderungen des Einzelfalles.[128]

Rechtstheoretisch spricht jedenfalls nichts dagegen, einer räumlich abgrenzbaren Einheit auf dem Planeten Erde eine Rechtsträgerschaft zuzusprechen, genauso wie man ein abstraktes Kapitalvermögen in Gestalt einer Stiftung oder eine juristische Person mit subjektiven Rechten ausstatten kann.

Art und Inhalt von Rechten der Natur

Als Nächstes möchte ich mich mit der Frage befassen, um welche Art von Rechten es sich bei den Eigenrechten der Natur bzw. bei subjektiven Rechten von Naturelementen handelt.

Status-, Freiheits- und Gleichheitsrechte

Man kann subjektive Rechte in mehreren Gruppen zusammenfassen, wobei die Begrifflichkeiten in der juristischen Literatur keineswegs einheitlich verwendet werden. Ich folge der Einteilung in Statusrechte, Freiheitsrechte und Gleichheitsrechte.

Das Statusrecht schützt die gesellschaftliche, familiäre oder berufliche Stellung, den Status eines Menschen. Der familiäre Status spielte in früheren Gesellschaften eine zentrale Rolle. Der amerikanische Philosoph Henry Lewis Morgan hat dies anhand der politischen Ordnung der Irokesen im 19. Jahrhundert herausgearbeitet. Die Stellung eines Menschen innerhalb der sozialen Gemeinschaft war in der Gesellschaft jener First People durch seine Geburt und seine verwandtschaftlichen Beziehungen wesentlich vorbestimmt.[129]

Die verwandtschaftlichen Netzwerke bildeten auch die Grundstruktur für die politische Ordnung. Ähnliche Feststellungen lassen sich auch für die europäischen Gesellschaften in früheren Jahrhunderten treffen, wenn man an die Ständegesellschaft denkt, die die individuelle Entfaltung stark beschränkte. Heute bezeichnet man als Statusrecht jene Rechte, die die persönliche und familiäre, aber auch die berufliche Stellung absichern, angefangen von der Anerkennung jedes Menschen als einer gleichwertigen Rechtsperson über familiäre Statusrechte (Ehe, Erziehungsrecht, Erbrecht), Staatsangehörigkeitsrechte bis zu beruflichen Statusrechten wie dem Beamtenstatus.

Die Statusrechte bilden gleichsam das rechtliche Standbein einer verlässlichen Lebensbasis, sie sichern die physische und psychische Existenz innerhalb der sozialen Gemeinschaft.

Freiheitsrechte oder Handlungsrechte sollen darüber hinaus den Menschen persönliche Entfaltungsmöglichkeiten eröffnen. Inwieweit sich aus Freiheitsgrundrechten wie der Meinungsfreiheit, der Vereinigungsfreiheit, der Berufsfreiheit oder dem Eigentumsgrundrecht konkrete individuelle Ansprüche gegen den Staat ergeben oder ob der Staat lediglich verpflichtet ist, einen allgemeinen Rechtsrahmen zu schaffen, der die Rechtskreise der einzelnen Menschen austariert, ist Gegenstand immerwährender juristischer und politischer Diskurse. Sind Statusrechte eher das Standbein, das dem eigenen Leben verlässliche Wurzeln verschafft, kann man die Freiheitsrechte gleichsam als Spielbein bezeichnen, welche die persönliche Entwicklung beflügeln können.

Gleichheitsrechte schließlich sind Ausdruck dessen, was man mit dem Begriff »Gerechtigkeit« umschreiben kann. Sie sollen in rechtlichen Verfahren einen fairen Umgang mit jedem Menschen gewährleisten, in dem gleiche Regeln für alle gelten. Sie verpflichten den Gesetzgeber außerdem dazu, bestimmte gesellschaftliche Gruppen nicht ohne sachlich nachvollziehbare Gründe zu benachteiligen oder zu bevorzugen. Aus Gleichheitsrechten leitet man das Recht auf gerechte Teilhabe an öffentlichen Gütern und Leistungen ab.

Übertragbarkeit menschlicher Status-, Freiheits- und Gleichheitsrechte auf die Natur

Im Hinblick auf subjektive Rechte der Natur stellt sich die Frage, ob diese Rechte eher der Gruppe der Statusrechte, der Freiheitsrechte oder der Gleichheitsrechte zuzuordnen sind oder ob dieses Schema für diese Rechte gänzlich unpassend ist.

Um sich dieser Fragestellung zu nähern, möchte ich etwas weiter ausholen: Leblose Materie und Energie verteilen und vermischen sich, bis ein gleichmäßiger Zustand erreicht wird. Dieses Phänomen bezeichnen Physiker als Entropie, d. h., Energie und unbelebte Materie folgen dem Trend, sich von einem Zustand der Ordnung in einen Zustand der Unordnung zu verlagern. Das »Wunder des Lebens« besteht darin, dass sich Lebewesen über Erd- und Sonnenwärme, vor allem aber über die Fotosynthese unmittelbar oder mittelbar Energie zuführen können, mit der sie dem Prozess der Entropie entgegenarbeiten. Durch den biochemischen Umbau von Materie bauen sie hochkomplexe, nichtzufällige Strukturen auf. Dieser Energie- und Materieaustausch findet über Fließgleichgewichte statt, ob auf Ebene der einzelnen Zelle, des einzelnen Lebewesens oder der Lebensgemeinschaften aus Organismen.[130]

Diese Wechselbeziehungen funktionieren nur, wenn die Umweltbedingungen eine gewisse Stabilität aufweisen: Wenn unsere Körpertemperatur unter einen bestimmten Wert fällt oder über einen kritischen Wert steigt, ist unser Organismus nicht mehr lebensfähig. Wie bei der Körpertemperatur gibt es bei jedem lebenden System eine Schwankungsbreite, an die das System angepasst ist. Diese Flexibilität ist sehr unterschiedlich ausgeprägt. Auf Ebene der Tier- und Pflanzenarten findet man einerseits überaus anpassungsfähige Arten, während andere Spezies sehr empfindlich auf eine Veränderung ihrer Umweltbedingungen reagieren. Dabei bildet auch der Zeitfaktor eine wichtige Maßeinheit. An langsame oder selten auftretende Veränderungen können sich lebende Systeme in der Regel besser anpassen als an einen abrupten oder ständigen Wechsel ihrer Umweltbedingungen.

Auf der anderen Seite kann eine spezielle Anpassung an schwankende Umweltbedingungen auch dazu führen, dass Arten und Lebensräume bei Ausbleiben der natürlichen Dynamik in Gestalt von Hochwasser, Feuer, jahreszeitlichen Regen- und Trockenperioden und ähnlichen Phänomenen von anderen Arten verdrängt werden.

Will man den Begriff des Statusrechts sinngemäß auf die subjektiven Rechte der Natur anwenden, muss man sich von der Begrifflichkeit eines in der Regel auf eine einzelne Person bezogenen Rechtes lösen. Denn im Falle der Natur steht nicht das Individuum im Blickpunkt, sondern Arten als Individuengemeinschaften oder Biotope bzw. Naturräume mit ihrem ineinander verwobenen Geflecht verschiedenster Arten. Ein Statusrecht kann, bezogen auf die Natur, nur so verstanden werden, dass es darauf gerichtet ist, einen für das Fortbestehen der jeweiligen Naturelemente notwendigen »Zustand« an äußeren Bedingungen zu sichern; wobei die Erhaltung eines Zustandes einschließt, natürliche Abfolgen und Schwankungen in den Umweltbedingungen nicht zu unterbinden. Zu den äußeren Bedingungen zählen allen voran die Böden, auf denen sich eine je unterschiedliche Vegetation herausbildet.

Die Pflanzendecke ist wiederum Lebensraum für eine Vielzahl anderer Lebewesen. Statusrechte der Natur sind demnach stets raumbezogen, auf die Sicherung von Lebensräumen gerichtet. Sie sind aber auch bezogen auf physikalische und chemische Einflussfaktoren wie z. B. Stickstoffeinträge.

Der Begriff des Freiheitsrechtes scheint dagegen für subjektive Rechte der Natur unpassend zu sein. Versteht man Freiheit aber nicht als eine vom Willen getragene Entscheidung für das eine oder andere, sondern als tatsächlichen Freiraum für die Entfaltung von nichtmenschlichem Leben, könnte man diese Art von subjektivem Recht gleichermaßen als Spielbein der Evolution bezeichnen. Die Menschen haben auf dem Planeten Erde anderen Lebewesen nicht nur Raum weggenommen, sondern eignen sich auch einen erheblichen Teil der in der Biomasse gespeicherten Sonnenenergie an. Dadurch schmälern wir das Potenzial für die Weiterentwicklung natürlicher Systeme. Das, was wir Evolution nennen, ist im Grunde ein dynamischer, von Zufällen (z. B. genetischen Mutationen) beeinflusster Prozess. Im übertragenen Sinne menschlicher Freiheitsrechte zielen subjektive »Freiheitsrechte« der Natur somit auf die Sicherung eines Freiraumes für Prozesse der Evolution.

Status- und Freiheitsrechte der Natur können als Recht zur Sicherung der für den Erhaltungszustand der jeweiligen Naturelemente notwendigen

Umweltbedingungen definiert werden, einschließlich eines angemessenen Freiraums für dessen Evolution (Existenz- und Entwicklungsrecht).

Greift man Tier- oder Pflanzenarten als Rechtssubjekte heraus, ließe sich ihr Existenzrecht folgendermaßen umreißen: Als »überindividuelle Gesamtheiten« zielt das Existenzrecht von Arten nicht in erster Linie auf das Lebensrecht einzelner Exemplare ab. Vielmehr kann man das Existenzrecht als Recht auf einen für die Art zum dauerhaften Überleben ausreichend vorhandenen Lebensraum umschreiben, in dem sie ihren Lebenszyklus durchlaufen und sich fortpflanzen kann, gegebenenfalls in symbiotischer Lebensgemeinschaft mit anderen Lebewesen. Dauerhaft ist das Überleben der Art gesichert, wenn die Populationen der Art eine lebensfähige Größe und die Möglichkeit besitzen, sich untereinander genetisch auszutauschen.

Man könnte hiergegen einwenden, dass die Ansprüche an den Lebensraum und die Mindestgröße von Populationen bei vielen Arten noch nicht erforscht sind. Bei den allermeisten Arten, insbesondere bei den Wirbeltieren, sind die wesentlichen Lebensraumansprüche jedoch bekannt. Wenn man ihren Lebensraum schützt, schützt man auch den Lebensraum der meisten noch nicht genauer erforschten Arten mit. Je mehr unsere Erkenntnisse über die Lebensweise von Tier- und Pflanzenarten sowie Mikroorganismen wachsen, desto besser wird sich das Existenzrecht auch in rechtlicher Hinsicht konkretisieren lassen.

In Gleichheitsrechten spiegeln sich vornehmlich spezifisch menschliche Vorstellungen und Empfindungen über die gerechte Verteilung von Gütern und Chancen sowie die gerechte Mitwirkung an politischen und rechtlichen Verfahren wider. Dass alle Menschen vor dem Gesetz gleich sein sollen, ist untrennbar mit der Idee der Menschenwürde verbunden, wonach jedem Menschen das gleiche Potenzial zugesprochen wird, sich nach seinen eigenen Vorstellungen entfalten zu können. Obwohl die Verfassung in Art. 3 Abs. 1 GG die Gleichbehandlung aller Menschen vor dem Gesetz, d. h. bei Anwendung des Gesetzes, gebietet, folgt daraus nicht, dass die Gesetze selbst nicht unterschiedliche Sachverhalte auch unterschiedlich regeln dürfen. Nur Willkür darf der Gesetzgeber nicht walten lassen.

Aus dem Gleichbehandlungsgebot hat die Rechtsprechung ein Recht auf gleiche Teilhabe an staatlichen Leistungen entwickelt, etwa den Zugang zu

Studienplätzen bei gleichen Leistungen. Ein in der Verfassung verankertes Teilhaberecht ist in Art. 33 Abs. 2 GG enthalten: Danach hat jeder Deutsche nach seiner Eignung, Befähigung und fachlichen Leistung gleichen Zugang zu jedem öffentlichen Amt. Zwar hieße es, die Natur zu vermenschlichen, würde man fordern, der Natur möge Gerechtigkeit im Sinne einer Gleichbehandlung zuteilwerden. Wenn man den Planeten Erde als gemeinsamen Lebensraum von Menschen und nichtmenschlichen Lebewesen versteht, könnte man der Natur aber im übertragenen Sinne Teilhaberechte an gemeinsamen Ressourcen zusprechen.

Eigentumsrecht der Natur

Die Frage ist, wie sich Existenz-, Entwicklungs- und Teilhaberechte der Natur in unserer Rechtsordnung umsetzen lassen. Dazu hat Tilo Wesche in seinem Grundlagenwerk »Die Rechte der Natur« einen Vorschlag unterbreitet, der am Eigentumsrecht anknüpft. Seine These lautet: »Menschen und Natur halten ein gemeinschaftliches Eigentum an den Naturgütern.« Dies rechtfertige sich daraus, dass beide gleichermaßen zur Wertschöpfung beitragen. Da auch die Natur natürliche Ressourcen verarbeite, besitze sie auch anteiliges Eigentum an diesen Ressourcen.[131] Natürliche Ressourcen seien Sonne, Wind, Wasser und Rohstoffe. Die Natur trage dazu bei, dass diese natürlichen Ressourcen für den Menschen nutzbar würden. Solche Ökosystemleistungen oder Naturleistungen könnten als Beitrag der Natur zum menschlichen Wohlergehen verstanden werden.[132]

Die Idee, der Natur ein Eigentumsrecht an den Naturgütern zuzusprechen, das ihr gemeinsam mit den Menschen zusteht, klingt zunächst bestechend. Bevor ich diese Idee diskutiere, möchte ich aber zwei Anmerkungen voranstellen.

Erstens sollte man, wenn man von einem Natureigentum spricht, nicht das zivilrechtliche Eigentum an einem bestimmten Gegenstand vor Augen haben. Einen Eigentumsgegenstand darf eine andere Privatperson nach der geltenden Eigentumsordnung nicht wegnehmen, beschädigen oder in sonstiger Weise beeinträchtigen, es sei denn, das Gesetz oder ein Gerichtsurteil gestattet dies. Die Benutzung des Eigentumsgegenstandes darf der Staat durch die Gesetze und ihren Vollzug beschränken. Diese Eigentumsordnung funktioniert nur, wenn man den Eigentumsgegenstand genau bestimmen kann (bei Grundstücken z. B. das durch amtliche Vermessung abgegrenzte und im Grundbuch eingetragene Flurstück). Ein Eigentumsrecht der Natur wird man jedoch nicht in der Weise eingrenzen können wie das herkömmliche zivilrechtliche Eigentum. Bei einer Diskussion um ein Eigentumsrecht der Natur muss man sich deshalb von der herkömmlichen Struktur des Privateigentums lösen.

Zweitens ist es notwendig, sich den Zweck des Eigentumsrechts vor Augen zu führen. Das Recht auf Eigentum hat eine benutzende und eine abwehrende Zielrichtung: Es verschafft dem Inhaber das Recht, einen Gegenstand oder eine Rechtsposition aktiv zu benutzen (z. B. durch Bewirtschaftung eines Grundstücks) oder über ihn zu verfügen (z. B. durch Verkauf oder Vermietung). Auf der anderen Seite kann man mit dem Eigentumsrecht andere Personen von der Benutzung und Verfügung über sein Eigentum ausschließen.

Die aktive Benutzung eines Gegenstandes setzt eine menschliche Willensentscheidung voraus. Einen freien Willen nach menschlichen Maßstäben können Naturelemente indessen nicht bilden, auch wenn man Arten und Lebensgemeinschaften subjektive Rechte einräumt. Natureigentum in seiner Ausprägung als aktives Nutzungsrecht kann deshalb ausschließlich als Teilhaberecht an Naturgütern verstanden werden. In seiner Form als Abwehrrecht würde es die Natur vor dem Zugriff des Menschen auf die Naturgüter schützen.

Was sind nun Naturgüter und natürliche Ressourcen, auf die sich ein Eigentumsrecht der Natur erstrecken könnte? Tilo Wesche spricht hier von Wertschöpfung.

Der ökonomische Wert, den die Natur zur Wertschöpfung der menschlichen Zivilisationen beiträgt, ist vielfach belegt. Das Umweltprogramm der Vereinten Nationen (UNEP) hat diese Naturleistungen in einem Bericht aus dem Jahr 2010 umfassend beschrieben.[133] Den Wert von Naturleistungen allein aus dem Blickwinkel des Nutzens für den Menschen zu betrachten, hat allerdings den gravierenden Nachteil, dass viele Lebewesen gleichsam in den toten Winkel geraten. Naturleistungen, von denen der Mensch profitiert, können nämlich auch auf lange Sicht aller Wahrscheinlichkeit nach mithilfe eines Bruchteils der Arten erbracht werden, die auf der Erde beheimatet sind. Allein in Mitteleuropa gibt es zum Beispiel über 500 Wildbienenarten.

Zwar sind Wildbienen neben Honigbienen für die Bestäubung vieler Pflanzen, auch Nutzpflanzen unentbehrlich. Wahrscheinlich würde die Bestäubung als »Ökosystemleistung« aber annähernd genauso gut mit der Hälfte der Arten funktionieren. Bei sich wandelnden Umweltbedingungen mindert eine große biologische Vielfalt zwar das Risiko, dass das Verschwinden einzelner Arten gravierende Auswirkungen auf die Lebensgemeinschaften insgesamt nach sich zieht. Dem Anspruch, der Natur und ihren Bestandteilen einen Eigenwert zuzuerkennen, wird eine auf den (potenziellen) Nutzen für den Menschen verengte Definition von Wertschöpfung aber nicht gerecht.

Nach Wesche besitzt die Natur Eigentum an den Naturgütern, die durch Ökosystemleistungen erzeugt werden. Unklar bleibt hingegen, was durch Naturleistungen eigentlich erzeugt wird. Natürliche Ressourcen sind nach dem Verständnis von Wesche leblose Dinge und Vorgänge wie Sonne, Wind, Rohstoffe, Wasser, Erosion, Vulkanismus usw.

Solche Ressourcen gibt es auch auf anderen Planeten. Trotzdem existiert – soweit bekannt – auf dem Mars oder der Venus nach meinem Verständnis keine Natur. Erzeugt wird durch die Lebensprozesse auf der Erde zunächst einmal Biomasse. Mithilfe der Fotosynthese wandeln Pflanzen Sonnenenergie in kohlenstoffbasierte Zellstrukturen und Energiespeicher um. Diese Biomasse wird von Bakterien, Kleinlebewesen, Pilzen und Tieren genutzt, um ihrerseits einen Organismus aufzubauen, am Leben zu halten und sich fortzupflanzen. Aufgrund der Wechselbeziehungen der lebenden Organismen entstehen eingespielte, über die Zeit mehr oder weniger stabile Systeme, die wir als Ökosysteme oder Lebensgemeinschaften bezeichnen. Man könnte sagen: Aus unbelebten (abiotischen) Ressourcen entstehen belebte (biotische) Naturgüter. Will man der Natur ein Eigentumsrecht zugestehen, muss man es zum einen auf die abiotischen Ressourcen erstrecken. Denn ohne das Meer und die Erdoberfläche mit ihren geologisch vielgestaltigen Böden, ohne Wasser und klimatische Bedingungen innerhalb einer bestimmten Bandbreite können Naturgüter nicht produziert werden. Zum anderen sind aber auch die Naturgüter selbst, sowohl in quantitativer Hinsicht als pflanzliche, tierische und bakterielle Biomasse als auch in qualitativer Hinsicht als Biodiversität und komplexes System Gegenstand des Eigentumsrechts. Die Natur gehört sich gleichsam selbst.

Der eigentlich bedeutsame Ansatz von Wesches Eigentumsmodell liegt darin begründet, dass man das Existenz- und Entwicklungsrecht der Natur mithilfe eines aus dem Eigentumsrecht hergeleiteten Abwehrrechtes nutzbar machen kann. Jegliches Recht des Menschen auf Besitz, Verfügungsmacht oder Aneignung einer Sache wird durch das kollektive Eigentum der Natur an natürlichen Ressourcen und Naturgütern überlagert und muss somit vor dem Natureigentum gerechtfertigt werden. Nach Wesches Vorstellungen sind dem Eigentumsrecht des Menschen an Naturgütern innere Grenzen gezogen, das Eigentumsrecht der Natur verpflichte den Menschen zur nachhaltigen Nutzung der Naturgüter.[134]

Ich möchte sogar noch einen Schritt weitergehen: Das Eigentumsrecht der Natur beschränkt nicht nur das Eigentumsrecht des Menschen, sondern auch seine Freiheitsrechte. Wenn ein Fluss in den Sommermonaten in großer Zahl von Booten und Kanus befahren und dadurch die Gewässerökologie und die Tierwelt eines Flusses beeinträchtigt werden, nutzen die Menschen nicht ihr Eigentumsrecht, sondern sie machen von ihren Freiheitsrechten Gebrauch. Hier kollidiert also das Eigentumsrecht der Natur mit der allgemeinen Handlungsfreiheit.

Das Eigentumsrecht der Natur gewährt darüber hinaus Teilhabe an den erzeugten Naturgütern. Der Mensch darf nicht zu seinem eigenen Nutzen den Großteil der natürlichen Ressourcen und der Biomasse ausbeuten bzw. abschöpfen. Ein für den Fortbestand und die Evolution hinreichend großer Anteil an Ressourcen und Naturgütern muss der Natur selbst verbleiben. Dieser Grundsatz kann bei vielen menschlichen Aktivitäten zum Tragen kommen, sei es beim Fischfang, bei der Nutzung von Grund- und Oberflächenwasser, in der Land- und Forstwirtschaft oder in der Gewinnung von Rohstoffen.

Das Eigentumsrecht der Natur ist, wie erwähnt, kein Eigentum, das auf einen einzelnen Gegenstand bezogen ist, sondern ein kollektives Eigentum. Es erstreckt sich auf die Gesamtheit an natürlichen Ressourcen und Naturgütern. Wenn man den verfassungsrechtlichen Eigentumsbegriff in Bezug auf ein kollektives Eigentumsrecht der Natur erweitert, bricht man damit nicht mit dem herkömmlichen Sinngehalt dessen, was Eigentum sein kann. Denn das Eigentum im Sinne des Art. 14 GG hat sich schon seit langer Zeit aus dem engen Korsett des Eigentums als Besitz- und Verfügungsrecht an Sachen befreit. Zum grundrechtlich geschützten Eigentum zählen zum Beispiel Rentenanwartschaften oder das Urheberrecht an geistigen Werken. Der Natur in der Verfassung Eigentum als kollektives Rechtsgut an natürlichen Ressourcen, der von ihr erzeugten Biomasse und biologischen Vielfalt zuzusprechen, sprengt nicht den gängigen Rahmen des Eigentumsrechts. Im Gegenteil fängt man damit das schwer fassbare Existenz- und Entwicklungsrecht der Natur in einem Begriff ein, unter dem sich jede und jeder etwas vorstellen kann.

Das ökologische Grundprinzip als Fürsorgeprinzip schützt als objektives Verfassungsprinzip auch das Eigentum der Natur. Klimaschädliche Treibhausgase zu vermeiden, reduziert den Eingriff in das Natureigentum am globalen Klimasystem als natürlicher Ressource. Gleiches gilt für die Verringerung der Rohstoffentnahme und der räumlichen Ausdehnung menschlicher Siedlungen.

Bezogen auf bestimmte Gebiete, Arten oder Lebensgemeinschaften, kann man das Natureigentumsrecht als Abwehrrecht gegen menschliche Aktivitäten verstehen. So würde das Eigentumsrecht von Lebensgemeinschaften eines bestimmten Meeresgebietes oder Küstenabschnittes diese Teile der Natur davor schützen, dass ihre natürlicherweise vorhandenen Umweltbedingungen verändert oder – falls sie zerstört oder beeinträchtigt wurden – gegebenenfalls wiederhergestellt werden, indem menschliche Einflüsse durch Einleitung von Abwässern, Bebauung der Strandabschnitte, Fischerei und touristische Nutzung so weit wie möglich minimiert oder ganz untersagt werden.

Recht auf Fürsorge?

Ein Aspekt darf in diesem Zusammenhang nicht verschwiegen werden. Selbst dünn besiedelte und von menschlicher Nutzung weitgehend verschont gebliebene Naturräume sind von menschlichen Einflüssen betroffen. Chemikalien und Abfälle sind mittlerweile in den entlegensten Gebieten anzutreffen. Darüber hinaus hat der Klimawandel eine unabsehbare Verschiebung des Artenspektrums in Gang gesetzt, selbst in scheinbar von Menschen unberührten Lebensräumen. Diese Tatsachen sprechen aber nicht gegen ein Eigentumsrecht natürlicher Lebensgemeinschaften, sondern fordern im Gegenteil dazu heraus, der Natur eine

Rechtsposition zu verschaffen, um solche negativen Einflüsse zurückzudrängen.

Eine besondere Ausprägung muss das Existenz- und Entwicklungsrecht der Natur dort erfahren, wo Mensch und Natur schon sehr lange Zeit und auch in Zukunft gemeinsam zusammenleben. Die meisten in Europa anzutreffenden Naturräume und Biotope sind Teil der Kulturlandschaft. In Europa gibt es kaum einen Flecken Erde, der seit dem Ende der letzten Eiszeit nicht vom Menschen beeinflusst und umgestaltet wurde. Allein der Umstand, dass der Mensch die nach der letzten Eiszeit einwandernden großen Säugetiere wie Wisent, Auerochse, Elch, aber auch deren natürliche Feinde wie Wolf und Bär zurückgedrängt und weitgehend ausgerottet hat, hat die Landschaftsgeschichte maßgeblich beeinflusst.

Moore wurden großflächig entwässert, Flüsse begradigt und Urwälder durch Forstkulturen ersetzt. Die Liste ließe sich fortsetzen. Kulturlandschaftsbiotopen, die eine große Vielfalt an Tier- und Pflanzenarten beherbergen, wie Wacholderheiden, Trockenrasen oder artenreiche Mähwiesen, nützt ein Recht auf ungestörte Entwicklung oder Minimierung menschlicher Einflüsse nichts. Im Gegenteil, sie gehen ohne menschliche Bewirtschaftung und Pflege verloren. Ein Recht auf Erhaltungsbewirtschaftung hat andererseits eine starke statische Komponente, die der Dynamik, dem ständigen Wandel und der evolutiven Fortentwicklung der Natur zuwiderläuft.

Dadurch, dass gerade europäische Landschaften fast ausschließlich Kulturlandschaften sind, ist dem Menschen auch eine Verantwortung zugewachsen, sich um die Lebewesen zu kümmern, die dort eine Heimat gefunden haben.[135] Das betrifft vor allem Tier- und Pflanzenarten, deren ursprüngliche Lebensräume zerstört wurden, beispielsweise frei mäandernde und von Hochwassern fortlaufend umgestaltete Flusslandschaften. Sie haben Ersatzlebensräume in Kies- und Sandgruben gefunden, die dauerhaft offen gehalten werden müssen, um den Lebensraumansprüchen dieser Arten weiterhin zu genügen. Rechte der Natur in der Kulturlandschaft schließen die Fürsorge für Arten und Lebensgemeinschaften ein, denen die Kulturlandschaft die dynamischen Einflüsse wie Brände oder Hochwasser weggenommen hat. Aus dem Existenz- und Entwicklungsrecht der Natur in der Kulturlandschaft erwächst somit ein Anspruch auf Renaturierung und naturschonende Bewirtschaftung der Kulturlandschaft. Man kann das Existenz- und Entwicklungsrecht der Natur insoweit auch als ein Recht auf Fürsorge auffassen, die biologische Vielfalt in der Kulturlandschaft zu erhalten und zu fördern.

Gesteht man Naturräumen und Biotopen eigene Rechte zu, handelt es sich im Grunde um ein Hilfskonstrukt, um die Gesamtheit der in einem bestimmten Gebiet lebenden, auf komplexe Weise miteinander verwobenen Arten zu schützen. Statische und dynamische Komponenten des Schutzes haben dabei beide ihre Berechtigung.

Die Natur als Rechtsperson

Indem man Teilen der Natur subjektive Rechte zugesteht, erkennt man ihnen damit die Fähigkeit zu, Träger von Rechten zu sein. Wird die Natur damit automatisch zur Rechtsperson? Als Rechtsperson kann man am Rechtsverkehr teilnehmen. Man kann Rechtsgeschäfte abschließen, kann aber auch Adressat staatlicher Verfügungen sein.

Man kann auch andersherum fragen: Können Teile der Natur Träger von subjektiven Rechten sein, ohne dass sie Rechtspersonen sind, die in ein konkretes Rechtsverhältnis zu anderen Rechtspersonen treten können?

Spontan wird man diese Frage verneinen. Denn wenn man, wie ich oben erwähnt habe, unter einem subjektiven Recht versteht, dass man im Verhältnis zu jemand anderem etwas tun darf, den anderen von einem Tun abhalten oder von ihm ein Verhalten einfordern darf, muss das Subjekt, mithin die Natur, dem anderen auch als rechtsfähige Person gegenübertreten können.

Doch es gibt Ausnahmen, und diese Ausnahmen sind für die Rechte der Natur bedeutsam: Ich habe weiter oben schon darauf hingewiesen, dass man auch subjektive Rechte besitzen kann, wenn man noch nicht geboren wurde oder schon verstorben ist. Die Fähigkeit, als Mensch Rechtsperson zu sein, beginnt mit der Geburt und endet mit dem Tod. So steht es in § 1 des Bürgerlichen Gesetzbuchs.

Für das Zivilrecht ist dieser Ausgangspunkt konsequent, da sich im Zivilrecht stets Rechtspersonen gegenüberstehen. Ihre Rechtsbeziehungen werden durch die Vorschriften des Bürgerlichen Gesetzbuches und der zivilrechtlichen Nebengesetze – vom Arbeitsrecht bis zum Zwangsversteigerungsrecht – geregelt.

Im Zivilrecht gibt es Konstellationen, in denen ein Mensch als Rechtssubjekt behandelt wird, aber trotzdem (noch) keine Rechtsperson ist. Ein noch nicht geborener, aber bereits gezeugter Mensch kann bereits eine Erbenstellung erlangen, bevor er geboren wird (§ 1923 Abs. 2 BGB). Erbe im Sinne einer Rechtsperson wird er aber erst mit der Geburt. Solange er noch im Mutterleib lebt, befindet sich sein Erbrecht in einer Art Schwebezustand. Während dieser Phase ist er zwar in Bezug auf das Erbe Rechtssubjekt, sein Recht wird von den Eltern oder von einem Nachlasspfleger verwaltet. Der Fötus kann aber zum Beispiel noch nicht als zukünftiger Gesellschafter in das Handelsregister eingetragen werden.[136]

Die Rechtsordnung kann also ein Lebewesen wie den menschlichen Fötus als Rechtssubjekt behandeln, auch wenn es keine Rechtsperson ist. Für die Natur oder Teile von ihr wäre eine solche Art von Rechtssubjektivität ohne die Eigenschaft als Rechtsperson ebenfalls vorstellbar.

Die Rechtsordnung ist in dieser Frage erfinderisch. Sie kennt auch Rechtssubjekte, die nur von Fall zu Fall als Rechtspersonen behandelt werden. So können Personengemeinschaften unter bestimmten Umständen in die Rolle von Rechtspersonen schlüpfen, während ihnen dies ansonsten verwehrt ist: BGB-Gesellschaften oder Wohnungseigentümergemeinschaften können unter ihrem Namen klagen oder verklagt werden, sind aber keine juristischen Personen mit umfassender Rechtspersönlichkeit. Sie werden in Gerichtsverfahren wie Rechtspersonen behandelt, in anderem Zusammenhang jedoch nicht, wie etwa mit Blick auf die Möglichkeit, Eigentum zu erwerben.

In der Tradition der Rechtsgelehrten Hans Kelsen und Georg Jellinek formuliert es der Jurist Altwickler folgendermaßen: Die Rechtsperson ist ein Produkt der Normenordnung des Rechts. Wem Rechte zuerkannt werden und wer als Rechtsperson behandelt wird, wird durch die Gesetze bestimmt.[137] Auch die Rechtspersonalität der Natur kann nur durch das Recht verliehen werden.

Wären die Rechte der Natur in der Verfassung verankert, wäre der Gesetzgeber verpflichtet, die Rechte der Natur im Gesetzgebungsverfahren zu beachten. Grundrechte von Rechtsubjekten sind aber auch dann in die Abwägung des Gesetzgebers einzubeziehen, wenn die Rechtsträger keine Rechtspersonen sind. So muss der Gesetzgeber auf die Rechte ungeborener Menschen achten, indem er rechtliche Instrumente, wie etwa Strafvorschriften, schafft, die einen effektiven Schutz der Rechte Ungeborener gewährleisten.

Werden Sprecher oder Treuhänder der Natur zu Gesetzesvorhaben angehört, die die Rechte der Natur berühren, ist eine Beteiligung der Natur als Rechtsperson nicht zwingend notwendig. Verbände und Vereinigungen sprechen in der politischen Diskussion und bei der Anhörung zu konkreten Gesetzesvorhaben auch meistens im Namen bestimmter Gruppen wie der Arbeitnehmerinnen und Arbeitnehmer, Wirtschaftsbranchen, behinderten Menschen, Rentnerinnen und Rentnern usw. Die politische Auseinandersetzung kann man vielfach im Kern auf eine Auseinandersetzung über kollektive grundrechtliche Freiheiten zurückführen. Welches Gewicht die Rechte der Natur im Gesetzgebungsverfahren erfahren, wird davon abhängig sein, wie glaubwürdig parteipolitisch unabhängig ihre Sprecher in der öffentlichen Diskussion agieren.

Anders verhält es sich, wenn um die Rechte der Natur im Zusammenhang mit bestimmten Vorhaben oder Planungen gestritten wird. Soll ein Waldgebiet mit hoher Artenvielfalt einem Bauprojekt weichen, droht ein bestimmter Lebensraum durch menschliche Aktivitäten zu verschwinden oder steht das Aussterben einer bestimmten Tierart zu befürchten, verdichtet sich das Verhältnis von Mensch und Natur zu einer konkreten Rechtsbeziehung. Die Natur nimmt damit am Rechtsverkehr teil.

Theoretisch gibt es zwei Modelle, wie man die Teilnahme der Natur am Rechtsverkehr organisieren kann. Der eine Weg besteht darin, auf eine Rechtspersonalität der Natur oder ihrer jeweils angesprochenen Bestandteile zu verzichten und herkömmlichen Rechtspersonen die Wahrnehmung der Rechte der Natur in fremdem Namen zu übertragen. Dieses Modell wird im Insolvenzverfahren praktiziert. Der Insolvenzverwalter/die Insolvenzverwalterin ist befugt, die Forderungsrechte des Insolvenzschuldners/der Insolvenzschuldnerin gegenüber Dritten im eigenen Namen zu vertreten.

Wenn eine Insolvenzverwalterin oder ein Insolvenzverwalter eine Forderung des Insolvenzschuldners oder der Insolvenzschuldnerin einklagt, ist sie oder er selbst Klagepartei und nicht das insolvente Unternehmen oder die Personen, die finanzielle Forderungen gegen das verbliebene Vermögen des insolventen Unternehmens haben (Insolvenzgläubiger). In dieser Weise wurden etwa die Rechte der Natur in dem Gerichtsverfahren vor dem ecuadorianischen Verfassungsgericht im Fall Los Cedros vertreten. Klägerin war die Gemeinde, auf deren Gebiet das von einem Bergbauvorhaben bedrohte Urwaldgebiet lag, und nicht der Wald als Rechtsperson.[138]

Das Alternativmodell bestünde darin, die Natur oder ihre rechtsfähigen Teile wie Arten oder räumlich abgrenzbare Land- und Meeresgebiete als Rechtspersonen zu behandeln. Die Natur würde dann in eigenem Namen am Rechtsverkehr teilnehmen. Dazu wäre es notwendig, die Natur in den Stand einer Rechtsperson zu erheben.

Vonseiten der Kritiker an einem solchen Schritt kommt der Einwand, dass sich im Gegensatz zu einer »Rechtsperson Natur« juristische Personen letztlich auf eine Initiative von Menschen zurückführen lassen, die mit der Gründung und Mitwirkung in einer juristischen Person ihren Willen zum Ausdruck bringen. Uns begegnet auch hier das Argument, eine im Rechtsverkehr handelnde Person müsse selbst oder durch Beschlussfassung ihrer Gremien in der Lage sein, einen Willen zu bilden und zu äußern. Zu einer Willensbildung nach menschlichen Maßstäben seien aber weder die nichtmenschlichen Lebewesen noch übergeordnete Gesamtheiten der Natur in der Lage.

Dieser Argumentation lässt sich Folgendes entgegenhalten. Die Verzahnung von Rechtspersonalität und Willensbildung rührt möglicherweise daher, dass die Willenserklärung ein zentrales Element im Rechtsverkehr bildet, namentlich im Vertragsrecht, aber auch im Rechtsverkehr zwischen Bürgern/Bürgerinnen und Behörden. Die Willenserklärung ist aber nur der formale Akt, das Rechtsgeschäft. Hinter der rechtlich verbindlichen Willensbekundung verbirgt sich ein Interesse des/der Erklärenden. Im Falle einer natürlichen Person (Mensch) ist dies ein subjektives Interesse.

Bei einer juristischen Person wird die Willenserklärung von einem Vertreter abgegeben, der damit nicht sein eigenes Interesse zum Ausdruck bringt, sondern ein kollektives Interesse, das in den Organen der juristischen Person ermittelt wurde. Dieses Interesse ist kein subjektives Interesse im engeren Sinne, sondern ein in gewisser Weise objektiviertes Interesse.

Wie oben beschrieben, ist bei Stiftungen, die aus einem Kapitalvermögen bestehen, das subjektive Interesse des Stifters oder der Stifterin oft nicht zu ermitteln, sondern allenfalls nach objektiven Kriterien durch die dazu berufenen Gremien zu bestimmen. Welche Entscheidung etwa der Stifter der Fugger'schen Sozialstiftung in Augsburg Jakob Fugger heute bei der Verwendung des Ertrages seiner Stiftung treffen würde, ist 500 Jahre nach seinem Tod mehr oder weniger spekulativ. Man kann seinen Stifterwillen nur interpretieren und in die heutige Zeit transformieren.

In vergleichbarer Weise kann man das »Interesse der Natur« von subjektiven Interessen lösen und versuchen, es objektiv zu ermitteln. Wenn Rechte der Natur geltend gemacht werden, werden keine Willensbekundungen von Naturelementen in menschliche Sprache übersetzt, sondern Interessen vorgebracht, und zwar im Wortsinn der lateinischen Sprachwurzel »interest«, nämlich etwas, was für die Natur objektiv wichtig ist.

Wenn man einen geeigneten Weg findet, um zu einer objektiven Interessenfindung für die Natur zu gelangen, kann die Natur mithilfe von Menschen ihre subjektiven Interessen zum Ausdruck bringen. Dafür könnte man bereits etablierte Verfahren nutzbar machen, wie zum Beispiel die Umweltverträglichkeitsprüfung. Die Willensbildung und Willenserklärung sind und bleiben dem Menschen vorbehalten.

Bei der Frage, ob jemand den Status einer Rechtsperson erhält, geht es aber um etwas anderes. Die Rechtsperson versetzt einen Inhaber subjektiver Rechte in die Lage, sich in einer rechtlichen Beziehung zu anderen Rechtspersonen mit den Mitteln der Rechtsordnung entweder gegen Eingriffe in seine subjektiven Rechte zu wehren, eigene Rechte durchzusetzen oder sich mittels rechtsverbindlicher Erklärungen zu einem Verhalten gegenüber anderen Rechtspersonen zu verpflichten. Wem die Rechtsordnung diesen Status jenseits der Rechtsperson Mensch verleiht und wie dieser Status im Einzelnen ausgestaltet wird, bestimmt die Rechtsordnung selbst. Es gibt jedenfalls kein durchschlagendes Argument, weshalb Teilen der Natur ebenso wie einer juristischen Person ein solcher Status als Rechtsperson nicht zuerkannt werden könnte.

Damit stellt sich die Frage, ob der Vorschlag, dass die Natur ihre Rechte als Rechtsperson in vergleichbarer Weise wahrnehmen kann wie eine juristische Person, einer Rechtssubjektivität der Natur ohne eigene Rechtspersönlichkeit vorzuziehen ist. Eine Antwort auf diese Frage bekommt man nur dann, wenn man sich die weitere Frage stellt, auf welche Weise denn eine

Teilnahme der Natur am Rechtsverkehr überhaupt sinnvollerweise in Betracht kommt.

Rechtsgeschäfte, die Ausdruck spezifisch menschlicher Lebensgestaltung sind, kommen für Teile der Natur nicht in Betracht. Die Natur kann kein Arbeitsverhältnis eingehen, nicht heiraten und sich scheiden lassen, kein Eigentum und keinen Besitz im bürgerlich-rechtlichen Sinn erwerben oder Vermögenswerte erben oder vererben. Sie wird weder staatliche Konzessionen oder Genehmigungen beantragen noch finanzielle Zuwendungen der öffentlichen Hand in Anspruch nehmen wollen. Denn all diese Handlungen sind auf die menschlichen Grundrechte zugeschnitten, die allgemeine Handlungsfreiheit, die Freiheit, eine Familie zu gründen, die Berufs- und Gewerbefreiheit, die Freiheit, sich zu vereinigen oder Vermögen als materielle Lebensgrundlage zu erwerben.

Verträge oder Anträge auf staatliche Genehmigungen, die eine bestimmte Tätigkeit gestatten, sind in der Regel Ausdruck spezifisch menschlicher Fähigkeiten. Sie erfordern Einsichtsfähigkeit und Verantwortungsbewusstsein sowie die Fähigkeit, die Folgen des eigenen Verhaltens erkennen zu können.

Die Rechte der Natur zielen in erster Linie auf die Abwehr oder die Steuerung menschlicher Aktivitäten, auf Erhaltung und Wiederherstellung natürlicher Prozesse.

Diese Rechte sind die Kehrseite einseitiger menschlicher Pflichten gegenüber der Natur. Eine Natur-Rechtsperson macht nur insoweit Sinn, wie sie die Funktion erfüllt, die subjektiven Rechte der Natur im Staat und in der Gesellschaft zur Geltung zu bringen.

Betrachten wir dazu die drei maßgeblichen Säulen des Rechtsstaates: die Gesetzgebung, die Verwaltung und die Rechtsprechung. Wenn wir unterstellen, dass in der Verfassung an prominenter Stelle ein ökologisches Grundprinzip verankert und die Eigenrechte der Natur als Grundrechte konzipiert sind, kommt der effektiven Ausgestaltung dieser verfassungsrechtlichen Vorschriften eine Schlüsselrolle zu. Im demokratischen Rechtsstaat ist das Parlament berufen, in Gesetzen die wesentlichen Entscheidungen zu treffen. Rechtspersonen werden im Gesetzgebungsverfahren nicht in einem rechtlich geregelten Verfahren beteiligt. Die Parlamente haben die Möglichkeit, Sachverständige anzuhören oder politische Themen in ihren Gremien oder mit Bürgerinnen und Bürgern zu diskutieren. Gesellschaftliche Gruppen und Organisationen versuchen in vielfältigster Weise, die Gesetzgebung in ihrem Sinne zu beeinflussen. Gesetzgebung ist Politik.

Wenn man den Rechten der Natur im Gesetzgebungsverfahren Gewicht verleihen will, muss man Institutionen schaffen, die aufgrund ihrer Integrität und Fachkompetenz der Natur eine hörbare Stimme im Konzert der politischen Interessen geben können. Auf diesen Gesichtspunkt gehe ich weiter unten ein. Wie bereits erwähnt, genügt es festzuhalten, dass die rechtsfähigen Subjekte der Natur für das Gesetzgebungsverfahren die Eigenschaft als Rechtsperson nicht benötigen.

Vollzogen werden die Gesetze von der Regierung und den zuständigen Verwaltungsbehörden bis hin zu den Kommunen. Eigenrechte der Natur können in verschiedenen Konstellationen zum Tragen kommen. Staatliche Stellen haben die Pflicht, von sich aus tätig zu werden, um Rechte der Bürgerinnen und Bürger zu schützen. Im Umweltrecht geschieht dies vor allem mit den Mitteln der vorsorgenden Planung oder dem Erlass von Verordnungen und Satzungen. Mit diesen allgemeinen Schutzpflichten korrespondieren allerdings nur in Ausnahmefällen auch Rechte von Einzelnen auf ein Tätigwerden der Verwaltung, etwa bei der behördlichen Pflicht, Luftreinhalte- und Lärmaktionspläne aufzustellen. Subjektive Rechte auf vorsorgende Planung kann die Rechtsordnung demnach vorsehen, sie muss es aber nicht tun.[139]

Entsprechende gesetzliche Rechte der Natur in Bezug auf staatliche Schutzmaßnahmen zugunsten von einzelnen Tier- und Pflanzenarten oder bedrohten Naturräumen könnten von den dazu berufenen Vertretern gegenüber der Verwaltung durch entsprechende Anträge sowohl in eigenem Namen als auch in fremdem Namen gestellt werden.

Rechtlich macht es keinen Unterschied, ob der Feuersalamander, vertreten durch die Institution X, die Verbesserung der Wasserqualität in naturnahen Mittelgebirgsbächen bei den zuständigen Behörden beantragt oder die Institution X diesen Antrag zum Schutz der Rechte des Feuersalamanders im eigenen Namen stellt.

Im Grunde vergleichbar ist die Situation, wenn der Staat selbst in geschützte Rechte eingreift oder einer Privatperson eine Tätigkeit gestattet, die

die Rechtssphäre anderer Personen berührt. In beiden Fällen kann der/die Betroffene im Rahmen des Planungs- oder Genehmigungsverfahrens seine/ihre rechtlich geschützten Interessen vortragen. Gerade im Umweltrecht wird in vielen Verfahren die Öffentlichkeit beteiligt, insbesondere im Zuge der Umweltverträglichkeitsprüfung und sonstigen Umweltprüfungen, z. B. in der Landesplanung und in der kommunalen Bauleitplanung. In bestimmten Verfahrensabschnitten kann man nicht nur die eigenen Rechte einbringen, sondern auch die Rechte anderer Personen, ja sogar die Belange künftiger Generationen.

Eingebracht werden müssen die Rechte der Natur durch Menschen als Sprecher oder Vertreter. Die Pflicht, ihre Rechte zu achten, würde nicht davon abhängen, ob die betroffenen Tier- oder Pflanzenarten Rechtspersonen sind oder nicht.

Gerade bei größeren Planungs- und Genehmigungsverfahren nimmt die gesellschaftliche oder politische Diskussion allerdings nicht selten Einfluss auf die Entscheidung der Verwaltung. Es ist nicht ausgeschlossen, dass die Rechte der Natur anders wahrgenommen werden, wenn sie im eigenen Namen vorgetragen werden oder im Namen eines Vertreters der Natur.

Ein Beispiel aus dem Zivilrecht: Der Gesetzgeber räumt dem minderjährigen Kind bei familienrechtlichen Streitigkeiten eine eigene Verfahrensstellung ein, die von den sorgeberechtigten Eltern, ersatzweise von Vormündern oder Ergänzungspflegern wahrgenommen wird. Der Staat könnte sich damit begnügen, die Familiengerichte allein darüber wachen zu lassen, dass bei einer Scheidung auch die Grundrechte der Kinder nicht zu kurz kommen. Es ist aber ein grundlegender Unterschied, ob in einem Verfahren ein Kind Verfahrensbeteiligter ist, mit der Möglichkeit, sich durch einen bevollmächtigten Vertreter aktiv in ein Gerichtsverfahren einzubringen und Rechtsmittel einzulegen, oder nur Schutzobjekt staatlicher Institutionen ohne jegliche eigene Handlungsmöglichkeiten.

Möglicherweise spielt es deshalb eine Rolle, ob sich z. B. eine Umweltorganisation gegen ein bestimmtes Vorhaben wendet, um die Rechte eines bedrohten Naturraums gleichsam im Auftrag ihrer Mitglieder und ihres satzungsmäßigen Zweckes zu verteidigen, oder ob sie der Natur selbst nur eine Stimme verleiht und als Organisation im Hintergrund bleibt. Vielleicht sind dies in verfahrensrechtlicher Hinsicht nur Nuancen. Um deutlich zu machen, dass Naturelemente keine Objekte, sondern Subjekte sind, würde eine Beteiligung in eigenem Namen aber möglicherweise anders wahrgenommen und gewichtet, als wenn eine Institution für sie spricht. Vielleicht eröffnen digitale Formate dabei ganz neue Perspektiven, indem man virtuelle Personen (Avatare) für Arten, Landschaften oder Lebensgemeinschaften sprechen lässt.[140]

In Ausnahmefällen könnte eine Natur-Rechtsperson sogar Verträge mit natürlichen oder juristischen Personen abschließen. Wäre etwa der Nationalpark Schleswig-Holsteinisches Wattenmeer eine Rechtsperson, könnte er sich mit Nutzergruppen vertraglich über naturverträgliche Bewirtschaftungsformen in seinem Gebiet einigen.

In Zusammenhang mit der gerichtlichen Durchsetzung von Eigenrechten der Natur denkt man unweigerlich an die sogenannte Robbenklage im Jahr 1988. Damals hat eine Anwaltskanzlei für die Seehunde in der Nordsee eine Klage vor dem Verwaltungsgericht Hamburg erhoben, die sich gegen die Genehmigung für die Verklappung von Dünnsäure in der Nordsee richtete. Das Verwaltungsgericht Hamburg hielt die Klage für unzulässig, ohne sie inhaltlich zu prüfen. Die Seehunde könnten nach der deutschen Verwaltungsgerichtsordnung keine Klage einreichen, da an einem Verwaltungsgerichtsverfahren nur natürliche und juristische Personen beteiligt sein könnten sowie Vereinigungen, soweit ihnen ein Recht zustehen kann. Keine dieser Voraussetzungen sei bei den Seehunden gegeben.[141]

An dieser Rechtslage würde sich nichts ändern, wenn den Seehunden zwar als Art Eigenrechte in der Verfassung eingeräumt, die Vorschriften über die Prozessbeteiligten aber nicht geändert würden. Allerdings wäre es nur ein kleiner Schritt, wenn dazu berufene Interessenvertreter die Rechtsvorschriften zum Schutz der Natur nicht nur als Belange des (menschlichen) Allgemeinwohls einklagen, sondern als eigene Rechte der Natur gerichtlich einfordern könnten, so wie es die Kommune Cotacachi für das Waldschutzgebiet Los Cedros in Ecuador getan hat. Im Bereich des Verbraucherschutzes existiert ein solches Instrument bereits. Verbraucherschutzverbände können nach dem Unterlassungsklagengesetz gegen Unternehmen vorgehen, die gegen Vorschriften verstoßen, die dem Schutz von Verbrauchern dienen.[142] Bei den Verbraucherschutzgesetzen handelt es sich nicht nur um Vorschriften des Allgemeinwohls, sondern um subjektive Rechte, auf die sich jeder einzelne Verbraucher im Privatrechtsverkehr berufen kann.

In vergleichbarer Weise könnte man Interessenvertreter gesetzlich ermächtigen, Rechte der Natur in gerichtlichen Verfahren geltend zu machen, und zwar nicht nur in öffentlichen Planungs- und Genehmigungsverfahren, sondern auch gegenüber Privatpersonen. Herausragender Bedeutung käme die Befugnis von Interessenvertretern der Natur zu, ein in die Verfassung aufzunehmendes ökologisches Grundprinzip sowie verfassungsrechtlich garantierte Rechte der Natur auch vor dem Bundesverfassungsgericht einzufordern. Der Gesetzgeber besitzt zwar einen weiten demokratisch legitimierten Gestaltungsspielraum, darf aber die in der Verfassung gezogenen Grenzen nicht überschreiten oder hinter deren Anforderungen zurückbleiben.

In Bezug auf den Schutz des ungeborenen menschlichen Lebens hat das Bundesverfassungsgericht ein effektiv gewährleistetes Schutzniveau gefordert. Das Gericht hat klargestellt, dass der Schutz des Grundrechtes auf Leben nicht nur ein Belang des Allgemeinwohls ist, sondern jedem einzelnen Fötus zusteht, obwohl er (noch) keine Rechtsperson ist. Diese Rechtsprechung wäre auf die Verfassungsnormen zum Schutz der Natur übertragbar. Die subjektiven Rechte der Natur könnten demnach vor den Verfassungs- und Verwaltungsgerichten geltend gemacht werden, ohne dass die Träger der subjektiven Rechte Rechtspersonen sein müssten.

Auch im Privatrecht ist die formale Stellung als Rechtsperson nicht zwingende Voraussetzung, um eigene Rechte vor Gericht einklagen zu können. Das Bürgerliche Gesetzbuch gewährt Rechtsansprüche auch Vereinigungen, die nicht den Status einer Rechtsperson besitzen, wie etwa BGB-Gesellschaften oder nichtrechtsfähigen Vereinen (z. B. Gewerkschaften, politischen Parteien). Um vor einem Zivilgericht klagen zu können, muss man lediglich parteifähig sein. Da ich oben ausgeführt habe, dass Bestandteile der Natur rechtsfähig sein können, soweit sie identifizierbar sind, könnte man ihnen eine Parteistellung vor Gericht einräumen, ohne sie zu Rechtspersonen erheben zu müssen.

Ich möchte dies an einem Beispiel deutlich machen: Ein Unternehmen erhält die behördliche Genehmigung, eine industrielle Anlage zu betreiben. In der Nachbarschaft liegt ein Hochmoor, deren charakteristische Pflanzengesellschaft empfindlich auf bestimmte Schadstoffe reagiert. Deshalb enthält die Genehmigung die Auflage, dass Schadstoffe aus den Kaminen der Anlage wegen der Einwirkungen auf das Hochmoor einen bestimmten Grenzwert nicht überschreiten dürfen. Der Betrieb verursacht aber deutlich mehr Schadstoffeinträge im Hochmoor als erlaubt, ohne dass die zuständige Überwachungsbehörde etwas unternimmt.

Nehmen wir an, die Lebensgemeinschaft Hochmoor in dem betroffenen Gebiet wäre Inhaberin eigener Rechte, würde gegen das Unternehmen auf Unterlassung dieser Schutzauflage klagen und den Prozess gewinnen. Damit das Gericht im Falle einer Zuwiderhandlung gegen das Urteil Zwangsvollstreckungsmaßnahmen erlassen kann, z. B. die Zahlung von Zwangsgeldern, muss der Kläger nachweisen, dass er tatsächlich weiterhin in seinen Rechten beeinträchtigt wird. Wenn das Hochmoor, soweit man seine räumlichen Grenzen definieren kann, parteifähig wäre, könnte es auch den Nachweis führen, dass seine Rechte von dem Unternehmen fortgesetzt verletzt werden.

Die Verwaltungsgerichtsordnung lässt Vereinigungen als Klagepartei zu, »soweit ihnen ein Recht zustehen kann«. Man könnte diese Vorschrift um einen Zusatz ergänzen, dass an einem Gerichtsverfahren beteiligungsfähig auch Teile der Natur sind, soweit ihnen ein Recht zustehen kann. In der Zivilprozessordnung könnte man ergänzen, dass Teile der Natur, soweit ihnen eigene Rechte zustehen, diese Rechte einklagen können.

Rechtsträger von Eigenrechten der Natur müssen demnach nicht zwingend den (dauerhaften) Status als Rechtsperson besitzen, damit sie sich vor Gericht als Prozesspartei auf ihre Rechte im eigenen Namen berufen können. Die formale Stellung als Prozessbeteiligter würde aber dazu führen, dass man die klagende Natur wie eine natürliche oder juristische Person wahrnimmt. Die Klage einer gefährdeten Tierart oder eines bedrohten Naturraumes könnte durch die Personalisierung deren Interessen besser ins öffentliche Bewusstsein rücken.

Was indessen auch Nachteile mit sich bringen kann: Unter der Annahme, dass alle Arten gleiche Rechte haben, könnte der Rechtsbehelf einer den Menschen »unsympathischen« Art, einer Art, die wirtschaftliche Schäden verursacht oder gar dem Menschen gefährlich werden kann, zu Irritationen oder ablehnenden Reaktionen führen.

Wenn wir jedoch den Bewusstseinswandel befördern wollen, der die Natur nicht als bloße Sache und Ressource betrachtet, sondern ihre lebendigen Glieder als Lebewesen mit einer gemeinsamen Natürlichkeit auf einem gemeinsam bewohnten Planeten Erde, werden wir diese Auseinandersetzungen aushalten und austragen müssen.

Erkennt man Teilen der Natur über die bloße Parteistellung in einem Gerichtsverfahren hinaus den Status einer Rechtsperson zu, stellt sich die Frage, ob man die Natur oder Teile von ihr dann als juristische Person oder als natürliche Person behandeln sollte oder als Rechtsperson eigener Art.

Juristische Personen werden in der Regel durch einen Rechtsakt geschaffen. Die Natur und ihre Bestandteile treten aber gerade ohne Zutun des Menschen ins Leben. Ausgenommen wären Schutzgebiete als Rechtspersonen, wobei die Rechtsperson in diesem Falle eine Lebensgemeinschaft innerhalb eines bestimmten Gebietes wäre, die durch einen formalen Akt lediglich räumlich definiert wird. Auch wenn die Rechtsperson Natur ebenso ein menschliches Konstrukt ist, unterscheidet sie sich grundlegend von juristischen Personen, die bestimmte Zwecke und Ziele verfolgen. Sie verkörpert etwas Lebendiges, das real existiert, und kann deshalb nicht in das Schema einer juristischen Person gepresst werden.

Nach dem Wortlaut läge es nahe, Bestandteile der Natur wie Menschen zu den natürlichen Personen zu zählen. Gebraucht man den Rechtsbegriff der natürlichen Person auch für die Bezeichnung anderer Lebewesen oder sogar von Lebensräumen, Schutzgebieten oder anderen Einheiten, führt dies jedoch zu Irritationen. Denn herkömmlicherweise wird nur ein Mensch als natürliche Person bezeichnet. Innerhalb der Rechtsordnung sollten die Grenzen zwischen Menschen und nichtmenschlichen Teilen der Natur nicht verschwimmen. Dies könnte nämlich zur Folge haben, dass die biologische Verwandtschaft von Menschen und Tieren dazu missbraucht wird, die besondere Schutzwürdigkeit des menschlichen Individuums zu relativieren. Bezeichnet man Menschen und Teile der nichtmenschlichen Natur gleichermaßen als natürliche Personen, läuft man Gefahr, sie nicht nur sprachlich, sondern auch in ihrer Wertigkeit auf eine Stufe zu stellen.

Kersten schlägt vor, neben der natürlichen Person und der juristischen Person eine ökologische Person als Rechtspersönlichkeit zu kreieren.[143] Naturwissenschaftler könnten dem Begriff der »ökologischen Person« mit einem Stirnrunzeln begegnen, denn der Begriff »ökologisch« beschreibt nach seinem naturwissenschaftlichen Inhalt die Wechselbeziehungen zwischen Lebewesen und ihrer Umwelt. Im allgemeinen Sprachgebrauch hat sich der Begriff »ökologisch« aber vom ursprünglichen Sinn gelöst und nicht nur die Beziehung des Menschen zur Natur in seinen Wortsinn aufgenommen, sondern auch all das, was den Schutz der Natur sowie allgemein den Umweltschutz und die Umweltpolitik betrifft. Gerade wegen seiner ausufernden Verwendung ist das Wort »ökologisch« aber auch in seiner Bedeutung unscharf geworden.

Eine eigene Kategorie für Natur-Rechtspersonen zu etablieren, halte ich aber in jedem Fall für zweckmäßig. Soweit man einzelne Teile der Natur als Rechtspersonen anerkennen möchte, könnte man die schon mehrfach in dieser Abhandlung gebrauchte Bezeichnung »Naturelement« verwenden. Der Begriff erfasst sprachlich sowohl einzelne Lebewesen als auch Arten oder Lebensräume, aber auch abgrenzbare Gebiete oder andere Bestandteile der Natur. Ein Element ist ein (Bestand-)Teil eines größeren Ganzen, was für das Naturelement als Teil der Gesamtnatur inhaltlich zutrifft. Der im Englischen gebräuchliche Begriff der »natural entities« entspricht dem deutschen Rechtsbegriff der »natürlichen (Rechts-)Person«, dessen Verwendung für Natur-Rechtspersonen ich oben abgelehnt habe. Das im Deutschen verwendete Fremdwort »Entität« meint etwas anderes, nämlich »Einheit«, »Größe« oder »Dasein«.[144]

Sofern man Teile der Natur zu Rechtspersonen erklären will, erscheint es zweckmäßig, sie neben den natürlichen Personen und den juristischen Personen unter dem Begriff »Naturelemente« als Rechtspersonen eigener Art zu führen.

Eigener Standpunkt zur Rechtsträgerschaft von Naturelementen

Naturelementen Rechte zuzusprechen, ist Aufgabe des Gesetzgebers. Bei diesem Hinweis könnte man es belassen, wenn die Frage gestellt wird, welche der beschriebenen Teile der Natur denn eigene Rechte erhalten sollten. Ich möchte das Ergebnis meiner Überlegungen jedoch noch einmal zusammenfassen und ein Statement zu dieser Frage abgeben.

Nach meiner Ansicht ist die Natur in ihrer Gesamtheit nicht geeignet, Träger von Rechten zu sein, da sie sich nicht abgrenzen lässt und damit als Subjekt nicht ansprechbar ist. Auch Ökosysteme eignen sich nicht als Rechtsträger. Denn der Begriff des Ökosystems ist zu vielschichtig und zu wenig greifbar, um ihn als Rechtsbegriff verwenden zu können.

In Betracht kommen als Träger von eigenen Rechten damit Lebensräume mit ihren Lebensgemeinschaften, Individuen und Arten.

Ich favorisiere Eigenrechte sowohl für Arten als auch für Lebensräume mit ihren Lebensgemeinschaften. Arten können größtenteils bestimmt werden. Mithilfe genetischer Analysen ist dies mittlerweile bis zur Größe von Viren und Bakterien möglich. Es gibt auch keinen Grund, bestimmte Arten von der Rechtsgemeinschaft auszuschließen. Alle Arten, vor allem auch Kleinlebewesen wie Pilze, Algen, Würmer, Spinnentiere, Asseln und viele mehr, füllen ökologische Nischen aus, die für die Lebensgemeinschaften insgesamt unentbehrlich sind.[145]

Individuen aller Arten eigene Rechte zuzusprechen, halte ich dagegen nicht für ein sinnvolles Konzept. Man muss sich im Klaren sein, dass das Zusprechen von Rechten zur Folge hat, dass der Inhaber eines subjektiven Rechts in einem Verhältnis zu anderen Rechtssubjekten steht. In Bezug auf die Individuen aller Lebewesen wäre die Zahl der Rechtsverhältnisse zu den vorhandenen Rechtssubjekten (Menschen, menschlichen Gemeinschaften, juristischen Personen) unüberschaubar. An dieser Stelle passt das Sprichwort: Man sieht den Wald vor lauter Bäumen nicht.

In Bezug auf Lebensräume setzt die Rechtsträgerschaft eine räumliche Abgrenzung dieser Gebiete voraus. Im Einzelfall kann man Teile der Landschaft oder Meereszonen durch geografische/topografische Namensbezeichnungen abgrenzen. Damit kann man sicherstellen, dass die Natur flächendeckend subjektive Rechte geltend machen kann. Großflächige Regenerationsräume wie Nationalparks, Meeresschutzgebiete oder Wildnisgebiete eignen sich als Rechtssubjekte, die mittels Rechtsakt errichtet werden und denen auch der Status einer Rechtsperson zuerkannt werden könnte.

Kapitel 8

Repräsentanten der Natur in der gemeinsamen Rechtsgemeinschaft

Wenn man Flüssen, Naturlandschaften oder Tierarten eine eigene Rechtsposition einräumt, muss man die Frage beantworten, auf welche Weise diese Naturelemente ihre Rechte geltend machen können. Denn Rechtsordnungen sind geistig-kulturelle Konstrukte, die sich die Menschen geschaffen haben, um ihr Zusammenleben zu organisieren. Ohne die Fähigkeit, seine Rechtsposition in Wort und Schrift auszudrücken, kann man die juristische Welt nicht betreten, kann nicht am rechtlichen Dialog teilnehmen.[146] Wenn man der Natur oder Naturelementen wie Tierarten, Flüssen oder Schutzgebieten subjektive Rechte zuschreibt, benötigt man Menschen, die die Rechte der Natur zur Sprache bringen können.

Welcher Begriff sich am besten für solche natürlichen Personen oder Institutionen eignet – Vertreter/in, Sprecher/in, Verwalter/in oder Treuhänder/in –, hängt davon ab, wie die Rechte der Natur ausgestaltet sind. Wird ein Naturelement, z. B. ein Fluss, als Rechtsperson anerkannt, würden Menschen oder juristische Personen dessen Rechte im Namen des Flusses, also in fremdem Namen, wahrnehmen. Im Rechtsverkehr nennt man solche Personen Vertreter. Man könnte auch den Begriff des Sprechers verwenden. Im deutschsprachigen Raum werden als Sprecher/innen aber vorwiegend Menschen bezeichnet, die Verlautbarungen eines Unternehmens, einer Regierung, einer Partei oder einer sonstigen Organisation kundtun. Diese Personen sind aber nicht befugt, rechtlich verbindliche Erklärungen abzugeben.

Verfügen Naturelemente wie Lebensgemeinschaften in einem bestimmten Gebiet oder Arten über subjektive Rechte, ohne Rechtspersonen zu sein, würden ihre Rechte im Namen der für sie handelnden Menschen oder Institutionen, d. h. in deren eigenem Namen, wahrgenommen. Ein Naturschutzverband würde demnach anstelle der Natur deren Rechte geltend machen. Diese Funktion kann man, wenn man den Begriff weit auslegt, ebenfalls als Vertretung titulieren. Man könnte aber auch von einer Treuhandschaft oder einer Verwaltereigenschaft sprechen. Im Rechtsverkehr sind Treuhänder Personen, die die Interessen oder Rechte anderer Rechtssubjekte in eigenem Namen wahrnehmen.

Zu bedenken ist allerdings, dass die Rechte der Natur nicht nur in Form rechtsgeschäftlicher Willensäußerungen vertreten werden, sondern auch in der gesellschaftspolitischen Diskussion, in Gesetzgebungsverfahren oder in Verwaltungsverfahren, in denen die Öffentlichkeit beteiligt wird. Wenn sich etwa der Bauernverband in einem Planungsverfahren gegen die Enteignung von landwirtschaftlich genutzten Grundstücken wendet, wenn ein Sozialverband sich in der Gesetzgebung für die Rechte von Behinderten einsetzt oder eine Partei in der politischen Debatte die Religionsfreiheit verteidigt, sind dabei ebenfalls subjektive Rechte Gegenstand dieser Verlautbarungen. In dieser Funktion könnte man die Rolle von Menschen oder Organisationen, die sich der Rechte von Naturelementen annehmen, durchaus als Sprecher oder Treuhänder der Rechte der Natur verstehen.

Im Abschnitt »Die Natur als Rechtsperson« habe ich dargestellt, dass die Rechte der Natur entweder in eigenem Namen oder in fremdem Namen wahrgenommen werden können. Um dies am Beispiel eines Gerichtsverfahrens zu verdeutlichen: Wenn ein Mensch oder eine Organisation in eigenem Namen die Rechte der Natur einklagen würde, wäre er/sie selbst Klagepartei und träte als Fürsprecher bzw. Treuhänder auf. Würde man in fremdem Namen klagen, wäre die Natur oder ein Naturelement selbst Klägerin. Man hätte dann die Rolle eines gesetzlichen Vertreters, wie etwa ein Vorstand eines Vereins.

Um keine begriffliche Verwirrung zu erzeugen, werde ich mich im Folgenden darauf beschränken, Menschen oder Institutionen, die in eigenem Namen für die Rechte der Natur eintreten, als deren »Treuhänder«, und diejenigen, die in fremdem Namen handeln, als deren »Vertreter« zu bezeichnen.

Vertreter oder Treuhänder für die Rechte der Natur, je nachdem, welches Modell man wählt, benötigt man bei der Gesetzgebung, in Verwaltungs- und in Gerichtsverfahren. Für diese Funktion kommen entweder einzelne Menschen, Nichtregierungsorganisationen oder vom Staat geschaffene bzw. in den Staatsapparat eingegliederte Institutionen in Betracht. Die Vor- und Nachteile dieser Lösungen sollen nachfolgend erörtert werden.

Einzelpersonen

Wenn man den Menschen, und zwar nicht nur die menschlichen Gemeinschaften, sondern jeden Einzelnen von uns, als integralen Bestandteil der natürlichen Kreisläufe und Lebensgemeinschaften begreift, wäre es konsequent, auch jedem Einzelnen die Befugnis zu übertragen, als Vertreter von Naturelementen auftreten zu dürfen. Denn gemäß dem in Kapitel 6 beschriebenen Fürsorgeprinzip ist jeder Mensch verpflichtet, zur Schonung, zum Schutz und zur Wiederherstellung der Natur beizutragen.

Vertritt jemand das Recht eines anderen in dessen Namen, benötigt sie/er die rechtliche Befugnis dazu. Bei natürlichen oder juristischen Personen kann eine Bevollmächtigung gesetzlich angeordnet sein, wie die gesetzliche Vertretung eines Vereins durch den Vorstand; oder sie wird mit einer rechtsgeschäftlichen Erklärung erteilt (Vollmacht). Letzteres scheidet im Falle von Rechten der Natur aus, denn die Natur kann aus sich heraus keine Willenserklärungen abgeben und somit auch keine Vollmacht erteilen. Die Vertretung müsste demnach durch ein Gesetz auf natürliche oder juristische Personen übertragen werden. Auch eine Treuhandschaft muss entweder gesetzlich angeordnet oder durch einen Vertrag vereinbart werden. Hier gilt das für die Vertreterschaft Gesagte entsprechend.

Solange die Vertretung/Treuhandschaft von Rechten der Natur dadurch ausgefüllt wird, dass Privatpersonen als Mitglieder der Gesellschaft die Rechte der Natur in politische Diskussionen, aber auch in Verwaltungsverfahren wie Planungsprozesse oder Genehmigungsverfahren einbringen, wäre dies nicht nur zu befürworten, sondern würde einer bereits gängigen Praxis entsprechen. Im Rahmen der Öffentlichkeitsbeteiligung bei Umweltverträglichkeitsprüfungen darf sich jedermann zu allen betroffenen Umweltbelangen äußern. Nach Art. 6 Abs. 4 der UVP-Richtlinie der Europäischen Union erhält die betroffene Öffentlichkeit frühzeitig und in effektiver Weise die Möglichkeit, sich an den umweltbezogenen Entscheidungsverfahren im Sinne der Richtlinie zu beteiligen. Sie hat das Recht, der zuständigen Behörde gegenüber Stellung zu nehmen und Meinungen zu äußern, wenn alle Optionen noch offenstehen und bevor die Entscheidung über den Genehmigungsantrag getroffen wird.[147]

Die Rechte der Natur können in dieses Verfahren ohne Schwierigkeiten integriert werden. Es spricht nichts dagegen, dass die betroffene Öffentlichkeit, also auch Privatpersonen, die Rechte der Natur in behördliche Umweltprüfungen als Vertreter oder Treuhänder einbringen. Denn Zweck der UVP-Prüfung ist es, die Umweltauswirkungen eines Projekts nicht nur mit Blick auf die menschliche Gesundheit und die Erhaltung der Lebensqualität zu prüfen, sondern auch für die Erhaltung der Artenvielfalt zu sorgen und die Reproduktionsfähigkeit der Ökosysteme als Grundlage allen Lebens zu erhalten.[148] Aus der Perspektive der beteiligten Öffentlichkeit ändert sich gegenüber dem geltenden Recht wenig: Der sachliche Gehalt der Einwendung bleibt weitgehend gleich. Allerdings könnte der Einwendung gegenüber gegenläufigen Interessen und Rechtspositionen ein größeres Gewicht zukommen.

Wenn beispielsweise eine Privatperson gegen ein Projekt einwendet, es zerstöre einen naturnahen Gewässerlebensraum für zahlreiche Arten, hat diese nach geltendem Recht als private Einwendung zugunsten eines öffentlichen Belanges relativ wenig Gewicht. Ist man als Privatperson aber befugt, als Vertreter oder Treuhänder eines Rechtssubjektes zu sprechen, dessen Rechte verfassungsrechtlich unterlegt sind, bekommt diese Einwendung ein ganz anderes Gewicht in der Interessenabwägung, vorausgesetzt, sie ist fachlich fundiert. Dies dürfte allerdings der Schwachpunkt vieler Privateinwendungen sein. Deshalb dürfte im Ergebnis eine Vertreterschaft/Treuhandschaft im Rahmen von Öffentlichkeitsbeteiligungen in Planungs- und Genehmigungsverfahren durch Einzelpersonen wenig effektiv sein.

Für die Vertretung/Treuhandschaft in gerichtlichen Verfahren stellen sich weitere Fragen. Wie erwähnt, könnte eine Privatperson für die Natur als Prozesspartei nur Klage erheben, wenn sie durch Gesetz als Vertreter benannt wäre. Werden Privatpersonen gesetzlich ermächtigt, als Vertreter der Natur Klage zu erheben, ist es nicht auszuschließen, dass sie die Interessen der Natur vorschieben, um ihre eigenen Interessen oder die Interessen bestimmter Gruppen zu verfolgen. Private Interessen überschneiden sich nicht selten mit Interessen von Naturelementen. Wenn sich eine Privatperson gegen ein Projekt in ihrer Nachbarschaft zur Wehr setzt – ein Baugebiet, eine Stromleitung, einen Industriebetrieb oder ein Windkraftwerk –, wird fast zwangsläufig die Natur verändert. Damit können auch die Rechte von betroffenen Naturelementen berührt sein, etwa weil der Lebensraum gefährdeter Arten beeinträchtigt oder naturnahe Landschaftsteile beseitigt werden.

Da die Klagebefugnis von Privatpersonen auf die Wahrnehmung ihrer eigenen Rechte beschränkt ist, z. B. die Einhaltung nachbarschützender Vorschriften, könnten Privatkläger versucht sein, nicht selbst, sondern im Namen der Natur zu klagen, um ihre Erfolgsaussichten vor Gericht zu erhöhen.

Werden sie durch eine Anwaltskanzlei vertreten, sind die Anwälte sogar verpflichtet, sie auf diese Möglichkeit hinzuweisen, wenn das die Prozessaussichten verbessert – selbst dann, wenn ihren Mandanten eigentlich nichts daran liegt, die Rechte der Natur zu verteidigen. Denn Anwälte müssen, um ihrem Auftrag ordnungsgemäß nachzukommen, alle rechtlichen Mittel ausschöpfen, um dem Anliegen ihres Mandanten zur Durchsetzung zu verhelfen.[149]

Auf den ersten Blick könnte man meinen, es komme doch auf das Ergebnis an: Wenn eine Verletzung subjektiver Rechte von Naturelementen als Ergebnis einer aus privatnützigen Motiven betriebenen Klage verhindert wird, wäre dies aus Sicht der Natur positiv zu bewerten.

Würden Projekte in größerer Zahl durch Klagen von Privatpersonen, die sich auf Rechte der Natur berufen, verzögert oder verhindert, nähme aber wahrscheinlich der Druck auf den Gesetzgeber zu, die Rechte der Natur gesetzlich zu beschränken. Der Ruf nach Entbürokratisierung und Beschleunigung von Verfahren würde dann schnell laut werden.

Man könnte einer missbräuchlichen Nutzung des Klagerechtes von Privatpersonen vorbeugen, indem man verlangt, dass die Natur nur von mehreren Einzelpersonen gemeinsam vertreten werden kann. Zusätzlich könnte man fordern, dass die Klage von einer bestimmten Anzahl an Personen mit ihrer Unterschrift unterstützt wird. Ein ähnliches Modell existiert bei Bürgerentscheiden auf kommunaler Ebene. Nach der Bayerischen Gemeindeordnung müssen mindestens drei Personen ein Bürgerbegehren beantragen und dafür eine bestimmte Anzahl von Unterstützerinnen und Unterstützern nachweisen. Damit würde eine Klage für die Rechte der Natur auch von vorneherein ein gewisses Gewicht erhalten.

Eine treuhänderische Klage für die Rechte der Natur wäre mit anderen Schwierigkeiten behaftet. Hätte eine Privatperson das Recht, sich in ihrem eigenen Klageverfahren nicht nur auf eigene Rechte, sondern auch auf die Rechte der Natur zu berufen, wäre die Gefahr des Missbrauchs noch größer als bei einer Klage in fremdem Namen. Denn man könnte dann seine Klage mit einer Doppelstrategie verfolgen, nämlich sowohl die eigenen Rechte als auch die Rechte der Natur zu verteidigen.

Eine treuhänderische Klage für die Rechte der Natur würde zudem eine Änderung des Prozessrechts erforderlich machen. Nach der Verwaltungsgerichtsordnung hat eine Klage gegen eine behördliche Entscheidung nur Erfolg, wenn die Klägerin oder der Kläger in eigenen Rechten verletzt ist. Eine Verletzung fremder Rechte, hier der Rechte der Natur, reicht nicht aus. Im Zivilrecht gilt das Gleiche: Nach §§ 823, 1004 BGB kann man Unterlassung und Schadensersatz von einer anderen Privatperson nur fordern, wenn in eigene Rechtspositionen eingegriffen wird. Der Gesetzgeber müsste demnach Privatpersonen ausdrücklich gestatten, die Rechte der Natur im Rahmen eigener Prozesse geltend zu machen. Gäbe es eine solche gesetzliche Ermächtigung, könnte dies aber die nachteilige Folge haben, dass solche Prozesse mit Inhalten aufgebläht werden, die nicht von den eigentlichen Interessen der Klagepartei getragen werden. Allgemein besteht für Privatpersonen die Schwierigkeit, Rechte der Natur in Gerichtsverfahren geltend zu machen, darin, dass sie meist nur über eine unzureichende fachliche Expertise verfügen, was die tatsächlichen Auswirkungen auf die Natur angeht, jedenfalls soweit sie nicht handgreiflich sind. Gerichtsprozesse arten manchmal in detailverliebte Fachdiskussionen darüber aus, ob und inwieweit die Natur Schäden durch ein Vorhaben erleidet oder wie man Schäden, die an der Natur angerichtet werden, durch bestimmte Maßnahmen verhindern oder wiedergutmachen kann. Privatpersonen geraten dabei sehr schnell ins Hintertreffen, wenn sie sich nicht eigener – kostenträchtiger – Expertise bedienen können.

Den geschilderten Schwierigkeiten zum Trotz könnten die Rechte der Natur im Rechtsalltag eine breitere Wirkung entfalten, wenn sie möglichst oft in rechtliche Verfahren eingebracht werden können. Immer wieder setzen sich Bürgerinnen und Bürger auf lokaler Ebene selbstlos für die Natur ein, wenn mit Duldung oder Genehmigung der zuständigen Behörden in die Natur eingegriffen wird. Umweltorganisationen sind nicht in der Lage, als Wächter der Natur flächendeckend gegen alle möglichen Rechtsverstöße vorzugehen.

Die Geltendmachung von Rechten der Natur in Gerichtsverfahren durch Privatpersonen ist also ein zweischneidiges Schwert. Um eine missbräuchliche Nutzung von Klagerechten vorzubeugen, sollte man das Klagerecht Privater auf eine gesetzliche Vertreterschaft im Namen der Natur begrenzen und die Vertretung von zusätzlichen Voraussetzungen, insbesondere einer Vertretung durch mehrere Personen und/oder dem Nachweis eines Unterstützerkreises, abhängig machen.

Um außerdem in einem Gerichtsverfahren Waffengleichheit hinsichtlich des Sachverhaltes herzustellen, der Grundlage für die Rechtsanwendung ist, müssen Privatpersonen Zugriff auf unabhängige fachliche Expertise erhalten. Diese Möglichkeit wird in anderen Staaten durchaus genutzt, indem die Gerichte bei Universitäten oder fachlichen Vereinigungen um eine Stellungnahme nachsuchen. So hat der ecuadorianische Verfassungsgerichtshof im Verfahren Los Cedros Wissenschaftler aus dem In- und Ausland zu den Auswirkungen des streitgegenständlichen Bergbauprojektes auf die Natur angehört.[150] Für den Ausgang des Verfahrens war es entscheidend, dass das Gericht eine aktive Rolle bei der Ermittlung des Sachverhalts übernahm und sich nicht nur auf den Vortrag der Parteien verließ. Derartige Ermittlungen durch die Gerichte erfordern wiederum ausreichende zeitliche und personelle Ressourcen für die Verhandlung. Umfangreiche Anhörungen wie im Gerichtsfall Los Cedros werden nicht in jedem Einzelfall möglich sein.

Auch das Bundesverfassungsgericht nutzt die Fachkunde der Wissenschaft, wie die Entscheidungen zur Coronapandemie, aber auch der sogenannten Klimaklage zeigen. Man sollte deshalb die Prozessordnungen dahingehend ändern, dass Privatpersonen beantragen können, dass das Gericht zu fachlichen Fragen, die für die gerichtliche Entscheidung erheblich sein können, eine unabhängige Auskunft einholt, sei es von Universitäten, wissenschaftlichen Akademien oder beratenden Gremien wie dem Sachverständigenrat für Umweltfragen.

Der Nachteil einer solchen Lösung bestünde allerdings darin, dass die angefragten wissenschaftlichen Institutionen möglicherweise nicht die personelle Kapazität besitzen, um komplexe Fragestellungen im Einzelfall beantworten zu können. Dieser »Flaschenhals« könnte Gerichtsverfahren über Gebühr verzögern. Lassen die Gerichte den Baubeginn für ein Projekt vorläufig zu, werden die Rechte der betroffenen Naturelemente vielleicht irreversibel verletzt, auch wenn das Gericht irgendwann der Klage zugunsten der Natur stattgibt. Zu klären wäre weiterhin, wer für die Kosten aufkommt, wenn auf Veranlassung eines privaten Klägers eine unabhängige Fachauskunft eingeholt wird, diese sich aber letztlich nicht zu seinen Gunsten auswirkt. Nach geltendem Recht trägt derjenige die Prozesskosten, der die Klage verliert. Wenn eine Privatperson jedoch im Namen der Natur klagt, verteidigt sie damit uneigennützig die Interessen einer Rechtsgemeinschaft mit der Natur. Ihr das Kostenrisiko dafür aufzubürden, wäre unbillig.

Statt im Einzelfall eine Expertise zu einer bestimmten Fachfrage einzuholen, könnte man auch ein zentrales Wissensportal einrichten, bei dem sich nicht nur Gerichte, sondern auch die übrigen Prozessbeteiligten Informationen beschaffen könnten. Diese Datenbank müsste allerdings unabhängig und wissenschaftsbasiert geführt werden und könnte beispielsweise an einer Universität angesiedelt sein. Externe Informationsquellen zu nutzen, wird von der Rechtsprechung in einzelnen Bereichen schon praktiziert: Im Asylrecht sind Länderberichte des Auswärtigen Amtes, des UNHCR oder von Menschenrechtsorganisationen unverzichtbare Mittel für die Gerichte, um sich ein objektives Bild von den Verhältnissen im Herkunftsland machen zu können. Die Verwaltungsgerichte sind sogar verpflichtet, diese Erkenntnisquellen zu nutzen und den Prozessbeteiligten zugänglich zu machen.[151]

In Gerichtsverfahren, in denen es um die Anwendung des Umweltrechts geht, stützen sich die Verwaltungsgerichte bislang hauptsächlich auf die Einschätzungen der Fachbehörden, ohne zu hinterfragen, inwieweit das dort beschäftigte Personal fachlich und vor allem zeitlich in der Lage ist, die Aussagen der von einem Vorhabensträger beauftragten Sachverständigen zu überprüfen und gegebenenfalls kritisch zu hinterfragen. Bisweilen werden Entscheidungen beim Gesetzesvollzug auch von Dienstvorgesetzten aus politischen Gründen beeinflusst. Diese strukturellen Defizite bleiben in Gerichtsverfahren in den allermeisten Fällen außer Betracht.

Waffengleichheit zwischen einem Privatkläger und den anderen Prozessparteien herzustellen, wäre deshalb eine unverzichtbare Voraussetzung, damit Privatpersonen die Rechte der Natur wirksam vor Gericht geltend machen können.

Nichtregierungsorganisationen

Damit einzelne Bürgerinnen oder Bürger die Rechte der Natur gegenüber dem Staat, aber auch gegenüber anderen Privatpersonen vor Gericht geltend machen können, müsste, wie erwähnt, eine gesetzliche Grundlage erst geschaffen werden. Für die gerichtliche Kontrolle behördlicher Entscheidungen im Umweltbereich existieren aber bereits Gesetze, die für die Verteidigung von Rechten der Natur fruchtbar gemacht werden könnten. In Europa gibt es mit der Aarhus-Konvention einen völkerrechtlichen Rahmen, Umweltvereinigungen als »nichtstaatlichen Organisationen, die sich für den Umweltschutz einsetzen« (Art. 2 Nr. 5), Beteiligungs- und Klagerechte zu übertragen. Der Bundestag hat die Aarhus-Konvention und die entsprechende EU-Richtlinie durch das Umweltrechtsbehelfsgesetz in das deutsche Recht übernommen. Anerkannte Umweltvereinigungen können nach diesen Vorschriften behördliche Planungs- und Genehmigungsentscheidungen unter Berufung auf umweltbezogene Rechtsvorschriften anfechten. Die meisten Vorschriften zum Schutz von Luft, Gewässern, Böden, Biotopen und Tier- und Pflanzenarten kann man auch als Regelungen betrachten, die die Rechte der Natur schützen.

Anerkannte Umweltvereinigungen sind deshalb prädestiniert, als Vertreter/Treuhänder von Eigenrechten der Natur aufzutreten. Anerkannte Umweltvereinigungen müssen ihre Rechtsbehelfe nicht auf die Verletzung eigener Rechte stützen. Sie können sich – anders als Privatpersonen – nach dem Umweltrechtsbehelfsgesetz darauf berufen, dass staatliche Entscheidungen gegen Umweltvorschriften verstoßen. Bisher machen sie jedoch keine fremden Rechte geltend, sondern stoßen eine objektive Rechtmäßigkeitskontrolle an.

Wenn die Umweltverbände wie bisher selbst als Kläger für die Rechte der Natur auftreten würden, nähmen sie deren Rechte als Treuhänder wahr. Am geltenden Verfahren würde sich nichts ändern. Sollen Naturelemente hingegen selbst als Klagepartei auftreten, müssten Umweltverbände als deren Vertreter genauso wie Privatpersonen dazu gesetzlich ermächtigt werden.

Hinsichtlich der ihnen zur Verfügung stehenden personellen und finanziellen Ressourcen sind anerkannte Umweltvereinigungen gegenüber

Behörden und Vorhabensträgern oft im Nachteil, auch wenn sie im Allgemeinen über eine breitere fachliche Expertise als Privatpersonen verfügen. In Gerichtsverfahren über Projekte, die umfangreich in die Natur eingreifen, steht Umweltverbänden, ebenso wie Privatklägern, oft eine Phalanx von Fachgutachtern, Behördenvertretern und Fürsprechern des betreffenden Vorhabens gegenüber. Im Wettstreit der Argumente herrscht keine Waffengleichheit zwischen den Interessenvertretern der Natur und den Projektbefürwortern. Die oben dargestellten Vorkehrungen, um diese Nachteile auszugleichen, müssten deshalb auch den Umweltverbänden zugute kommen.

Dagegen ist die Gefahr einer missbräuchlichen Nutzung von Klagerechten und einer Überschneidung mit persönlichen Interessen bei Umweltverbänden praktisch zu vernachlässigen. Der Umstand, dass Umweltvereinigungen teilweise divergierende Positionen vertreten, steht einer Treuhandschaft für die Rechte der Natur ebenso wenig entgegen.

In Planungs- und Genehmigungsverfahren werden üblicherweise von verschiedener Seite unterschiedlichste Aspekte eingebracht. Diese müssen von den Behörden objektiv bewertet und gewichtet werden.

Würde die Natur hingegen durch eine Vertretung im rechtlichen Sinne ihre Stimme in behördlichen Verfahren erheben, wäre also nicht die Umweltvereinigung selbst, sondern das betroffene Naturelement Einwendungsführer, würde dies bei gegenläufigen Stellungnahmen von Umweltvereinigungen die Rechtsposition der Natur im Verfahren schwächen. Es wäre etwa so, wie wenn Mutter und Vater als Vertreter ihrer minderjährigen Kinder in einem behördlichen Verfahren voneinander abweichende Stellungnahmen abgeben würden. In der Realität dürfte diese Situation aber kaum eintreten. Die Wahrscheinlichkeit, dass anerkannte Umweltvereinigungen im Namen der Natur Klage mit auseinandergehenden Zielsetzungen erheben, dürfte noch weit geringer sein als bei behördlichen Verfahren. Wollte man das Risiko ausschließen, dass die Natur vor Gericht mit »gespaltener Zunge« spricht, könnte der Gesetzgeber die potenziellen Vertreter der Natur verpflichten, sich auf einen einzigen Vertreter zu einigen oder diesen vom Gericht bestimmen zu lassen.[152]

Die Beteiligungs- und Klagerechte anerkannter Umweltvereinigungen werden jedenfalls nicht geschwächt, sondern gestärkt, wenn ihre

Rechte nicht nur eingesetzt werden, um die »berechtigten Interessen der Allgemeinheit«,[153] sondern auch, um die Rechtsposition der Natur zu schützen.

Generell gilt es bei der Treuhandschaft/Vertreterschaft durch anerkannte Umweltvereinigungen allerdings zu bedenken, dass die wesentlichen Weichen für die Rechte der Natur nicht in den Gerichtssälen gestellt werden, sondern in den Parlamenten. Die Parlamente formen durch ihre Gesetzgebung den rechtlichen Ordnungsrahmen für das gesellschaftliche Leben. Den gewählten Abgeordneten ist die Abwägung der politischen Ziele mit den menschlichen Grundrechten und den Rechten der Natur überantwortet. Gerichte können in Bezug auf die Anwendung der Gesetze mitunter Ausrufezeichen zum Schutz der Natur setzen. Sie sind aber gemäß Art. 20 Abs. 3 GG an Gesetz und Recht gebunden.

Gerichtsverfahren können, wenn sie mit Bedacht eingesetzt werden, die Verwaltung zu einem gesetzmäßigen Handeln anhalten und im Einzelfall auch politische Wirkung entfalten. Abgesehen von den hohen Kosten und der mitunter langen Dauer solcher Prozesse, die in den meisten Fällen alle Instanzen durchlaufen, wäre es jedoch verfehlt, sie als Mittel der Politik einzusetzen. Damit würde man den Gerichten eine Rolle zuweisen, für die sie in der Konzeption der Gewaltenteilung nicht geschaffen sind. Denn die Judikative hat vorrangig die Aufgabe, eine gesetzmäßige Verwaltungstätigkeit sicherzustellen und darauf zu achten, dass die Legislative ihren Gestaltungsspielraum nicht überschreitet. Innerhalb der rechtsstaatlichen Gewaltenteilung sollten die Grenzen zwischen Rechtsfragen und politischen Zielen und Zweckmäßigkeitserwägungen nicht verwischt werden.[154]

In der bundesdeutschen Nachkriegsordnung hat das Bundesverfassungsgericht einen ganz wesentlichen Beitrag geleistet, dass die zentralen Wertentscheidungen des Grundgesetzes Gesetz geworden sind. Neben der sogenannten Richtervorlage, die es einem Fachgericht ermöglicht, ein Gesetz dem Bundesverfassungsgericht zur Prüfung vorzulegen, wenn es eine Rechtsvorschrift für verfassungswidrig hält, hat sich vor allem die Verfassungsbeschwerde von Bürgerinnen und Bürgern als wirksames Instrument erwiesen, den Grundrechten zur Durchsetzung zu verhelfen. Deshalb sollte insbesondere den Nichtregierungsorganisationen die Möglichkeit eröffnet werden, Gesetze auf ihre Vereinbarkeit mit dem ökologischen

Grundprinzip und den Rechten der Natur vom Bundesverfassungsgericht kontrollieren zu lassen.

Trotz des nicht zu unterschätzenden Einflusses, den die Entscheidungen des Bundesverfassungsgerichts auf Politik und Gesetzgebung ausüben, betont das Bundesverfassungsgericht im Bewusstsein seiner Rolle in der Riege der Staatsgewalten regelmäßig den weiten Gestaltungsspielraum des Gesetzgebers. Denn die Inhalte demokratisch ausgeübter Herrschaft werden vom Grundgesetz nur in groben Zügen vorgegeben. Dies wäre auch bei den verfassungsrechtlichen Bausteinen einer Rechtsgemeinschaft mit der Natur nicht anders. Da die Demokratie den Wettbewerb der Ideen und Meinungen zulässt, ja demokratische Wahlen ohne diesen Wettstreit keine echten Wahlen wären, ist es unerlässlich, der Natur eine starke Stimme im politischen Wettbewerb zu verschaffen.

Die Umweltorganisationen mit ihren begrenzten finanziellen und personellen Mitteln werden diese Aufgabe alleine jedoch nicht leisten können. Ihre Stimme wird oft vom Chor der unterschiedlichsten Lobbygruppen, namentlich der finanzkräftigen Wirtschaftsverbände und Standesorganisationen übertönt.

Im oftmals hektischen und von aktuellen Geschehnissen dominierten politischen Tagesgeschäft haben es Meldungen, die schleichende, lange unbemerkt bleibende Veränderungen in der Natur thematisieren wie Artenschwund, Bodenerosion oder Meeresverschmutzung, schwer, von der Mehrheit der Bevölkerung wahrgenommen zu werden.

Außerdem werden die Motive von Umweltverbänden nicht von allen Teilen der Gesellschaft akzeptiert, auch wenn Vereinigungen wie NABU und BUND heutzutage mehr Mitglieder zählen als große politischen Parteien. Umweltverbände werden in Gesetzgebungs- und Verwaltungsverfahren von der Mehrheit der Bevölkerung in Bezug auf die Rechte der Natur möglicherweise nicht als interessenübergreifend agierende Institutionen, sondern als Verfechter von Partikularinteressen wahrgenommen. Je mehr sich die Rechte der Natur zu einem »scharfen Schwert« in Verwaltungs- und Gerichtsverfahren entwickeln, desto stärker könnte ihre Legitimation als Fürsprecher für die Rechte der Natur öffentlich infrage gestellt werden.

Ob sich an den geschilderten strukturellen Schwachpunkten etwas Entscheidendes ändern würde, wenn man Nichtregierungsorganisationen die alleinige Rolle als Treuhänder oder Vertreter für die Rechte der Natur überantworten würde, darf bezweifelt werden.

Vom Gesetzgeber geschaffene Institutionen

Um die geschilderten Schwächen der zivilgesellschaftlichen Treuhandschaft für die Natur auszugleichen, wären Institutionen sinnvoll, die der Staat selbst mit dieser Aufgabe betraut. Einer solchen Treuhandschaft müssten einerseits ausreichende Mittel in die Hand gegeben werden, um die Rechte der Natur effektiv geltend machen zu können. Andererseits sollte sie demokratisch legitimiert sein, sofern sie mit gewissen Machtbefugnissen ausgestattet ist.

Für eine wirksame Treuhandschaft sind mindestens folgende Voraussetzungen notwendig:

- Sie muss politisch möglichst unabhängig und darf nicht einseitig interessengeleitet sein.
- Sie ist kompetent und fachlich ausgewogen zu besetzen.
- Sie sollte eine hohe öffentliche Reputation genießen.

Unabhängigkeit meint, dass durch geeignete organisatorische und verfahrensrechtliche Mechanismen einem latenten Einfluss subjektiver oder externer Interessen entgegengewirkt wird. Abhängigkeiten können zum einen aufgrund politischer oder dienstlicher Weisungsgebundenheit entstehen, wie dies manchmal bei staatlichen Fachbehörden der Fall ist, die in die Hierarchie des Staatsapparates eingebunden sind. Im Falle von Treuhändern der Natur wäre eine zu starke Abhängigkeit fatal, da Rechte der Natur oft gegen Widerstände von Einzelpersonen oder Interessengruppen durchgesetzt werden müssen.

Als Beispiele für staatliche Institutionen, die keinen unmittelbaren politischen Weisungen unterworfen sind, sind das Bundeskartellamt oder die Europäische Zentralbank (Art. 130 AEVU) zu nennen. Ihre fachliche Unabhängigkeit ist gesetzlich garantiert. Nach § 51 Absatz 1 des Gesetzes über Wettbewerbsbeschränkungen ist das Bundeskartellamt eine selbstständige Bundesoberbehörde. Gemäß Art. 130 Satz 1 des Vertrages über die Arbeitsweise der Europäischen Union (AEUV) dürfen weder die Europäische Zentralbank noch die Mitglieder ihrer Beschlussorgane bei der Wahrnehmung ihrer Befugnisse, Aufgaben und Pflichten Weisungen von Organen, Einrichtungen oder sonstigen Stellen der Union, von Regierungen der Mitgliedstaaten oder anderen Stellen einholen oder entgegennehmen. Eine vergleichbare Unabhängigkeit müsste auch einer Institution eingeräumt werden, die die Rechte der Natur im Rahmen der staatlichen Entscheidungsprozesse wahrnimmt.

Neben der Ungebundenheit an politische Weisungen wäre eine sichere finanzielle Basis für eine Institution, die Sprachrohr der Natur ist, ein wichtiger Baustein. Eine indirekte Einflussnahme kann nämlich auch bei finanziellen Abhängigkeiten gegeben sein, wie man dies bei privaten Fachgutachtern bisweilen beobachten kann. Fachliche Bewertungsspielräume werden dann womöglich nicht objektiv ausgefüllt, sondern im Sinne des Auftraggebers genutzt.

Ein Vorbild in Bezug auf eine von der Tagespolitik unabhängige Finanzierung einer Institution, die verfassungsrechtlich garantierte öffentliche Aufgaben wahrnimmt, ist der öffentlich-rechtliche Rundfunk in Deutschland. Er ist nicht nur von politischen Weisungen unabhängig, sondern wird von allen Bürgerinnen und Bürgern direkt finanziert. Diese Finanzierung muss durch Gesetze in ausreichendem Umfang sichergestellt sein, damit der öffentlich-rechtliche Rundfunk seinen Auftrag erfüllen kann, die in Art. 5 Abs. 1 Satz 2 GG geschützte freie Meinungsbildung zu gewährleisten.[155] Anders als der öffentlich-rechtliche Rundfunk, der die Bevölkerung mit fundiert recherchierten Informationen versorgt, würde eine Treuhandschaft für die Natur zwar keine unmittelbar für die Bevölkerung nutzbare Dienstleistung erbringen. Sie würde aber einen unschätzbaren Beitrag für eine zukunftsfähige Entwicklung der Gesellschaft im Einklang mit der Natur leisten, zu der jede/r Einzelne einen kleinen Obolus beisteuern sollte. Eine Naturtreuhandschaft benötigt darüber hinaus auch eine wesentlich geringere finanzielle Ausstattung als die öffentlichen Rundfunkanstalten.

Organisatorisch und finanziell unabhängig zu sein, ist für eine treuhänderische Institution für die Rechte der Natur essenziell wichtig. In den gesellschaftlichen und politischen Diskurs hineinwirken und Einfluss auf staatliche und private Entscheidungen nehmen wird eine solche Institution allerdings nur dann, wenn sie in der öffentlichen Wahrnehmung eine ausreichende Autorität genießt. Eine Autorität, die in einer breiten Fachkompetenz, aber auch in der Integrität und politischen Neutralität seiner Vertreter wurzelt. Deshalb kommt der Frage, wer an der Spitze einer solchen Einrichtung stehen soll, herausragende Bedeutung zu.

Fachliche Kenntnisse und Erfahrung sollten bei der Auswahl der Personen eine Rolle spielen. Wenn verschiedene staatliche oder zivilgesellschaftliche Stellen an ihrer Ernennung mitwirken, könnte dies ebenfalls zu einer höheren Akzeptanz beitragen. Eine zeitliche Begrenzung der Amtszeit wäre ein weiteres Element, das eine zu starke Position einzelner Personen verhindern kann.

Vorbild hierfür könnte die Ernennung der Richterinnen und Richter des Bundesverfassungsgerichts sein. Sie werden je zur Hälfte vom Bundestag und vom Bundesrat gewählt, wobei ein Teil der Richterschaft aus dem Kreis der Bundesrichterinnen und -richter stammen muss. Im öffentlich-rechtlichen Rundfunk wird der Einfluss der Politik dadurch beschränkt, dass den Rundfunkräten, welche die Leitenden der Rundfunkanstalten wählen, Vertreterinnen und Vertreter verschiedenster gesellschaftlicher Gruppen angehören.

Bleibt die Frage, ob eine Einzelperson das »Gesicht« dieser Institution bilden oder sie durch mehrere Personen repräsentiert werden sollte. In Anlehnung an Beauftragte einzelner Bundesministerien oder des Bundestages für bestimmte Themenfelder könnten Einzelpersonen, etwa in Gestalt einer Ombudsperson, als Treuhänder für die Natur berufen werden. Angesichts der Aufgabenfülle einer Institution, die die Rechte der Natur in Gesetzgebungs-, Verwaltungs- und Gerichtsverfahren vertreten soll, wäre es jedoch nicht sachgerecht, nur eine einzige Person mit diesem Amt zu betrauen. Vorteilhafter wäre es, ein Gremium zu bilden und dabei darauf hinzuwirken, dass durch eine gewisse Heterogenität insgesamt eine möglichst hohe fachliche und politische Ausgewogenheit gewährleistet ist.

Eine Treuhandschaft für die Rechte der Natur muss trotz ihrer fachlichen und politischen Unabhängigkeit in das gesellschaftliche Leben eingebunden sein. Sie darf nicht im wissenschaftlichen Elfenbeinturm sitzen. Eine abgehobene, praxisferne Institution würde den Rückhalt in Politik und Gesellschaft verlieren.

Diese Rückbindung in die Gesellschaft hinein könnte auf verschiedene Weise aufgebaut und verfestigt werden. Man könnte etwa Auskunftsansprüche von Bürgerinnen und Bürgern über ihre Tätigkeit gesetzlich verankern. Man könnte auch Beiräte bilden, die die Institution beraten.

Weder die Zentralbank noch das Bundesverfassungsgericht oder die öffentlich-rechtlichen Rundfunkanstalten können als Blaupause für eine Treuhandschaft für die Natur herangezogen werden. Die genannten Beispiele sollen lediglich aufzeigen, mit welchen Mitteln man politische und fachliche Unabhängigkeit und eine darauf aufbauende gesellschaftliche Autorität erreichen könnte.

Konkrete Vorschläge

Das ökologische Grundgesetz von Jens Kersten

Der Rechtswissenschaftler Jens Kersten[156] schlägt vor, einen Rat für ökologische Entwicklung in der Verfassung zu verankern. Dieser Rat soll beim Bundespräsidenten angesiedelt sein, der ihn nach Maßgabe eines Gesetzes beruft. Der Rat für ökologische Entwicklung wäre nach Vorstellung von Kersten aber kein gewähltes Verfassungsorgan, sondern würde den Bundespräsidenten als unabhängiges Gremium in der öffentlichen Diskussion unterstützen. Er hätte darüber hinaus die Befugnis, Gesetzesinitiativen in den Bundestag einzubringen.[157] Kersten knüpft bei seinen Überlegungen an ein Modell an, das im Zuge der Verfassungsreform nach der deutschen Einheit vom Kuratorium für einen demokratisch verfassten Bund deutscher Länder zur Diskussion gestellt wurde. Der Ökologische Rat sollte nach Vorstellungen des Kuratoriums vor allem an der Gesetzgebung im Bund und in den Bundesländern mitwirken, indem er zu Gesetzesvorlagen auf Bundesebene Stellung nimmt. Er sollte auch die Aufgabe haben, Gutachten zu ökologischen Fragen zu erstellen.[158]

Derartige Kompetenzen möchte Kersten seinem Rat für ökologische Entwicklung nicht zusprechen und damit dem Einwand vorbeugen, ein solches Gremium schwäche mangels demokratischer Legitimation die repräsentative Demokratie. Das Argument, ein solcher ökologischer Rat sei ein Fremdkörper in dem ausbalancierten System der Gewaltenteilung zwischen Parlament, Regierung und Justiz, erscheint jedoch nicht stichhaltig. Im Gegenteil wäre eine für die Rechte der Natur (und der künftigen Generationen) eintretende Institution eine wichtige Ergänzung zu dem bisherigen System der Gewaltenteilung. Die heutige Balance der politischen und gesellschaftlichen Kräfte wird sowieso nicht allein von den klassischen drei Säulen der Gesetzgebung, Verwaltung und Rechtsprechung hergestellt. Zusätzlich übt auch die freie Presse eine Art Wächterfunktion aus und wird deshalb mitunter als »vierte Gewalt« bezeichnet.

Was die Stellungnahme zu Gesetzesinitiativen angeht, ist es bereits jetzt üblich, dass der Bundestag zu komplexen Themen Anhörungen von Expertinnen und Experten durchführt. Von der Politik berufene Gremien aus Fachleuten üben einen wachsenden Einfluss auf die Gesetzgebung aus. Beispielsweise setzte die Bundesregierung eine Kommission ein, die Vorschläge für staatliche Hilfen wegen der explodierenden Gaspreise ausarbeiten sollte (»Gaspreisbremse«). Diese Empfehlungen sind dann von der Regierung und vom Bundestag in großen Teilen übernommen worden.[159]

Solange eine Institution, die die Rechte der Natur vertritt, nicht in der Gesetzgebung mit*entscheidet*, sondern mit*wirkt*, indem sie zu Gesetzen, die die Rechte der Natur oder das ökologische Staatsprinzip berühren, Stellung nimmt, widerspricht dies nicht der rechtsstaatlichen Gewaltenteilung.[160] Ferner wäre es denkbar, in gerichtlichen Verfahren einer privaten Klagepartei oder einer Umweltvereinigung das Recht einzuräumen, diese Institution als Beteiligte beizuziehen. Schließlich sollte der Institution unter bestimmten Voraussetzungen auch das Recht zustehen, ein Bundes- oder Landesgesetz zur verfassungsgerichtlichen Prüfung zu stellen.

Zusätzlich zu einem Rat für ökologische Entwicklung plädiert Kersten dafür, bei mehreren Verfassungsorganen Vertreter von Interessen der Natur anzusiedeln, angefangen von einem Bundestagsausschuss für Natur und einem Naturbeauftragten im Deutschen Bundestag über eine ökologische Kammer im Bundesrat bis zu einem Vetorecht eines Bundesministers für Natur.[161] Da ökologische Fragen als Querschnittsaufgabe in der Tätigkeit aller Verfassungsorgane zu berücksichtigen sind, klingt dieser umfassende Ansatz auf den ersten Blick plausibel.

Gegen eine Aufteilung einer ökologischen Treuhandschaft auf mehrere Institutionen spricht andererseits, dass jede dieser Institutionen ein Eigenleben entwickelt und im politischen Diskurs gehört werden will. Nehmen wir an, es soll eine neuartige, mit Umweltrisiken behaftete Technologie zugelassen werden, zu der ein beim Bundespräsidenten angesiedelter Rat für ökologische Entwicklung eine andere Position vertritt als der Ausschuss für Ökologie im Bundestag oder der/die Naturbeauftrage des Bundestages. Das Gewicht dieser Stimmen würde durch Meinungsverschiedenheiten, für die es durchaus gute Gründe geben kann, in der öffentlichen Diskussion erheblich geschwächt. Im politischen Meinungskampf würden diese Differenzen von denjenigen ausgenutzt werden, die kein Interesse an einer Rechtsordnung der Rechtsgemeinschaft mit der Natur haben.

Auch folgenden Einwand gilt es zu bedenken: Verfassungsorgane, die bei der Bundesregierung oder dem Bundestag angesiedelt sind, wie ein Ausschuss für Natur, ein Naturbeauftragter oder ein mit einem Vetorecht ausgestatteter Bundesminister für Natur, sind nur so gut wie die Personen, die diese Funktion ausfüllen. Eine parlamentarische Mehrheit und eine von ihr eingesetzte Regierung, die die Rechte der Natur gering schätzt, könnte geneigt sein, nur solche Personen in die betreffenden Gremien bzw. Positionen zu berufen, die deren politische Grundauffassung teilen oder sogar aktiv unterstützen. Die »ökologischen« Verfassungsorgane wären dann Scheininstitutionen, die ihren Auftrag nicht effektiv erfüllen könnten.

Naturschutzanwaltschaft in Vorarlberg (Österreich)

Ein interessantes, in Richtung auf eine treuhänderische Wahrnehmung von Rechten der Natur weiterzuentwickelndes Modell ist auch die Naturschutzanwaltschaft in Vorarlberg (Österreich). Sie hat die Aufgabe, an umweltrelevanten behördlichen Verfahren teilzunehmen, und kann in begrenzten Fällen auch Klage erheben.[162] Außerdem berät sie Bürgerinnen und Bürger in Fragen des Umweltschutzes. Ihre Mitglieder werden nicht vom Staat bestellt, sondern von Nichtregierungsorganisationen gewählt, die sowohl aus dem Kreis der Naturschutzverbände im engeren Sinne als auch der »Nutzerverbände« (Jagd, Fischerei, Alpenverein) stammen. Dadurch ist gewährleistet, dass sich große Teile der Bevölkerung von dieser Einrichtung repräsentiert sehen können.

Die Schwäche der vorarlbergischen Naturschutzanwaltschaft liegt in ihrer unzureichenden Kompetenz: Sie hat nur begrenzte Mitwirkungs- und

Klagerechte[163] und ist auf die Beteiligung in dem Bundesland Vorarlberg beschränkt.

Der ökologische Senat

Meines Erachtens wäre eine einzige und vom politischen Tagesgeschäft unabhängige Institution am besten als Treuhänderin für die Rechte der Natur und das ökologische Grundprinzip geeignet. Sie müsste in der Verfassung verankert werden und die Stellung eines Verfassungsorgans haben. Denn gerade in Krisenzeiten sind Institutionen, die unpopuläre Ansichten vertreten und einer die Rechte der Natur missachtenden Regierung in den Arm fallen könnten, der Gefahr ausgesetzt, vom Gesetzgeber »kaltgestellt« oder gar abgeschafft zu werden. Eine in der Verfassung verankerte Institution würde zudem nicht nur als Vertreterin bestimmter gesellschaftlicher Gruppen (Stakeholder) wahrgenommen, sondern als gesamtgesellschaftlich unverzichtbare Einrichtung.

Eine Naturanwaltschaft, ein Umweltsenat oder ein Ökologischer Rat – wie auch immer man die Institution benennen mag – muss auf Bundesebene angesiedelt sein. Denn die wichtigsten Umweltgesetze werden auf Bundesebene verabschiedet. Ihre Befugnisse sollten über diejenigen von herkömmlichen Regierungsbeauftragten oder Sachverständigengremien wie dem Sachverständigenrat für Umweltfragen[164] hinausgehen.

Ein Modell für eine institutionelle Vertretung für die Rechte der Natur – ich nenne sie im Folgenden Ökologischer Senat – könnte beispielsweise folgendermaßen aussehen:

- ein Gremium aus sieben oder neun Personen aus verschiedenen Fachdisziplinen,
- gewählt für acht Jahre von einem Wahlausschuss, der zur Hälfte aus Mitgliedern des Deutschen Bundestages gemäß seiner jeweiligen Sitzverteilung und zur Hälfte aus Vertretern der Zivilgesellschaft besteht,
- ausgestattet mit einem ausreichenden Verwaltungsapparat, der nicht nur aus dem Bundeshaushalt, sondern zu einem gewissen Anteil auch direkt von der Bevölkerung finanziert wird.[165]

Der Ökologische Senat wäre von der Bundesregierung und dem Bundestag vor der Beratung über ein Gesetzesvorhaben anzuhören, wenn das Gesetz nachteilige Auswirkungen auf die Rechte der Natur oder das ökologische Grundprinzip haben kann. Hat der Ökologische Senat Bedenken gegen ein Gesetzesvorhaben, müsste seine Stellungnahme dem Bundestag vor der Beschlussfassung über das Gesetz vorgelegt werden. Ein Anhörungsrecht sollte dem Ökologischen Senat auch in Bezug auf Gesetzesvorhaben der Europäischen Union und die damit einhergehende Position der Bundesregierung eingeräumt werden.

Man kann nicht leugnen, dass sehr viele Gesetzesvorhaben, insbesondere aus dem Bereich des Wirtschaftslebens oder des Steuerrechts, unmittelbar oder mittelbar die Rechte der Natur und/oder das ökologische Grundprinzip berühren können. Aus diesem Grunde wäre es, wie von Kersten vorgeschlagen, sinnvoll, zusätzlich eine Institution mit Sitz beim Bundestag oder bei der Bundesregierung einzurichten, die eine Art Filterfunktion erfüllen und den Ökologischen Senat auf mögliche kritische Gesetzgebungsvorhaben frühzeitig aufmerksam machten könnte.

Der Ökologische Senat sollte das Recht haben, das Bundesverfassungsgericht anzurufen, wenn er der Meinung ist, dass ein Gesetz gegen die Rechte der Natur und das ökologische Grundprinzip verstößt.

Weiterhin könnte der Ökologische Senat in gerichtlichen Verfahren als eine Art amtlicher Sachverständiger von Prozessbeteiligten oder vom Gericht beigezogen oder um fachlichen Rat angefragt werden. Die gesetzlichen Prozessordnungen wie die Verwaltungsgerichtsordnung und die Zivilprozessordnung müssten um entsprechende Regelungen ergänzt werden.

Wenn ein Ökologischer Senat errichtet würde, sollten andere mögliche Personengruppen nicht von einer treuhänderischen Tätigkeit für die Rechte der Natur ausgeschlossen werden. Umweltverbände sollten die Rechte der Natur weiterhin außergerichtlich und gerichtlich geltend machen können. Privatpersonen sollte ebenfalls unter bestimmten Vorgaben eine Treuhandschaft für die Natur eröffnet werden.

Vertreter für bestimmte Naturelemente

Neben einem Ökologischen Senat als unabhängigem politischen Organ könnten Treuhänder oder Vertreter der Natur auch für eine konkrete Naturlandschaft eingesetzt werden. Eine solche Institution wäre zuständig, die Rechte der Natur in einem bestimmten Territorium zu wahren und zu verteidigen. Diesen Weg ging das Königreich Spanien, als es im Jahr 2022 die Meereslagune Mar Menor zur Rechtspersönlichkeit erhob.

Art. 3 dieses Gesetzes überträgt die Vertretung und Verwaltung der Lagune Mar Menor drei Gremien, nämlich einem Repräsentantenausschuss, einer Überwachungskommission als Hüterin der Lagune Mar Menor und einem wissenschaftlichen Ausschuss. Der Repräsentantenausschuss setzt die für das Gebiet geltenden rechtlichen Regelungen fest, die Überwachungskommission setzt diese Regeln durch. Beraten werden beide Gremien von einer wissenschaftlichen Fachkommission.

Ob sich dieses Modell in der Praxis bewährt, muss sich zeigen, zumal die Kompetenzen im Verhältnis zu den bestehenden staatlichen Institutionen offenbar nicht ganz klar sind. Trotzdem oder gerade deshalb kann das Experiment Mar Menor unverzichtbare und wertvolle Erkenntnisse liefern, welche Institutionen sich als Treuhänder und Vertreter von Rechten der Natur bewähren und welche sich als untauglich erweisen.[166]

Eine Treuhandschaft für die Rechte der Natur in einem umgrenzten Gebiet wäre auch im Rahmen einer lokalen Verantwortungsgemeinschaft für die Natur vorstellbar. Auf diese Idee werde ich im Kapitel 10 zurückkommen.

Kapitel 9

Einbindung von Eigenrechten der Natur in die Rechtsordnung

Ebene der rechtlichen Verankerung

Wesentliches Merkmal des demokratischen Rechtsstaates heutiger Prägung ist die Gewaltenteilung, in den USA als »checks and balances« bezeichnet: Die wesentlichen Grundentscheidungen trifft das Parlament, indem es allgemeingültige Gesetze verabschiedet. Der Gesetzgeber wiederum ist durch die Vorgaben der Verfassung gebunden. Das Verfassungsgericht hat die Befugnis, den Gesetzgeber zu kontrollieren. In Deutschland gibt das Grundgesetz den Bürgerinnen und Bürgern mit der Verfassungsbeschwerde ein mächtiges Instrument in die Hand, um die Einhaltung von Grundrechten einzufordern.

Ob subjektive Rechte kraft Gesetzesrechts oder in Vorschriften bestehen, die auf der Grundlage von Gesetzen erlassen wurden, oder ob sie von der Verfassung eingeräumt werden, macht einen großen Unterschied. Denn verfassungsrechtlich garantierte Rechte in Gestalt von Grundrechten dürfen vom Gesetzgeber nicht übergangen bzw. nur innerhalb des durch die Verfassung gesetzten Rahmens ausgestaltet werden. Die Grundrechte umreißen in groben Linien den Freiraum des Einzelnen. Diese Grundfreiheiten stehen nach dem Idealbild der Aufklärung unter dem Vorbehalt einer möglichst großen Gesamtfreiheit aller. Der Staat regelt die Freiheitssphären der innerhalb seines Staatsgebietes lebenden und wirkenden Menschen durch Gesetz. Art. 4 der Erklärung der Menschenrechte von 1789 wirkt dabei als Vorbild und Vorläufer des Verfassungsauftrages, die Grundrechte des Einzelnen innerhalb der sozialen Gemeinschaft zu achten und zu schützen. Der Mensch soll innerhalb der ihm zugewiesenen Freiheitsräume selbst entscheiden können, wo er wohnen will, mit wem er sich verbinden will, welchen Beruf er ergreifen will. Das grundlegendste Recht ist das Recht auf Leben und körperliche Unversehrtheit, denn es ermöglicht erst die Ausübung der übrigen

Grundrechte wie die Nutzung von Besitz und Eigentum, die Meinungsfreiheit, die Freiheit, sich mit anderen zusammenzuschließen usw.

Nimmt man gemäß den Ausführungen in Kapitel 3 an, dass das Verhältnis zwischen der menschlichen Zivilisation und der Natur insgesamt neu geregelt werden sollte, so kann dies nur auf der Ebene der Verfassung geschehen. Denn der Schritt von einer Verfassung, die ausschließlich die menschliche Gesellschaft im Blick hat und die Natur nur als jederzeit verfügbares Objekt betrachtet, zu einer Verfassung, die die menschliche Zivilisation als integralen Teil eines ökologischen Gesamtsystems sieht, das bewahrt werden muss, ist so fundamental, dass er nicht in einer verfassungsrechtlichen Randnotiz oder in einfachen Parlamentsgesetzen abgehandelt werden darf, die nach politischem Belieben geändert werden können.

In einer ökologischen Rechtsordnung müssen deshalb das ökologische Grundprinzip und die Rechte der Natur als Grundrecht in der Verfassung verankert werden. Da die Natur die Basis für jegliches menschliches Dasein bildet, sollte das ökologische Grundprinzip den gleichen Rang erhalten wie das Demokratie- und das Rechtsstaatsprinzip. Die Rechte der Natur sollten ebenso wie die Menschenwürde die Grundlage einer humanen Gesellschaftsordnung bilden.

Die Eigenrechte von Naturrechtssubjekten sollten eigenständig in der Verfassung umrissen werden. Der Vorschlag von Kersten, die Grundrechte des Menschen sinngemäß auf Naturelemente anzuwenden,[167] begegnet insofern Bedenken, als sich der Mensch von nichtmenschlichen Lebewesen eben doch in einer wesentlichen Fähigkeit unterscheidet: Der Mensch ist in der Lage – und praktiziert dies auch –, sich ständig selbst zu betrachten, das eigene Verhalten zu bewerten und an moralischen Maßstäben und eigenen Vorstellungen zu messen. Diese besondere Fähigkeit ist der Kern menschlichen Wesens und spiegelt sich inhaltlich in den Grund- und Menschenrechten wider. Man kann zwar in Bezug auf Art und Inhalt der Eigenrechte der Natur bestimmte Grundgedanken menschlicher Rechte aufnehmen und transformieren. Dies ohne jegliche Vorgaben in der Verfassung ausschließlich dem Gesetzgeber zu überlassen, birgt aber die Gefahr, dass die Rechte der Natur in der tagespolitischen Auseinandersetzung »vermenschlicht« werden.

Es kann auch nicht Aufgabe der Gerichtsbarkeit sein, eine solche verfassungsrechtliche Lücke zu füllen. Die Verwaltungsgerichtsbarkeit erfüllt im Rechtsstaat die Aufgabe, im Einzelfall zu prüfen, ob die Behörden die Gesetze richtig angewendet haben. Mithilfe der Zivilgerichte können zivilrechtliche Rechtsansprüche mittels des staatlichen Gewaltmonopols durchgesetzt werden. Die Gerichte sind aber überfordert, fehlerhaftes oder unzureichendes politisches Handeln zu korrigieren oder gar zu ersetzen. Würde man mit der Aufnahme von Rechten der Natur in die Verfassung die Hoffnung verbinden, man hätte damit einen juristischen Hebel in der Hand, um die Regierung oder den Gesetzgeber zu einem bestimmten Handeln zu zwingen, wäre dies verfehlt. Wie erwähnt, sind Gerichte keine Gesetzgeber. Würden sie sich in diese Rolle begeben, würden sie das Prinzip der Gewaltenteilung unterlaufen. Sie würden politischen Strömungen Auftrieb geben, die aus ganz anderen Motiven heraus danach streben, die Justiz zu entmachten.

Wenn Gerichte in Lateinamerika oder Indien Rechte der Natur eigenmächtig mit Inhalt füllen, mag dies, gemessen an rechtsstaatlichen Maßstäben in Europa, die Befugnisse der Justiz im Rahmen der Gewaltenteilung überschreiten. Oft ist diese vorgebliche Eigenmächtigkeit aber der Untätigkeit der Gesetzgebung in diesen Ländern geschuldet. Bis heute gibt es beispielsweise in Ecuador kaum vom Parlament beschlossene Umweltgesetze. Es ist verständlich, dass das ecuadorianische Verfassungsgericht versucht, diese Lücke zumindest partiell zu schließen, um den Vorgaben der Verfassung im realen Leben Geltung zu verschaffen.

Dies würde auch das Bundesverfassungsgericht vermutlich so handhaben und hat dies in einzelnen Fällen in der Vergangenheit auch praktiziert, wenn der Gesetzgeber nicht die notwendigen gesetzlichen Regelungen erlassen hat, um einen effektiven Vollzug der Grundrechte im Rechtsalltag zu gewährleisten.[168] In der Ordnung des Grundgesetzes bildet dies jedoch die Ausnahme, so sollte es auch bleiben.

Grundrechte haben eine doppelte Funktion: Sie setzen einerseits staatlichen Eingriffen in die Rechtssphäre des Einzelnen Grenzen. Gegen solche Eingriffe kann man sich mit rechtlichen Mitteln wehren, notfalls mit einer Verfassungsbeschwerde. Andererseits verpflichten Grundrechte den Staat, Maßnahmen zu ergreifen, um die Ausübung des Grundrechtes auch tatsächlich zu ermöglichen. Mit welchen Mitteln und in welchem Umfang der Staat seiner Schutzpflicht nachkommt, schreibt die Verfassung aber nicht vor. Das ist Aufgabe des Gesetzgebers, der dabei einen weiten Einschätzungs- und Gestaltungsspielraum besitzt.[169]

Subjektive Rechte in Form von konkreten Rechtsansprüchen folgen aus den Gesetzen, die auf der Grundlage der Verfassung erlassen werden. Die gesetzlichen Tatbestände, die im Verhältnis zu Privatpersonen subjektive Rechte verleihen, sind vor allem im Bürgerlichen Gesetzbuch (BGB) enthalten. Rechte im Verhältnis zu staatlichen Institutionen lassen sich aus den Verwaltungs- und Sozialgesetzen herleiten.

Es bleibt deshalb vorrangig Aufgabe des demokratischen Gesetzgebers, die Rechte der Natur in die Rechtsordnung gemäß den Vorgaben der Verfassung einzubinden. Wenn die Rechte der Natur in der Verfassung verankert werden, ist es Aufgabe des Gesetzgebers, ein »Gesetz über die Rechte der Natur« zu erlassen, in dem geregelt ist, welche Naturelemente Rechte erhalten sollen, welchen Inhalt und welches Gewicht sie besitzen, welche Verfahrensrechte daraus erwachsen und wer diese Rechte geltend machen kann. Damit die Eigenrechte der Natur in der Gesetzgebung ausreichend Gehör finden, müssen starke Institutionen geschaffen werden, die der Natur im demokratischen Prozess eine Stimme verleihen. Gleiches gilt für die konkrete Ausgestaltung des ökologischen Grundprinzips.

Das geltende Umweltrecht kennt eine Vielzahl rechtlicher Instrumente, die von ordnungsrechtlichen Verboten und Geboten über staatliche Planungen, finanzielle Anreize bis zur Eigenüberwachung von Anlagenbetreibern reichen. Welche dieser Wege das Parlament beschreitet, muss auf demokratischem Wege ausgefochten werden.

Eine grundsätzliche Schwierigkeit bleibt, die von einer nationalstaatlichen Verfassung nicht bewältigt werden kann: Da die Biosphäre auf der Erde aufgrund der engen Vernetzungen der abiotischen und biotischen Faktoren global zu bewahren ist, erscheint die nationalstaatliche Ebene für eine rechtliche Neuordnung zu klein. Ein schlagendes Gegenargument ist der Verweis auf die globale Dimension allerdings nicht. Das hat das Bundesverfassungsgericht in seinem Klimabeschluss bekräftigt: Der Umstand, dass die Klimaerwärmung nur auf internationaler Ebene bekämpft werden kann, lässt die staatliche Pflicht zu Maßnahmen im eigenen Land nicht nur unberührt, sondern erweitert sie sogar dahingehend, dass auch auf internationaler Ebene auf Lösungen hinzuwirken ist.[170]

Aus diesem Grund sollte man auch in Bezug auf die Eigenrechte der Natur nicht auf globale Lösungen warten, sondern selbst voranschreiten, um auch andere Länder zu ermuntern, in ihren Rechtsordnungen gemäß ihrem verfassungsrechtlichen Verständnis das Verhältnis zur Natur neu zu ordnen.

Ausgestaltung der Rechte der Natur durch die Gesetze

Grob umrissen habe ich die Eigenrechte von Naturelementen als Recht auf Sicherung der für den Erhaltungszustand der jeweiligen Naturelemente notwendigen Umweltbedingungen einschließlich eines angemessenen Freiraums für dessen Evolution (Existenz- und Entwicklungsrecht) umschrieben. Außerdem habe ich die Umrisse eines Natureigentums skizziert. Diese Rechte können dann auf verschiedene Art und Weise in den Gesetzen konkretisiert werden.

Grundsätzlich muss man dabei zwischen dem Privatrecht und dem öffentlichen Recht unterscheiden. Das öffentliche Recht (Verwaltungsrecht) regelt rechtliche Beziehungen zwischen staatlichen Institutionen (Behörden) und privaten Rechtspersonen (oder auch anderen Behörden). Die öffentlichen Gesetze haben oft eine doppelte Funktion: Sie schreiben einerseits vor, dass man bestimmte Dinge nur tun darf, wenn eine staatliche Behörde sie vorher erlaubt hat. Man darf zum Beispiel nicht irgendwo und nach eigenem Belieben auf einem Stück Land ein Haus bauen. Ob und wie man bauen darf, wird in den Baugesetzen vorgeschrieben. Man muss in der Regel vorher ein Genehmigungsverfahren durchlaufen und hat die verschiedensten Vorgaben für Ausmaß, Fläche und Nutzungsart zu beachten. Andererseits hat man dann, wenn das Bauvorhaben allen öffentlichen Vorschriften entspricht, auch einen Anspruch, d. h. ein Recht darauf, bauen zu dürfen. Das Recht, eine Baugenehmigung zu bekommen, kann man als Teilhabe- oder Leistungsrecht bezeichnen.

Die Vorschriften, welche das Genehmigungsverfahren und die inhaltlichen Vorgaben für das Bauen regeln, sind Gesetze, die etwas schützen sollen: erstens das sogenannte Allgemeinwohl. Das sind Belange, die allen Menschen gemeinsam dienen sollen: dass die Landschaft nicht völlig zersiedelt wird, dass keine Gefahren von dem Gebäude für Bewohner und Nachbarn ausgehen, dass Überschwemmungsgebiete erhalten werden usw.

Andere Menschen, die mit dem Bauvorhaben nicht einverstanden sind und sich dagegen mit juristischen Mitteln wehren, können sich aber nicht auf sämtliche dieser Schutzgesetze berufen. In der deutschen Rechtsordnung können sie das Tun eines anderen, das eine Behörde genehmigt hat, nur verhindern, wenn gegen eine Vorschrift verstoßen wird, die (auch) ihre eigenen Belange schützen soll. Man spricht dabei von einer »drittschützenden Norm«. Ob eine Vorschrift drittschützend ist, ob man aus ihr ein Abwehrrecht ableiten kann, ist manchmal aus dem Gesetz nicht direkt erkennbar. Man muss es sich aus dem Wortlaut, aus dem Zusammenhang der Vorschriften oder aus den Beratungen des Parlaments erschließen.

Für die Rechte von Naturelementen würde sich an dieser Grundstruktur nichts ändern. Der Gesetzgeber müsste festlegen, welche Gesetze naturschützend wirken, ähnlich wie drittschützende Normen. Oder die Gerichte müssten dies durch Auslegung ermitteln, indem sie etwa Gesetze im Lichte der in der Verfassung verankerten Rechte der Natur interpretieren und anwenden. Wie wirksam sich die Rechte der Natur im Verwaltungsrecht erweisen, hängt in erster Linie vom Inhalt der Gesetze ab, die die Parlamente beschließen.

An der Art und Weise, wie Rechte der Natur bei Entscheidungen von Behörden eingefordert werden können, ändert sich in der bisherigen Form nichts Grundlegendes. Deshalb sind die Rechte der Natur aber nicht entbehrlich. Denn Grundrechte der Natur in der Verfassung fordern ein Umdenken im Selbstverständnis des Menschen gegenüber der nichtmenschlichen Natur ein. Sie verlangen eine Integration der menschlichen Zivilisation in die Biosphäre in Gestalt einer dauerhaften Koexistenz.

Diesem fundamentalen Wandel in der Rechtskultur müsste der demokratische Gesetzgeber dadurch Rechnung tragen, dass er seine Gesetze inhaltlich auf das ökologische Grundprinzip und die Rechte der Natur ausrichtet. Wie weitreichend derartige naturschützende Rechte gesetzlich gefasst werden, ist keine rechtstechnische, sondern eine politische Fragestellung.

Dass sich Abwehrrechte, die auf die Vermeidung oder Verminderung menschlicher Eingriffe in die Natur abzielen, aus dem verfassungsrechtlichen Existenz- und Entwicklungsrecht sowie dem kollektiven Eigentumsrecht der Natur ableiten lassen, ist ohne Weiteres eingängig. Ob sich aus einem solchen verfassungsrechtlichen Eigenrecht der Natur auch Ansprüche auf aktive Maßnahmen zur Erhaltung oder Wiederherstellung ergeben könnten, ist differenziert zu beantworten.

Jedenfalls dann, wenn eine konkrete Tätigkeit die Natur rechtswidrig geschädigt hat, ist ein Wiederherstellungsanspruch gerechtfertigt. Insofern kann man an den Schadensersatzanspruch in § 249 BGB anknüpfen, der grundsätzlich eine Restitution »in Natur« verlangt.

Davon abgesehen, muss man sich aber im Klaren sein, dass jede aktive Maßnahme zur Erhaltung einer Art oder einer Lebensgemeinschaft andere Arten benachteiligen kann. Wenn etwa Wacholderheiden von Bäumen und Gehölzen freigestellt werden, um wärmeliebende Pflanzen- und Insektenarten zu fördern, werden zwangsläufig Arten verdrängt, die dichteren Bewuchs bevorzugen. Bei subjektiven Rechten von Arten und Biotopen sollte man Erhaltungs- und Wiederherstellungsrechte nur dann gesetzlich zusprechen, wenn das betreffende Naturelement in seinem Fortbestand gefährdet ist. Derartige Ansprüche können sich aber sinnvollerweise nur gegen den Staat bzw. öffentliche Träger richten und nicht gegen Privatpersonen. Denn Erhaltungs- und Wiederherstellungsmaßnahmen sind meist fachlich kompliziert und benötigen ein ausreichend großes finanzielles Budget.

Grundrechte des Menschen werden nicht nur durch Vorschriften geschützt, die ein bestimmtes Verhalten gebieten oder verbieten oder die bestimmte Rechtspositionen garantieren. Der Zugang zum Recht, die Mitwirkung an rechtlichen Verfahren ist genauso wichtig. Deshalb müssen die Rechte der Natur auch durch Verfahrensvorschriften geschützt werden, die gewährleisten, dass diese Rechte in Verwaltungsverfahren und Gerichtsverfahren geltend gemacht werden können.

Die Überwindung der mechanistischen Sichtweise als Maßstab im Umgang mit der Natur

Unsere Rechtsordnung ist getragen von dem Gedanken, dass ein Ereignis oder ein Geschehensverlauf auf eine oder mehrere Ursachen zurückgeht, die sich prinzipiell ermitteln lassen. Das beruht auf der Grundannahme, ein bestimmter Zustand in Bezug auf eine Sache oder eine Person lasse sich geradlinig zurückverfolgen oder für die Zukunft voraussagen. Diese Denkweise mag im Strafrecht ihre Berechtigung haben. Eine Strafe kann nur verhängt werden, wenn ein oder mehrere Täter/Täterinnen durch ihr Verhalten eine strafwürdige Folge ausgelöst haben.

Auch im Zivilrecht spielt der Ursachenzusammenhang zwischen einem Verhalten und einer Folge (meist ein Schadensereignis) eine entscheidende Rolle. Schadensersatz bekommt man nur, wenn man beweisen kann, dass finanzielle, gesundheitliche oder sonstige Nachteile durch ein Verhalten eines anderen verursacht wurden. Viele Schadensersatzklagen scheitern an dieser Voraussetzung, vor allen Dingen im Falle von Gesundheitsschäden. Denn Erkrankungen haben oft komplexe Ursachen, die sich nicht auf einen einzelnen Auslöser zurückverfolgen lassen. Medizinische Sachverständige können nur Wahrscheinlichkeiten angeben, die Justiz verlangt aber eine »an Sicherheit grenzende Wahrscheinlichkeit« für einen Ursachenzusammenhang.

In Bezug auf die Natur ist eine solche eindimensionale Denkweise, die sich an das zu Zeiten Descartes' entworfene mechanistische Weltbild anlehnt, überholt. In den letzten einhundert Jahren hat die Wissenschaft bei der Erforschung komplexer Systeme große Fortschritte gemacht. Zu diesen Systemen zählen insbesondere lebende Systeme, vom Individuum über Ökosysteme bis zur Biosphäre, aber auch komplexe physikalische Systeme wie das weltweite Klimageschehen. Man hat erkannt, dass sich lebende Systeme in einem Wechselspiel vorbestimmter und unvorhersehbarer Abläufe entwickeln. Auf Phasen festgelegter Entwicklung folgen chaotische Situationen, die sich dann in einer neuen Ordnung stabilisieren. Die präzise Gestalt von Individuen ist ebenso wenig berechenbar wie die Entwicklung von natürlichen Lebensgemeinschaften, weil kleinste Differenzen zu Beginn der Entwicklung Einfluss auf das spätere Entwicklungsstadium haben.[171] Diese Erkenntnisse haben sich allerdings im Rechtssystem bisher nur ansatzweise niedergeschlagen. Das gilt auch für das Umweltrecht.

Auswirkungen menschlicher Vorhaben und Projekte lassen sich wegen der komplexen Zusammenhänge nicht exakt berechnen, sondern nur mit einer gewissen Wahrscheinlichkeit prognostizieren.

Bei möglichen Beeinträchtigungen europäischer Schutzgebiete (Flora-Fauna-Habitat-Gebiete und Vogelschutzgebiete) schreibt das Gesetz eine

Verträglichkeitsprüfung vor, die streng genommen eine Verträglichkeitsprognose ist. An diese Prognose stellt die Rechtsprechung hohe Anforderungen: Sie muss allgemeine Standards der »besten einschlägigen wissenschaftlichen Erkenntnisse« einhalten.[172] Doch selbst dann bleiben Unsicherheiten. Denn komplexe Prozesse lassen sich nicht eindeutig vorausberechnen.

Die Rechtsprechung reagiert auf derartige Unsicherheiten über Wirkungszusammenhänge in der Natur, die sich auch bei Ausschöpfung der einschlägigen Erkenntnismittel nicht ausräumen lassen, dadurch, dass sie die gerichtliche Überprüfung einer Behördenentscheidung an diesem Punkt zurücknimmt: Es genügt ihr, wenn die Prognosen mit plausiblen Schätzungen arbeitet und die Unsicherheiten kenntlich macht. Außerdem verlangt sie ein »Risikomanagement«.[173]

Ein solcher Umgang mit Unsicherheiten kann aber in einer ökologischen Rechtsordnung nicht das letzte Wort sein. Der Begriff des Risikomanagements ist irreführend, denn er unterstellt, dass unvorhersehbare Entwicklungen vom Menschen beherrscht werden können. Die Natur ist aber keine Fabrik, die man durch technische Maßnahmen nach eigenen Vorstellungen laufen lassen kann.[174] In der Vergangenheit hat sich immer wieder gezeigt, dass Vorhersagen über die Umweltfolgen eines Vorhabens fehlgingen. Solche Folgen nachträglich einzufangen und zu reparieren, ist oftmals nicht möglich oder mit einem enormen Aufwand verbunden.

In einer Rechtsgemeinschaft mit der Natur müssen auch unwahrscheinliche, aber für die betroffenen Naturelemente und für die Biosphäre insgesamt gravierend nachteilige Szenarien transparent gemacht werden. Sind erhebliche und nicht umkehrbare Auswirkungen menschlichen Tuns wie etwa das Aussterben von Arten nicht auszuschließen, verlangt das Vorsorgeprinzip, von einem »Worst-Case-Szenario auszugehen«.[175]

Diese Risiken müssen dem kurz- und langfristigen Nutzen für die Gesellschaft argumentativ gegenübergestellt werden. Der Gesetzgeber muss dazu verbindliche Vorgaben machen. Sonst können Gerichte die rechtlichen Konsequenzen solcher Risiken nicht wirksam prüfen und keine Interessenabwägung zwischen dem Nutzen für den Menschen und den Risiken für die nichtmenschliche Natur vornehmen.

Unter dem Blickwinkel der begrenzten Vorhersagbarkeit sind zudem die Begrifflichkeiten des Bundesnaturschutzgesetzes im Zusammenhang mit dem Ausgleich von Eingriffen in die Natur skeptisch zu sehen. Die Grundvorstellung, dass derjenige, der Lebensgemeinschaften, Lebensräume oder Arten beeinträchtigt, die negativen Folgen für die Natur kompensieren muss, ist richtig und entspricht dem oben skizzierten ökologischen Grundprinzip. Die Wortwahl des Gesetzes ist aber problematisch, denn Natur kann nicht »hergestellt« werden. Darin spiegelt sich der überkommene Gedanke, der Mensch könne die Natur nach seinem Belieben vollständig kontrollieren. Das Gesetz meint inhaltlich etwas anderes, nämlich eine Initialzündung für die Entwicklung ähnlicher oder vergleichbarer Lebensräume zu setzen. Welche Lebensgemeinschaften und Arten sich dort ansiedeln, ist eben nicht planbar, wird in vielen Umweltberichten und Eingriffsplanungen aber unterstellt. Dieser Vorstellung wird durch den Wortlaut des § 15 BNatSchG fälschlicherweise Vorschub geleistet.

Harmonisierung mit der bestehenden Rechtsordnung

Eine wichtige Aufgabe wird es sein, die Rechte der Natur in die bestehende Rechtsordnung einzubetten. Das Umweltrecht hat sich in nebeneinander verlaufenden Strängen entwickelt, die einerseits im Ordnungsrecht und im Schutz der menschlichen Gesundheit wurzeln, wie das Abfall- und das Immissionsschutzrecht, andererseits von Beginn an umfassendere Ansätze verfolgt haben wie das Wasserrecht und das Naturschutzrecht. Maßgeblichen Einfluss üben europarechtliche Vorschriften aus, die den Spielraum der Mitgliedsstaaten zu einer umfassenden Revision des Umweltrechts in vielerlei Hinsicht beschneiden.

Welche Fallstricke auf dem Weg der Gesetzgebung für die Rechte der Natur lauern, zeigt das Gesetz des Königreichs Spanien zur Rechtspersönlichkeit der Lagune Mar Menor vom 30.09.2022. Sosehr das Gesetz Rechtsgeschichte schreibt, so kritisch wird von einzelnen Juristen die mangelnde Harmonisierung des Gesetzes mit vorhandenen Rechtsvorschriften und Verwaltungskompetenzen beurteilt. Die an der Universität Murcia lehrenden Juristen Blanca Soro Mateo und Santiago Alvarez rügen, dass die wechselseitige Beziehung des neuen Gesetzes zu den bestehenden Schutzvorschriften ungeklärt bleibt, ebenso die Kompetenzen der neu einzurichtenden Institutionen im Verhältnis zu den bisher und wohl weiterhin zuständigen

Verwaltungsbehörden. Diese Inkonsistenz schwächt nach Meinung der Kritiker die Wirksamkeit des Mar-Menor-Gesetzes.[176]

Eine Blaupause, um Rechte der Natur in die Rechtsordnung zu integrieren, gibt es nicht. Dieser Prozess wird nur gelingen, wenn es einen Grundkonsens in der Gesellschaft gibt, einen neuen Umgang mit der nichtmenschlichen Natur in rechtlichen Beziehungen zu akzeptieren. Insofern sind Pilotprojekte wie das Mar-Menor-Gesetz sinnvoll, um einen Bewusstseinswandel voranzutreiben, der sich nicht in theoretischen Diskursen erschöpft, sondern sich in der konkreten Rechtsanwendung bewährt. Oder auch Schwächen offenbart, die es zukünftig zu vermeiden gilt.

Am aussichtsreichsten erscheint es mir, an bestehende Vorschriften zum Schutz der Natur anzuknüpfen und diese fortzuentwickeln. Das Umweltrecht enthält zahlreiche Verbote und Gebote, die als Pflichten gegenüber anderen Rechtspersonen und der Allgemeinheit zu verstehen sind. Man könnte die Pflicht, die gegenüber anderen zu erfüllen ist, über die Allgemeinheit der menschlichen Gesellschaft hinaus auf eine Allgemeinheit im Sinne einer Rechtsgemeinschaft aller Lebewesen erweitern. Dann würde beispielsweise das Verbot, eine wild lebende Vogelart während der Brut in ihrem Brutgebiet zu stören, nicht nur die Befugnis der zuständigen Behörden eröffnen, eine solche Störung zu untersagen, sondern auch mit einem subjektiven Recht der Vogelart korrespondieren, die Beeinträchtigung aus eigener Rechtsbetroffenheit abzuwehren.

Zugegebenermaßen wären damit nicht die inhaltlichen Defizite des geltenden Artenschutzrechtes behoben, die ohne plausible naturwissenschaftliche Begründung vielen Arten jeglichen rechtlichen Schutz versagen. Es wäre aber ein erster Schritt, um Rechte der Natur in das Rechtssystem einzubauen, ohne dessen Strukturen zu zerstören oder ein rechtliches Element zu implantieren, das als Fremdkörper empfunden und dementsprechend abgelehnt würde.

Kapitel 10

Rechtsverhältnis zwischen Menschen und Naturelementen

Funktion der menschlichen Grundrechte

In Diktaturen und autoritär geführten Ländern ist der Staat oftmals der Hauptfeind der Grundrechte des einzelnen Menschen. Der Staat setzt seine Machtmittel ein, um ideologische Ziele oder moralische Prinzipien durchzusetzen. Oder er ist Handlanger einflussreicher Oligarchien, denen es in erster Linie darum geht, die Entfaltungsmöglichkeiten der breiten Mehrheit der Bevölkerung gegenüber ihren eigenen Gruppeninteressen zurückzudrängen.

Blickt man in die Geschichte zurück, war eine wesentliche Antriebsfeder für die Theorie der Menschenrechte, den Repressionen des übermächtigen Staates entgegenzutreten, angefangen von Rechten des Angeklagten im Strafverfahren über das Recht auf freie Religionsausübung oder das Recht auf freie Wohnortwahl bis zum Recht, sich zu ideellen und wirtschaftlichen Vereinigungen zusammenzuschließen. Menschenrechte sollten dazu beitragen, übermäßige Eingriffe staatlicher Institutionen in die Freiheit des Einzelnen abzuwehren.

Mit dem Erstarken des Kapitalismus nahm der Einfluss von Privatpersonen und Wirtschaftsunternehmen auf den einzelnen Menschen und die Gesellschaft insgesamt zu. Nicht nur die staatlichen Machtapparate, sondern auch andere Privatpersonen wurden zur Gefahr für die Freiheit des Einzelnen. Die Funktion der Grundrechte als Auftrag an den Staat, die Freiheit des einzelnen Menschen gegen andere Menschen bzw. von anderen Menschen geführte private Institutionen zu schützen, gewann und gewinnt mehr und mehr an Bedeutung. Gerade im Umweltrecht spielen staatliche Schutzpflichten eine zentrale Rolle. Denn in der Mehrzahl gehen Belastungen von Boden, Luft und Wasser, die zur Gefahr für die menschliche Gesundheit werden können, nicht von staatlichen Institutionen selbst aus, sondern von anderen Privatpersonen. Wobei sich vielfach die Gruppen der Schädiger und der Geschädigten überlappen.

In den Grundrechten kommen aber auch grundlegende Wertentscheidungen der Verfassung zum Ausdruck. Sie sind sowohl bei der Gesetzgebung als auch im Vollzug der Gesetze und in Entscheidungen der Justiz zu berücksichtigen. In Bezug auf manche Grundrechte spricht man von institutionellen Garantien, zum Beispiel beim Grundrecht auf Ehe und Familie, bei der Presse- und Informationsfreiheit oder beim Eigentums- und Erbrecht. Institutionelle Garantie meint, dass die rechtlichen Rahmenbedingungen so gestaltet werden müssen, dass beispielsweise das Privateigentum rechtlich nicht ausgehöhlt und entkernt werden darf und damit praktisch wertlos wird.

Nach Jahrzehnten intensiver parlamentarischer Gesetzgebung haben die Grundrechte in der alltäglichen Rechtsanwendung meist nur noch eine nachrangige Funktion. Ihr Gehalt und ihr Verhältnis untereinander hat der Gesetzgeber in Bundes- und Landesgesetzen ausgeformt. Das europäische Recht, welches sich seinerseits im Rahmen der Europäischen Grundrechtecharta zu bewegen hat, trägt seinen Teil zu dieser Entwicklung bei. Die Grundrechte bilden aber – bildlich gesprochen – das stabile Knochengerüst der freiheitlichen Rechtsordnung, das vom Fleisch der Gesetze und Verordnungen umschlossen wird.

Den Grundrechten kommt innerhalb der Rechtsordnung die Funktion zu, grundlegende Wertentscheidungen der Verfassung zum Ausdruck zu bringen. Sie sollen den einzelnen Menschen einerseits vor unangemessenen staatlichen Eingriffen bewahren, verpflichten den Staat andererseits jedoch auch, den Einzelnen wie die Gemeinschaft insgesamt vor der Dominanz und Macht einzelner Privatpersonen oder Unternehmen zu schützen.

Funktion der Eigenrechte der Natur

Überträgt man die Funktion der menschlichen Grundrechte auf die ebenfalls in der Verfassung zu verankernden Rechte der Natur, dienen die Rechte der Natur vergleichbaren Zielen: Sie drücken die grundlegende Wertentscheidung aus, nichtmenschliches Leben nicht wie tote Materie zu behandeln, sondern als lebendige Glieder in einem dynamischen System, das wir »Biosphäre« nennen.

Eigenrechte der Natur sollen ein Mittel sein, um die nichtmenschliche Natur um eines gemeinsamen Überlebens auf dem Planeten Erde willen zu schützen und auf eine dauerhafte Koexistenz menschlicher Zivilisationen mit und in der Biosphäre hinzuwirken. In erster Linie sind es nicht staatliche Institutionen, die das Artensterben verursachen, Naturräume zerstören und ausbeuten und natürliche Kreisläufe schädigen. Es sind die Menschen als Akteure im Wirtschaftssystem, auf der Nachfrageseite als Konsumenten, auf der Angebotsseite als Mitwirkende in Wirtschaftsunternehmen, sei es als Eigentümer, Führungskräfte oder Beschäftigte.

Zur Wahrheit gehört zwar auch, dass der Staat Straßen baut, dass Gemeinden Baugebiete erschließen und staatliche Forstunternehmen Wälder zu wirtschaftlichen Zwecken nutzen. Deshalb wird man den Eigenrechten der Natur die Funktion als Abwehrrechte gegen staatliche Tätigkeiten nicht absprechen dürfen. Vorrangig verfolgen Eigenrechte der Natur aber den Zweck, die Herrschafts- und Verfügungsmacht des Menschen, die durch die technischen Errungenschaften seiner Kultur epochale Ausmaße angenommen hat, auf ein zum Überleben notwendiges Maß zurückzuführen.

Die Rechtsordnung muss aus diesem Grunde so ausgestaltet werden, dass die Freiheitsräume des Menschen beschnitten werden. Um diese Zielsetzung sollte man nicht herumreden. Als Folge davon wird nicht zu vermeiden sein, die Nutzung der gemeinsamen Lebensräume von Menschen und nichtmenschlichen Lebewesen einer wesentlich strikteren staatlichen Reglementierung zu unterwerfen. Naturelemente hätten aufgrund eigener Rechte die Möglichkeit, ihre Lebensräume gegen rechtswidrige Zugriffe zu verteidigen, indem sie sich an behördlichen Genehmigungs- und Planungsverfahren beteiligen und deren Ergebnis einer gerichtlichen Überprüfung unterziehen könnten.

Im Bereich des Privatrechts ergeben sich für die Durchsetzung von Rechten der Natur ganz neue Perspektiven. Staatliche Behörden sind nicht immer in der Lage oder willens, die Rechte der Natur durchzusetzen. Das Zivilrecht eröffnet die Möglichkeit, direkt gegen Personen oder Unternehmen vorzugehen, die die Rechte der Natur missachten, ohne dass erst ein Antrag bei einer Behörde gestellt werden muss.

Im Privatrecht stehen sich die Träger von subjektiven Rechten gegenüber, die staatlichen Gerichte entscheiden im Streitfall als neutrale Instanz, ob jemandem ein Recht zusteht oder nicht. Rechtsansprüche der Natur gegen Personen des Privatrechts (Menschen oder juristische Personen) bestünden in erster Linie als Ansprüche auf Unterlassung bestimmter rechtswidriger Tätigkeiten, gegen die der Staat nicht vorgehen kann oder vorgehen will. Im geltenden Recht können solche Ansprüche auf das Argument gestützt werden, dass ein in § 823 Abs. 1 BGB geschütztes Rechtsgut verletzt wird.

Man müsste dazu noch nicht einmal das Gesetz ändern, denn durch die betreffende Vorschrift werden nicht nur Eigentum, Leben und Freiheit, sondern auch »sonstige Rechte« geschützt, die eine gegen jedermann wirkende Rechtsposition begründen. Wenn man bestimmten Naturelementen ein Existenzrecht zuspricht, so ließe sich dies als »sonstiges Recht« gegen menschliche Handlungen interpretieren.

Nehmen wir folgendes Beispiel: Ein Grundstückseigentümer entwässert rechtswidrig eine Feuchtwiese, die als Biotop geschützt ist. Dort lebt eine Schmetterlingsart, die nur noch an wenigen Stellen in der betroffenen Region vorkommt. Sie ist auf Futterpflanzen angewiesen, die nur in feuchten Wiesen wachsen. Die zuständige Behörde unternimmt nichts. Eine vom Gesetz ermächtigter Vertreter von Rechten der Natur könnte direkt gegen den Grundstückseigentümer vor dem Zivilgericht auf Entfernung der Dränagen und Wiederherstellung der Feuchtwiesen klagen.

Damit dieses Werkzeug nicht eingesetzt wird, um eigennützige Ziele zu verfolgen, ist besonders darauf zu achten, wem es in die Hand gegeben wird. Diese Thematik habe ich bereits in Kapitel 8 eingehender erörtert.

Kapitel 11

Denkanstöße für eine Rechtsgemeinschaft mit der Natur

Gesellschaftliche Voraussetzungen

Eine freiheitliche und demokratische Verfassungsordnung kann nur dann aufrechterhalten werden, wenn die große Mehrheit der Bevölkerung die Grundwerte der Verfassung befürwortet oder wenigstens billigt. Der Staat lebt von Voraussetzungen, die er selbst nicht garantieren kann, konstatierte der Verfassungsrechtler Ernst-Ludwig Böckenförde.[177] Er meinte damit, dass es in der Gesellschaft eine gemeinsame Wertebasis geben müsse, auf dem die Verfassung aufbaut.

Sowohl Grundrechte als auch Verfassungsprinzipien wie der Rechtsstaat oder die Demokratie sind nämlich Ausdruck von Wertentscheidungen. Wertentscheidungen wiederum basieren auf kulturellen Traditionen, religiösen Überzeugungen oder sozialen Normen. Grundrechte wie die allgemeine Handlungsfreiheit oder der Grundsatz der Gleichbehandlung wurzeln in einer Kultur des Individualismus.

Eine den einzelnen Menschen in den Mittelpunkt stellende Rechtsordnung ist gleichzeitig auf Werte wie Fairness, Vertrauensschutz und Solidarität im Umgang miteinander angewiesen, ohne Rücksicht auf Verwandtschaftsbeziehungen und sonstige Abhängigkeitsverhältnisse.

Die nichtmenschliche Natur als ein lebendiges Gegenüber zu betrachten, der ein innerer Wert innewohnt, setzt voraus, das eigene Weltbild zu überdenken. Eine vergleichbare Verfassungsänderung wie in Ecuador wird sich nur durchsetzen lassen, wenn sie nicht nur zu einem bestimmten Zeitpunkt politische Mehrheiten findet, sondern wenn auch ein ausreichender gesellschaftlicher Konsens für einen solchen grundlegenden Perspektivenwechsel besteht. Der Wandel hin zu einer ökologischen Rechtsordnung ist deshalb in erster Linie eine kulturelle Aufgabe.

Grundlegende Werte wie Freiheit, Gleichheit, Hilfsbereitschaft oder Fairness, ja die Anerkennung der Grundrechte insgesamt, beruhen nicht allein auf Einsicht und Vernunft, sozusagen auf dem »inneren Gesetzgeber«, wie Kant es gefordert hat. Auch bloße Nützlichkeitserwägungen sind, für sich genommen, keine ausreichende Wertebasis.

Rechtsbegriffe, die Wertentscheidungen ausdrücken, lassen sich zwar mit Logik und sachbezogenen Argumenten auslegen, sie können aber nicht losgelöst von emotionalen Bezügen wirklich *verstanden* werden. Das trifft insbesondere auf Begriffe wie Würde, Verantwortung, Freiheit oder Gerechtigkeit zu. Ohne Empathie und ohne eine emotionale Bejahung werden sich Wertentscheidungen wie die Anerkennung einer gemeinsamen Koexistenz mit der nichtmenschlichen Natur in der Bevölkerung nicht durchsetzen.[178]

Naturgegebene Grenzen versus freiheitlicher Demokratie?

In Zusammenhang mit dem Staatsziel Umweltschutz im Grundgesetz betonen die Gerichte immer wieder, dass der Schutz der Natur keinen absoluten Vorrang vor sonstigen Belangen des Allgemeinwohls und den menschlichen Grundrechten genieße. Trifft dies auch auf die Erhaltung der Natur zu? Ist der Schutz der Biosphäre mit ihrer biologischen Vielfalt überhaupt einer Abwägung zugänglich?

Ausgangspunkt dieser Fragestellung ist die Erkenntnis, dass die Beziehungen zwischen Mensch und Natur nicht beliebig revidierbar sind. Der Jurist Cormack Cullinan nennt ein einprägsames Beispiel: Keine zwischen den Mitgliedsstaaten verhandelte Entscheidung der Europäischen Union über die Fangquoten von Fischarten kann die biologische Tatsache außer Kraft setzen, dass ab einer bestimmten Fangmenge die Fischbestände irreversibel geschädigt werden.[179]

In der Biosphäre existieren zahlreiche dynamische Gleichgewichtszustände, die sich nicht von selbst wieder einstellen, wenn die Randbedingungen bestimmte Schwellenwerte oder Kipppunkte überschreiten. Um das Beispiel der Fische aufzugreifen: Unterschreitet der Bestand einer Art eine bestimmte Anzahl an Individuen, gerät die Population unter Umständen in eine Abwärtsspirale, die sich nicht mehr aufhalten lässt. Noch viel dringlicher wird die Problematik in Zusammenhang mit den drohenden Umwälzungen des weltweiten Klimasystems. Müssten demokratische Gestaltungsspielräume beim Schutz der Natur, insbesondere beim Klimaschutz, nicht von klaren verfassungsrechtlichen Geboten diktiert werden? Um dieser Frage nachzugehen, möchte ich den Faden aus dem Kapitel zum ökologischen Grundprinzip wieder aufnehmen und den Klimabeschluss des Bundesverfassungsgerichts wörtlich zitieren, weil man es kaum zutreffender ausdrücken kann:

»Denn auch wenn Art. 20a GG die Gesetzgebung in die Konkretisierung seines materiellen Gehalts einbindet, soll dem politischen Prozess damit zugleich etwas entgegengesetzt sein. Die Verfassung begrenzt hier politische Entscheidungsspielräume, Maßnahmen zum Umweltschutz zu ergreifen oder es zu lassen. In Art. 20a GG ist der Umweltschutz zur Angelegenheit der Verfassung gemacht, weil ein demokratischer politischer Prozess über Wahlperioden kurzfristiger organisiert ist, damit aber strukturell Gefahr läuft, schwerfälliger auf langfristig zu verfolgende ökologische Belange zu reagieren, und weil die besonders betroffenen künftigen Generationen heute naturgemäß keine eigene Stimme im politischen Willensbildungsprozess haben. Mit Blick auf diese institutionellen Bedingungen erlegt Art. 20a GG der demokratischen Entscheidung inhaltliche Bindungen auf.«[180]

Würde man das ökologische Grundprinzip wie in Kapitel 6 beschrieben prägnanter und konkreter formulieren, als es derzeit in Art. 20a GG der Fall ist, und hätte die Natur eigene Rechte, ergäben sich daraus weitreichendere Bindungen für den Gesetzgeber, die Regierung und die Vollzugsbehörden als in der gegenwärtigen Rechtsordnung. Der Blick müsste sich dann nicht nur auf die künftigen Generationen der Menschen richten, sondern auch auf das Existenz- und Entwicklungsrecht der Natur insgesamt.

Würde damit das Sterbeglöcklein der Demokratie läuten? In Zusammenhang mit der Diskussion um Rechte der Natur wird manchmal die Gefahr eines paternalistischen oder autokratisch regierenden Staates heraufbeschworen, der die Freiheiten der Menschen um des Natur- und Umweltschutzes willen rigide einschränkt. Zuweilen wird sogar das Schreckgespenst einer »Ökodiktatur« an die Wand gemalt. Dieser Begriff ist irreführend. Denn die Natur errichtet keine Diktatur, es sind immer Menschen, die andere Menschen unterdrücken und deren Freiheiten beschneiden. In autokratischen Systemen, die von einzelnen Potentaten und ihren Cliquen geführt werden, sind Rechte der Natur in der Rechtsordnung ohnehin überflüssig. Die Verfassung solcher Staaten dient allenfalls als Fassade, um die tatsächlichen Machtverhältnisse im Staat zu verschleiern.

Den Begriff »Ökodiktatur« hat der Jurist Michael Kloepfer geprägt. Anders als verschiedene Autorinnen und Autoren, die vor zu einem allzu strengen Umweltrecht und den damit verbundenen Beschränkungen menschlicher Grundrechte gewarnt haben, sah er die Gefahr heraufziehen, dass menschliche Freiheitsrechte mangels wirksamer staatlicher Umweltschutzmaßnahmen verloren gehen: »Wenn der Staat in einem ökologischen Chaos versinken sollte, wird aus ihm eine ökologisch-autoritäre Ordnung erwachsen.«[181] Ohne den Begriff der Ökodiktatur in den Mund zu nehmen, hat das Bundesverfassungsgericht in seinem Klimabeschluss diesen Gedanken aufgegriffen: Unternimmt der Staat nicht jetzt wirksame Schritte, um die Treibhausgase zu vermindern, wird er in der Zukunft zu noch viel drastischeren Maßnahmen gezwungen sein.[182]

Trotzdem ist der Begriff der Ökodiktatur verfehlt. Wenn das Volk in freien Wahlen eine parlamentarische Mehrheit beauftragt, zum Schutz der Natur und künftiger Generationen die Freiheitsrechte zu beschränken, ist dies demokratisch legitimiert und hat nichts mit einer Diktatur zu tun. Solange die Demokratie funktioniert, können Rechte der Natur nicht diktatorisch, d. h. ohne demokratische Legitimation, durchgesetzt werden. Die Gefahr besteht eher darin, dass notwendige Maßnahmen zum Schutz der Natur von der Mehrheit der Bevölkerung nicht mehr akzeptiert werden, weil sich die Bürgerinnen und Bürger durch eine strikte Umweltgesetzgebung bevormundet und gegängelt fühlen und die Regierung daraufhin abwählen. Diesem Dilemma kann sich ein demokratischer Rechtsstaat kaum entziehen. Man kann ihm nur begegnen, indem das Wertegerüst der Verfassung neu justiert wird und die Natur nicht als Untertan, sondern als Partner begreift. Erst der Perspektivenwechsel einer Koexistenz mit der Natur ermöglicht es, die planetaren Grenzen für ein menschenwürdiges Leben nicht als Fessel, sondern als Chance zu betrachten.

Auch wenn der Gesetzgeber an das ökologische Grundprinzip gebunden ist und der Natur eigene Rechte zuerkannt werden, bleiben genügend politische Spielräume für die Gestaltung von Wirtschaft und Gesellschaft erhalten. Das ökologische Grundprinzip gibt nicht strikt vor, ob dessen Gebote mithilfe ordnungsrechtlicher, fiskalischer oder strukturpolitischer Mittel erfüllt werden. Eines ist aber auch klar: In Bezug auf das ökologische Grundprinzip und die Rechte der Natur ist der Abwägungsspielraum wesentlich enger als bei der Abwägung zwischen menschlichen Grundrechten und sonstigen Allgemeinwohlbelangen. Ohne diese verfassungsrechtliche Bindung würden der Demokratie jedoch auf lange Sicht die tatsächlichen Handlungsspielräume verloren gehen. Sondervermögen (d. h. Staatsschulden) zur Reparatur klimabedingter Naturkatastrophen wie im Falle Ahrtal lassen sich selbst bei einer positiven wirtschaftlichen Entwicklung nicht unbegrenzt auflegen.

Trotz verfassungsrechtlicher Bindungen bleibt das Verhältnis zwischen Mensch und Natur von ständiger Veränderung und Dynamik gekennzeichnet. In einer Rechtsgemeinschaft mit der Natur gibt es keinen aus naturwissenschaftlichen Fakten zwingend anzustrebenden Zustand in Bezug auf Lebensräume oder Tier- und Pflanzenpopulationen. Um das eingangs erwähnte Beispiel der Fischbestände in Nord- und Ostsee aufzugreifen: Einen überlebensfähigen Minimalbestand einer Art zu bestimmen, der durch Befischung nicht unterschritten werden darf, ist nicht möglich. Die Natur kennt keinen statischen Zustand, sondern verändert sich ständig und entwickelt sich nicht exakt vorhersehbar. Der Fortbestand einer Fischart hängt von vielen sich wechselseitig beeinflussenden Faktoren ab: Wasserqualität, Nahrungskonkurrenz und Feinddruck, Störungen durch menschliche Aktivitäten, zufällige genetische Mutationen, Krankheiten usw. Eine gleichsam naturgegebene, für den Fortbestand der Art erforderliche Populationsgröße kann nicht objektiv mathematisch ermittelt werden. Folglich kann auch kein sich aus einer solchen Größe herzuleitendes Existenzminimum formuliert werden.

Außerdem sollen Rechte der Natur nicht nur das Existenzminimum garantieren, sondern auch ein Recht auf Evolution. Ein Existenzrecht der Natur zu fixieren, das mit einem bestimmten Zustand der Natur verbunden wäre, der dann im Sinne eines absoluten Veränderungsverbotes rechtlich zementiert würde, würde der Natur als ein sich ständig veränderndes, dynamisches System nicht gerecht. Das ist nicht Sinn und Zweck einer Rechtsgemeinschaft mit der Natur.

Verhandeln können wir mit der Natur zwar nicht. Naturgegebene absolute Zustände gibt es aber ebenfalls nicht. Natur und Mensch bewegen sich in einem Wechselspiel, das niemals stillsteht. Solange wir uns an die ökologischen Spielregeln anpassen, können wir als Menschen durchaus *unser* Spiel spielen, auch und gerade in einem demokratischen Rechtsstaat.

Reibungspunkte in der Rechtsgemeinschaft mit der Natur

Es wäre ein fundamentales Missverständnis anzunehmen, dass in einer Rechtsgemeinschaft Menschen und andere Lebewesen in grenzenloser Harmonie zusammenleben. Konflikte wird es vor allem in der Kulturlandschaft immer geben. Schnaken werden nicht aufhören, die Menschen zu piesacken, Käfer und Pilze werden nicht ablassen, menschliche Nutzpflanzen zu befallen, Biber werden nicht aufhören, Dämme zu bauen, und so weiter und so fort.

Genauso wie sich Bäume gegen Insektenbefall mithilfe von Abwehrstoffen wappnen und wie sich Tiere gegen Artgenossen und Fressfeinde verteidigen, soll es auch uns Menschen erlaubt sein, Angriffen anderer Lebewesen auf unser Leben, unser Wohlergehen und unsere Lebensgrundlagen entgegenzutreten. Technisch sind wir ihnen sowieso überlegen, mit Ausnahme der Mikroben, die uns als Krankheitserreger ernsthaft in Bedrängnis bringen können.

Die Rechtsgemeinschaft mit der Natur fordert uns aber auf, anders mit diesen Problemen umzugehen. Wir müssen uns von der Haltung verabschieden, die Anwesenheit anderer Lebewesen in »unserem« Lebensraum allein am Nutzen für den Menschen auszurichten. Unser Lebensraum ist gleichzeitig auch der Lebensraum anderer Lebewesen. Albert Schweitzer hat dies sehr schön in den Satz gefasst: »Ich bin Leben, das leben will, inmitten von Leben, das leben will.«[183] Diesen Lebenswillen des nichtmenschlichen Lebens sollten wir respektieren. Bevor wir andere Lebewesen bekämpfen, sollten wir überlegen, wie wir ihren Lebenswillen für einen gemeinsamen Vorteil nutzbar machen könnten.

Ich greife das Beispiel des Bibers nochmals auf. Sein Treiben in der Kulturlandschaft wird vielfach gescholten. Er staut Gewässer auf, setzt Felder unter Wasser oder unterminiert Dämme von Teichen. Dabei übersieht man, dass das Wirken des Bibers für die Natur insgesamt positive Effekte hat, von denen auch der Mensch profitieren kann. In trockengelegten Niedermooren, aus denen sehr große Mengen an Kohlendioxid entweichen, kann eine Wiedervernässung durch die Bautätigkeit des Bibers nicht nur verhindern, dass weiterhin Treibhausgase entstehen.

Wenn Torfmoose wieder wachsen, binden sie sogar Kohlendioxid im Boden. Der Grundwasserstand in den angrenzenden Flächen steigt. Dort kann die landwirtschaftliche Nutzung auf sogenannte Paludikulturen umgestellt werden, in denen keine Lebensmittel, sondern nachwachsende Rohstoffe für die industrielle Verarbeitung angebaut werden.

Wer schon einmal ein Vogelpärchen beobachtet hat, wie es von Tagesanbruch bis in die Abenddämmerung für den unersättlichen Nachwuchs Nahrung heranschafft, wird nicht umhinkommen, diese Tätigkeit mit der Arbeit zu vergleichen, die Menschen ausüben, um ihren Lebensunterhalt zu erwirtschaften.[184]

Auch nichtmenschliche Lebewesen arbeiten in einem gewissen Sinne, sodass man das, was ich exemplarisch an den vom Biber unter Wasser gesetzten Niedermoorflächen und einer daran angepassten landwirtschaftlichen Nutzung beschrieben habe, als Zusammenarbeit bezeichnen kann. Man könnte es das Prinzip der kooperativen Koexistenz nennen.

Ein solches Zusammenwirken funktioniert freilich nicht immer und überall. Um beim obigen Beispiel zu bleiben: Von Staudämmen, Kläranlagen und ähnlichen technischen Anlagen wird man den Biber nach wie vor vertreiben, manches Tier vielleicht auch töten müssen. Ebenso wenig zwingen uns die Rechte der Natur, die Jagd als Methode zur Regulierung von Wildtierbeständen abzuschaffen.

Kleinere und größere Disharmonien zwischen einzelnen Arten und menschlicher Zivilisation sind nicht nur im Siedlungsbereich, sondern auch in der Kulturlandschaft ein alltägliches Phänomen. Wenn wild lebende Tiere oder wild wachsende Pflanzen wirtschaftliche Einbußen und finanzielle Schäden verursachen, gewinnen solche Konflikte manchmal eine politische Dimension. Schlägt einer Tier- oder Pflanzenart noch dazu eine kulturell tief verwurzelte Abneigung entgegen, wie dem Wolf, kann ihre Ausbreitung heftige gesellschaftspolitische Debatten auslösen.

Die Eigenrechte der Natur und die menschlichen Grundrechte müssen auch in diesem Fall gegeneinander abgewogen werden. Dabei sollte man nicht nur die Rechte der jeweiligen Art im Blick haben, sondern auch die direkten und indirekten Wechselwirkungen auf die Natur insgesamt. Was den Wolf angeht, sind dies auf der einen Seite möglicherweise günstige Auswirkungen einer natürlicheren Räuber-Beute-Beziehung auf die Waldökosysteme.[185] In Gebieten, die mithilfe von Herdenschutzhunden und Zäunen nicht mit zumutbarem Aufwand gesichert werden können, kann die Anwesenheit des Wolfes auf der anderen Seite dazu führen, dass die Weidewirtschaft aufgegeben wird. Dies wiederum würde zum Verschwinden von artenreichen Kulturlandschaftsbiotopen wie Almen und Bergwiesen führen.

Gerade das Beispiel der Wölfe zeigt, dass Eigenrechte der Natur nicht dem einzelnen Tier zuerkannt werden sollten, sondern der Art bzw. einer Population. Denn zu einer dauerhaften Koexistenz gehört, dass einzelne Wölfe, die die Nähe zum Menschen suchen, getötet werden müssen, damit ihre Existenz als Wildtier gesichert wird. Das kann im Einzelfall auch dazu führen, dass Wildtiere aus bestimmten Gebieten verdrängt oder ihr Bestand reguliert wird, solange ihr Fortbestand als Art gesichert erscheint. Es bleibt letztlich Aufgabe des Gesetzgebers, den rechtlichen Rahmen für eine Koexistenz auch mit solchen Arten zu schaffen, die dem Menschen Probleme bereiten.

Der Einwand, Arten eigene Rechte zuzusprechen, würde Konflikte zwischen wild lebenden Arten und menschlichen Nutzungsinteressen zusätzlich anheizen, ist trotzdem nicht gerechtfertigt. Denn die grundsätzlichen Vorgaben, solche Interessenkonflikte zu lösen, müssen vom Gesetzgeber geschaffen werden. Gerichte, die Einzelfallentscheidungen am Maßstab von Recht und Gesetz überprüfen, dürfen sich auch bei Klagen der betroffenen Naturelemente gegen einzelne Maßnahmen von Behörden nicht über diese Regelungen hinwegsetzen.

Freiheitsrechte des Menschen in der Rechtsgemeinschaft mit der Natur

Das Grundgesetz bezeichnet sich selbst als freiheitliche Rechtsordnung (Art. 18 GG). Freiheitlich bedeutet zum einen politische Freiheit: eine

Staatsordnung, die jeder Bürgerin und jedem Bürger die Möglichkeit eröffnet, sich an der Verwaltung der öffentlichen Angelegenheiten zu beteiligen und über die Regierung mitzubestimmen.[186] Mit den Grundrechten sichert die freiheitliche Verfassung die persönliche Freiheit des Einzelnen. Als Auffanggrundrecht steht die allgemeine Handlungsfreiheit in Art. 2 Abs. 1 am Beginn des Grundrechtskatalogs.

Doch was ist der Kern der Freiheit als Dreh- und Angelpunkt einer rechtlich geschützten Lebensführung? Freiheit ist, wenn man tun und lassen darf, was die Rechte anderer nicht verletzt.[187] So hatten es die Väter und Mütter des Grundgesetzes in ihren Beratungen ursprünglich formuliert.

Der dann tatsächlich gewählte Wortlaut, wonach jeder das Recht auf freie Entfaltung seiner Persönlichkeit hat, ist weniger umgangssprachlich. Er schützt nicht nur die Betätigung einer Person, sondern auch deren Integrität und ihren sozialen Geltungsanspruch.[188]

Ob dem Grundrecht ein natürliches Freiheitsrecht vorausgeht, wie es die Vordenker der Aufklärung, namentlich Rousseau und Kant, annahmen, kann dahinstehen. Ich habe weiter oben bereits meine Bedenken gegen diese Auffassung geäußert. Nicht abzustreiten ist aber, dass das Grundrecht der Handlungsfreiheit auf einem angeborenen Freiheitsdrang des Menschen basiert, der wiederum von sozialen und kulturellen Vorstellungen geprägt und beeinflusst, aber auch von der Persönlichkeitsstruktur des Einzelnen abhängig ist. Einen universellen Kern des angeborenen Strebens nach Freiheit kann man jedoch meines Erachtens durchaus herausarbeiten. In ihrem Werk »Anfänge« destillieren Graeber und Wengrow aus einer Vielzahl historischer Quellen als grundlegende Formen sozialer Freiheit heraus, die Freiheit, sich zu bewegen, wohin man will, Befehlen anderer nicht zu gehorchen und soziale Bindungen einzugehen und zu lösen.[189] Inwieweit die These von Graeber/Wengrow zutrifft, dass die Begegnung mit der Kultur amerikanischer Native Peoples die europäischen Philosophen und Juristen im 16. und 17. Jahrhundert inspiriert und die Ideen der europäischen Aufklärung beeinflusst haben, will ich hier nicht vertiefen.[190]

Jedenfalls beschreibt diese Definition Grundelemente des Freiheitsbegriffs, wie er auch im heutigen Verfassungsstaat gilt, sehr treffend. Nämlich zum einen die Freiheit, sich in Beziehung zu anderen Menschen binden und diese Bindung lösen zu können, zum anderen seinen Aufenthaltsort nach eigenem Belieben wechseln zu dürfen. Zu ergänzen wäre die Freiheit, einen Mindestspielraum für eigene Ideen und Vorstellungen eingeräumt zu bekommen. Man könnte auch sagen, Freiheit ist dasjenige, was über das bloße Überleben hinausgeht.

Um sich für das eine oder das andere, für oder gegen etwas entscheiden zu können, muss man sich bewusst werden, welche Möglichkeiten einem offenstehen. Der Dialog mit sich selbst liefert dazu ein spärliches Ergebnis, wenn man sich nicht mit anderen Menschen austauscht, sich an Vorbildern und Ideen anderer orientieren kann.

Wenn man der These folgt, dass sich persönliche Freiheit in der Auseinandersetzung mit anderen Menschen entfaltet, lässt sich diese Erkenntnis auf das Verhältnis zur nichtmenschlichen Natur erweitern. Zwar kann man mit der Natur nicht in einen wechselseitigen Dialog treten, wohl aber in ein Resonanzverhältnis. Man kann sich von ihr anregen, sie auf sich wirken lassen, indem man aus der menschlichen Welt heraustritt und sich der körperlichen und seelischen Verbundenheit mit der Natur bewusst wird.[191]

Noch mehr als für den Willensentschluss selbst ist die Freiheitsausübung, also die Umsetzung dessen, wozu man sich entschlossen hat, sozial gebunden. Das meiste, was wir tun, tun wir gemeinsam mit anderen, in der Familie, im Freundeskreis, im beruflichen Umfeld oder in gesellschaftspolitischen Aktivitäten. Menschliche Freiheit ist deshalb im Wesentlichen soziale Freiheit, weil sie in einem wechselseitigen Verhältnis zur Freiheitsausübung anderer Menschen steht.[192] Persönliche Freiheitsausübung, ohne die Freiheit des anderen und damit die Grenzen eigener Handlungsfreiheit anzuerkennen, wäre einer freiheitlichen Rechtsordnung fremd.

Mit dem Schutz der Menschenwürde an prominenter Stelle rückt das Grundgesetz die persönliche Entfaltungsmöglichkeit des Einzelnen in den Mittelpunkt. Dass gerade das Grundgesetz ein auf den einzelnen Menschen bezogenes Verständnis von Freiheit betont, ist dem historischen Umstand geschuldet, dass die Unterordnung des Einzelnen unter die staatliche Gewalt im Nationalsozialismus, aber auch im Stalinismus pervertiert wurde. Diese Regime nahmen sich mit Gewalt die Macht heraus, einzelnen Menschen Freiheit und Leben willkürlich wegzunehmen. Der verbindliche Grundrechtskatalog und die verfassungsrechtliche Unantastbarkeit der Menschenwürde sind als Gegenentwurf zu diesen grausamen und unmenschlichen Diktaturen zu verstehen.

Die Sozialgebundenheit der Freiheit ist in den meisten westlichen Verfassungen angelegt. Der rechtliche Freiheitsbegriff beinhaltet stets, dass man die Rechte anderer nicht verletzt. Freiheitsgrundrechte stehen deshalb unter dem Vorbehalt der Beschränkung durch Gesetze zum Schutz anderer Menschen sowie aus Gründen des Wohls der Allgemeinheit. Räumt man den Rechten der Natur Verfassungsrang ein, sind der Handlungsfreiheit auch in Ansehung der Rechte der Natur Grenzen gesetzt.[193]

Die persönliche Freiheit ist aber auch auf andere Art und Weise mit der Gemeinschaft aller verbunden: Die Möglichkeit, sich frei für etwas entscheiden zu können, bleibt wertlos, wenn man von ihr nicht tatsächlich Gebrauch machen kann. Die Welt des Konsums bleibt einem verschlossen, wenn man kein Geld besitzt. Der Traumberuf bleibt ein Traum, wenn es keine entsprechende Arbeitsstelle gibt. Die Freiheitsbetätigung steht und fällt mit der Fähigkeit des Staates, ihre realen Rahmenbedingungen zu gewährleisten.

Diese Einsicht gilt auch und in besonderem Maße für die naturbezogenen Bedingungen menschlichen Lebens und menschlicher Freiheit. Wenn der Klimawandel den Anbau von Nutzpflanzen oder die Tierhaltung erschwert und damit verteuert, wenn die Meere leer gefischt werden, wenn Dürre, Stürme und Starkregen das zerstören, was Menschen geschaffen haben, werden die realen Freiheitsräume der Menschen immer enger. Damit schwindet auch der politische Spielraum im freiheitlich verfassten Staat, um die Polarität zwischen individueller Handlungsfreiheit und Gemeinwohlverpflichtung immer wieder neu auszutarieren. Das Bundesverfassungsgericht hat dies in seinem Klimabeschluss vom 24. März 2021 thematisiert. Das Gericht sieht die Freiheit dadurch gefährdet, dass der Staat in der Zukunft die Grundrechte massiv einschränken muss, um die Klimaneutralität zu erreichen, wenn er jetzt nicht beherzt handelt.[194]

Dieser Ansatz darf aber nicht darüber hinwegtäuschen – und darüber war sich das Bundesverfassungsgericht vermutlich im Klaren –, dass die Gefahr nicht vom demokratischen Gesetzgeber selbst ausgeht, sondern von der dramatischen Veränderung der Lebensbedingungen auf dem Planeten Erde, die wir Menschen ausgelöst haben.

Freiheitssicherung in der Rechtsgemeinschaft mit der Natur muss deshalb darauf gerichtet sein, gemeinsame Möglichkeitsräume für die Zukunft zu erhalten, und zwar sowohl als Wahlmöglichkeiten für die menschliche Freiheitsausübung als auch als Potenzial für die Evolution möglichst vieler Arten in ihren natürlichen Lebensräumen.

Unser heutiges Freiheitsverständnis gegenüber der Natur gründet sich darauf, dass man die Natur nutzen darf, solange und soweit es nicht gesetzlich verboten ist. Die auf Konkurrenz und Wettbewerb ausgerichtete Marktwirtschaft hat sich dieses Freiheitsverständnisses in den letzten Jahrzehnten mehr und mehr bemächtigt und den verfassungsrechtlichen Begriff der Freiheit als »Freiheit der persönlichen Entfaltung« in ihrem Sinne als »Freiheit zu einem möglichst großen Konsum von Sachen und Dienstleistungen« umdefiniert. Die realen Grundlagen und damit die Möglichkeiten der Freiheitsbetätigung für die Zukunft erodieren, wenn man Freiheit auf diese Art und Weise interpretiert. Unseren materiellen Wohlstand haben wir geschaffen, indem wir uns der Natur bemächtigt, sie als unsere Umwelt gestaltet und damit die Umwelten anderer Lebewesen verändert, in vielen Fällen auch vernichtet haben. Das Schatzkästchen der Natur, das für die materielle Basis des liberalen Verfassungsstaates unersetzlich ist, wird zunehmend geplündert. Damit droht auch das vermeintlich feste Fundament des Staates zu erodieren.

Der Ausweg aus dem freiheitlichen Verfassungsgrundsatz, dass alles erlaubt ist, solange es nicht gesetzlich verboten ist, kann aber nicht in dem gegenteiligen Dogma gesucht werden, dass alles verboten ist, solange es der Staat nicht erlaubt. In einer freiheitlichen Gesellschafts- und Rechtsordnung wäre ein solcher Ansatz nicht akzeptabel. Sie wäre auch praktisch zum Scheitern verurteilt. Denn eine erschöpfende präventive Kontrolle jeglicher Aktivität, insbesondere neuer Technologien und Produkte, würde dazu führen, dass jede Innovation vor ihrer breiten Anwendung geprüft werden müsste. Dies würde nicht nur jegliche technische Weiterentwicklung oder gesellschaftliche Veränderung ersticken, sondern die wirtschaftliche und finanzielle Basis für das Wohlergehen der Menschen und damit des Staates insgesamt untergraben. Ohne die Befriedigung von materiellen Grundbedürfnissen der Menschen wird sich keine freiheitliche Rechtsordnung aufrechterhalten lassen.

Die freiheitliche Verfassung muss aber die individuelle Freiheitsausübung natürlicher und juristischer Personen mit Blick auf den Schutz der Natur insgesamt neu einhegen. Die wirtschaftliche Tätigkeit und die materiellen Bedürfnisse müssen sich an den völkerrechtlich auszuhandelnden planetaren Grenzen ausrichten, nicht umgekehrt.[195] Ebenso wie das Freiheitsverständnis im verfassungsrechtlichen Sinn die Begrenzung der individuellen Freiheit gegenüber anderen Menschen einschließt, bezieht die Freiheit im Verhältnis zur Natur ihre Selbstbegrenzung mit ein. Der oder die Einzelne wie auch die menschliche Gesellschaft insgesamt muss sich als Mitglied eines Netzwerkes des Lebens auf dem Planeten Erde verstehen. Die Pflicht zur Selbstbegrenzung[196] in Bezug auf die nichtmenschliche Natur sollte als Rechtspflicht in die Verfassung aufgenommen werden. Der Begriff des Allgemeinwohls muss die Rechtsgemeinschaft mit der Natur einschließen. Das Wohlergehen und das Fortbestehen der Rechtsgemeinschaft mit der Natur, auch bezogen auf längere Zeitachsen, muss im Mittelpunkt stehen.

In einer Rechtsgemeinschaft können Mensch und Natur von einer aktiv gelebten Koexistenz gleichermaßen profitieren, indem man die Biosphäre als Ganzheit versteht, in der ihre Bestandteile und die Gesamtheit in einer Wechselwirkung stehen.[197]

Um dieses Ziel zu erreichen, wird man nicht umhinkommen, einen klaren und verbindlichen Rahmen gemäß dem ökologischen Grundprinzip zu schaffen: Minimierung der Entnahme von Rohstoffen, regenerative Lebensmittelproduktion, Kreislaufwirtschaft, konsequenter Schutz großräumiger Naturlandschaften, Klimaneutralität. Dafür müssen – national wie international – rechtliche Eckpfeiler in die Rechtsordnungen eingerammt werden, die genauso fest stehen wie die universell gültigen Gebote, andere Menschen nicht zu töten oder zu verletzen, niemandem etwas unrechtmäßig wegzunehmen oder sich an vertragliche Vereinbarungen zu halten.

Denkbar wäre es, wie von Klaus Bosselmann vorgeschlagen, für einzelne Grundrechte »ökologische Grundrechtsschranken« in die Verfassung aufzunehmen.[198] Man könnte auch einen generellen Grundrechtsvorbehalt einfügen, der sinngemäß die Verpflichtung enthält, dass sämtliche Grundrechte nur unter der Maßgabe ausgeübt werden dürfen, dass sie zum Schutz der Natur und zur Bewahrung der Biodiversität beitragen und Schäden jeglicher Art an der Natur vermeiden.[199]

Die Rechtsgemeinschaft mit der Natur fordert von den Menschen einen großen kulturellen Schritt hin zu einer Lebens- und Wirtschaftsweise, die Menschen, Unternehmen und Staaten nicht in ständiger (und wachsender) Konkurrenz um knapper werdende Rohstoffe, Fischgründe und Agrarflächen sieht, sondern in Kooperation und Austausch mit wechselseitigem Nutzen und dem Ziel der Bewahrung eines bewohnbaren Planeten.

Unter dem globalen kapitalistisch ausgerichteten Wirtschaftssystem erscheinen diese Maximen wie eine ferne Utopie. Ich bin aber überzeugt, dass eine Rechtsordnung mit einem grundsätzlich anders ausgerichteten Leitbild eine andere Lebens- und Wirtschaftsweise etablieren kann, auch wenn dies heute noch unsere Vorstellungskraft übersteigt. Wenn man Menschen im 16. oder 17. Jahrhundert gefragt hätte, ob sie es für möglich halten, dass ein Land auf andere Weise als durch einen König oder einen Fürstbischof regiert werden kann, hätte man bei den allermeisten damaligen Zeitgenossen Kopfschütteln oder Achselzucken geerntet. Selbst für große Denker wie Kant war es unvorstellbar, dass »Wilde«, also Angehörige indigener Völker, als gleichwertige Menschen anerkannt oder Frauen rechtlich und politisch den Männern gleichgestellt sein könnten. Im Nachhinein betrachtet, ist es wiederum für uns heute schwer erklärbar, wie die Europäer damals so »rückständig« denken konnten.

Eigentum an Grund und Boden im Verhältnis zum Natureigentum

Das, was sich als Freiheitsbetätigung des Menschen zeigt, hat in besonderem Maße eine räumliche Dimension. Mit seinen raumgreifenden Aktivitäten krempelt der Mensch in dramatischem Umfang die Umwelten anderer Lebewesen auf diesem Planeten um. In Mitteleuropa betrifft dies vor allem die Nutzung von Grund und Boden. Der Boden ist in vielerlei Hinsicht ein Schlüsselfaktor in der Rechtsgemeinschaft mit der Natur. Denn er beherbergt komplexe Lebensgemeinschaften aus Mikroorganismen, Kleinlebewesen und Pilzen, die für unser Auge weitgehend unsichtbar sind, ohne die aber kein pflanzliches und tierisches Leben auf der Erdoberfläche möglich wäre.

In Europa wird man kaum einen Flecken Erde finden, der seit dem Ende der letzten Eiszeit von menschlicher Nutzung unberührt geblieben ist. Die Natur in Europa ist Kulturlandschaft. Grund und Boden sind vollständig verteilt und eigentumsrechtlich zugeordnet. Wenn man eine Rechtsgemeinschaft mit der Natur etablieren will, muss deshalb die Eigentumsordnung im Fokus der Überlegungen stehen.

Das Eigentumsrecht ist verfassungsrechtlich geschützt. In einer auf das Wohlergehen des einzelnen Menschen ausgerichteten Rechtsordnung ist das Eigentumsgrundrecht unentbehrlich, um dem Einzelnen einen Freiheitsraum im vermögensrechtlichen Bereich zu gewährleisten. In der marktwirtschaftlichen Ordnung eröffnet es die Möglichkeit, Herrschaft über Sachen auszuüben, sie zu nutzen und über sie zu verfügen.[200]

Das Eigentumsgrundrecht ist aber auch gemeinschaftsgebunden. Inwieweit man eine Sache benutzen und über sie verfügen darf, bestimmen die Gesetze. Die rechtlichen Befugnisse eines Eigentümers werden sowohl durch öffentlich-rechtliche Vorschriften als auch durch zivilrechtliche Regelungen von den Rechtspositionen anderer Menschen und den Anforderungen der staatlichen Gemeinschaft abgegrenzt.[201] Art. 14 Abs. 2 GG verpflichtet jeden Eigentümer, sein Eigentum zugleich zum Wohle der Allgemeinheit zu gebrauchen.

Schon die geltende Eigentumsordnung, namentlich das Naturschutzrecht, erlegt Eigentümern von Grundstücken besondere Beschränkungen auf, wenn ihre Flächen rar gewordene Arten oder Lebensgemeinschaften beherbergen oder innerhalb von Schutzgebieten liegen. Eine Pflicht zur aktiven Bewahrung und Förderung der nichtmenschlichen Natur kennt die Rechtsordnung aber bisher nicht. Sie wäre von Art. 14 Abs. 2 GG gedeckt und wird im Bereich des Denkmalschutzes von Gebäudeeigentümern auch gefordert: Eigentümer von Baudenkmälern ist es ohne behördliche Genehmigung nicht nur verboten, Denkmäler zu verändern oder zu zerstören. Die Denkmalschutzgesetze verpflichten sie darüber hinaus, die Gebäude denkmalgerecht instand zu halten und instand zu setzen, soweit ihnen dies zumutbar ist.

Indem der Natur ein eigenes Recht auf Eigentum an natürlichen Ressourcen und Naturgütern eingeräumt wird, überlagern sich das Eigentumsrecht natürlicher und juristischer Personen und das Natureigentum. Auf welche

Weise das Eigentumsrecht des Menschen im Einklang mit dem Natureigentum ausgeübt werden könnte, möchte ich im Folgenden anhand des Grundeigentums aufzeigen. Im Fokus steht dabei der Umgang mit dem Boden als Lebensgrundlage (land- und forstwirtschaftliche Nutzung) und Lebensraum (Siedlungstätigkeit, Rohstoffabbau).

Böden können ihre Funktion als Lebensgrundlage und Lebensraum nur dann erfüllen, wenn sie nicht überbaut und versiegelt beziehungsweise verdichtet, verseucht oder in sonstiger Weise degradiert sind. In einer Rechtsgemeinschaft mit der Natur gehört es zu den vorrangigen Zielen, die Böden quantitativ und qualitativ zu erhalten und wiederherzustellen.

Um die Umwelten anderer Lebewesen zu erhalten, muss der Mensch auf seinen Anspruch verzichten, über die Erdoberfläche grenzenlos zu verfügen. Bodenschutz heißt, den Städtebau und die Infrastrukturen für Verkehr und Energie zu limitieren, die Kulturlandschaft naturverträglich zu bewirtschaften und ausreichend große Gebiete möglichst frei von zivilisatorischen Einflüssen zu belassen. Man könnte sich eine wabenähnliche Struktur unterschiedlich intensiver Nutzungszonen vorstellen, die Länder und Meere überzieht.

Für dichter besiedelte Regionen wie Europa böte sich eine Dreiteilung in Siedlungszonen, Kulturlandschaftszonen und Naturzonen an.

Bodenschutz durch Ausweisung von Siedlungszonen

Historische Karten mit vergleichsweise genauen kartografischen Daten gibt es für Mitteleuropa seit dem 19. Jahrhundert. Vergleicht man diese Karten mit heutigen topografischen Karten, springen einem die Wucherungen von Siedlungen und Verkehrswegen, die Begradigung von Flüssen und der Verlust kleinräumiger Landschaftsstrukturen sofort ins Auge. Dass eine solche Entwicklung, die sich in den letzten Jahrzehnten beschleunigt hat, nicht in diesem Ausmaß noch jahrzehntelang weitergehen kann, leuchtet ein.

Das Recht, Böden für Bebauung und Verkehrsanlagen freizugeben, behalten sich staatliche Institutionen prinzipiell für die gesamte Erdoberfläche eines Landes vor. »Weiße Flecken« existieren bei der Überplanung von Freiflächen rechtlich nicht.

Mehr als drei Viertel der europäischen Bevölkerung lebten im Jahr 2015 in Städten oder verstädterten Regionen – Tendenz steigend. Siedlungsflächen nehmen derzeit etwa zehn Prozent der Fläche in Deutschland ein. Hierin sind Steinbrüche, Tagebaue und sonstige Abbauflächen inbegriffen.[202] Urbanisierte Regionen und ländliche Regionen gehen fließend ineinander über.

Städte, insbesondere Großstadtregionen, sind nicht nur ein Schmelztiegel menschlicher Kulturen. Auch die Stadtnatur wird bereichert von Lebewesen, die aus allen möglichen Gegenden eingewandert sind oder eingeschleppt wurden. Viele Naturelemente in der Stadt ziehen Nutzen aus dem Kontakt mit Menschen. Gebäude dienen Vögeln und Fledermäusen als Ersatz für Felswände und Höhlen, manche Tierarten profitieren von Abfällen, die Menschen hinterlassen. Urbanisierte Lebensräume zeichnen sich durch einen hohen Veränderungsdruck und eine kleinteilige Struktur aus. Die Artenvielfalt in den Siedlungen ist vergleichsweise groß.

Dieser Befund kann aber nicht darüber hinwegtäuschen, dass nur ein bestimmter Teil anpassungs- und widerstandsfähiger Lebewesen in Städten beheimatet ist. Dicht besiedelte Gebiete können den Verlust an Natur in Kultur- und Naturlandschaften nicht ausgleichen. Eine der anspruchsvollsten Aufgaben in einer Rechtsordnung der Rechtsgemeinschaft mit der Natur ist es deshalb, das Wachstum der Siedlungsflächen zu begrenzen.

Die Schweiz hat mit ihrem Raumplanungsgesetz im Jahr 2014 einen Schritt in Richtung eines Zonenkonzeptes unternommen. Die Kantone werden verpflichtet, Bauzonen, Landwirtschaftszonen und Schutzzonen auszuweisen. Außerhalb dieser Bauzonen dürfen neue Gebäude nur unter engen Voraussetzungen errichtet werden. Bauzonen können zwar erweitert werden, allerdings unter relativ strengen gesetzlichen Vorgaben und nach Genehmigung durch die zuständige kantonale Behörde. Sie können auch zurückgenommen werden. Ob sich diese Gesetzgebung bewährt, wird die weitere Entwicklung erweisen. Immerhin ist die Fläche der Bauzonen in der Schweiz zwischen den Jahren 2017 und 2022 nur noch in geringem Umfang angewachsen.[203]

Man kann sich verschiedenste Modelle vorstellen, auf welche Art und Weise man die Siedlungsentwicklung steuern und begrenzen kann. Der Weg über das Planungsrecht, wie ihn die Schweiz eingeschlagen hat, ist nicht die einzige Möglichkeit. Denkbar wäre es auch, die erstmalige Inanspruchnahme von Freiflächen mit Instrumenten der Finanzpolitik zu bremsen, indem man beispielsweise den Leerstand von vorhandenen Gebäuden sanktioniert oder die Neuversiegelung von Flächen verteuert. Man muss sich dabei allerdings im Klaren sein, dass jede Einflussnahme über den Preis diejenigen bevorzugt, die höhere Preise zahlen können. Finanzpolitische Maßnahmen haben immer eine soziale Komponente.

Der gemeinsame Lebensraum in der Kulturlandschaft

Kulturlandschaft ist diejenige Natur, die seit Jahrtausenden vom Menschen bewirtschaftet wird, um dort Nahrungsmittel anzubauen, Vieh weiden zu lassen oder Holz als Bau- und Brennstoff zu gewinnen. Bereits in vergangenen Zeiten kam es zur Übernutzung und Ausbeutung der Natur, wodurch Böden ausgelaugt oder abgetragen wurden. Waren die Böden früher in vielen Landstrichen arm an Nährstoffen, sei es aufgrund naturgegebener Standortverhältnisse, sei es aufgrund von Nährstoffentzug durch menschliche Bewirtschaftung, herrscht heutzutage in der Kulturlandschaft oftmals ein Überangebot an bestimmten Nährstoffen, vor allem Stickstoff, vor. Um die Qualität der Böden außerhalb der Siedlungen ist es in Mitteleuropa nicht zum Besten bestellt. Großflächige Entwässerungen von Moorgebieten haben die Torfkörper zusammensacken lassen. Zahlreiche Ackerböden leiden an der Verarmung des Bodenlebens, Erosion und Verschmutzung durch Mikroplastik. Der Nutztierbestand ist nicht mehr an die Fläche gebunden, Äcker und Wiesen werden intensiv gedüngt und mit Pestiziden behandelt. Die Liste ließe sich fortsetzen und ist hinlänglich bekannt.

Die an die jeweiligen Bodenstandorte angepasste Vegetation hat sich in den letzten Jahrzehnten stark verändert. Auf nährstoffarme Verhältnisse angewiesene Kräuter, Pilze und Mikroorganismen sind drastisch zurückgegangen. Die Flurbereinigung hat großflächig Strukturelemente in der Landschaft wie Hecken, Raine, Säume und Böschungen beseitigt und Gewässer begradigt.

Einige der Schieflagen, die im Umgang mit dem Boden in der Kulturlandschaft zu beobachten sind, haben ihre Wurzel in der Eigentumsordnung des Zivilrechts. Die zivilrechtlichen Vorschriften des Bürgerlichen Gesetzbuches wurden zu Beginn des 20. Jahrhunderts geschaffen. Zahlreiche Grundgedanken des zivilrechtlichen Eigentumsbegriffs gehen auf das Römische Recht zurück. Das Bürgerliche Gesetzbuch blendet die Natur bei der Betrachtung von Grund und Boden als Eigentumsobjekt weitgehend aus. Das ist insofern misslich, als der Eigentumsbegriff in der Anschauung weiter Bevölkerungskreise nach wie vor von der Grundnorm der zivilrechtlichen Eigentumsordnung (§ 903 BGB) geprägt ist, trotz der vielfachen Überlagerung durch umweltrechtliche Vorschriften.

Das Eigentumsrecht des BGB beschreibt eine Beziehung zwischen einer Person und einer Sache. Nach § 903 BGB kann der Eigentümer einer Sache mit ihr nach Belieben verfahren und andere von jeder Einwirkung ausschließen, soweit nicht das Gesetz oder Rechte Dritter entgegenstehen. Die Vorschrift enthält nicht nur eine sachlich-formale Aussage. Die rechtliche Zuordnung einer Sache erzeugt gleichzeitig eine emotionale Beziehung. Das Gefühl, eine Sache gehöre nur mir, lässt private wie öffentliche Nutzungs- und Verfügungsbeschränkungen als Eingriff und Einmischung in eigene Belange erscheinen, obwohl sie integraler Bestandteil des verfassungsrechtlich garantierten Eigentumsrechts sind.

Nach Auffassung des Philosophen Tilo Wesche liegt die Ursache dieser Sichtweise auf das Eigentum darin, dass das Eigentumsrecht einen antagonistischen Charakter besitzt: Kern des Eigentumsrechtes ist es, Nichteigentümer von Besitz und Nutzung an einer Sache ausschließen zu können. Zwar werden dem Eigentümer von jeher Schranken auferlegt, wie er/sie von dem Eigentumsrecht Gebrauch machen darf. Diese Schranken speisten sich aber, so Wesche, aus ethischen Gründen. Die Eigentumsnutzung darf andere Personen nicht verletzen oder gefährden. Die sich daraus ergebenden gesetzlichen Beschränkungen, Kontrollen und Verbote würden von dem Eigentümer stets als fremdes Hindernis wahrgenommen, das die Eigentumsfreiheit bedroht.[204]

Die Befugnis, Grundeigentum zu nutzen und umzugestalten, war nach europäischer Rechtstradition Ursprung und wesentlicher Inhalt des Grundrechts auf Eigentum.[205] Im Bereich des Grundeigentums ist dieses Empfinden auch heute noch besonders ausgeprägt. Auf kaum einem Rechtsgebiet wird so hartnäckig, oft erbittert gestritten wie in Auseinandersetzungen um Grund und Boden. Er ist Objekt menschlicher Herrschafts- und Besitzansprüche. Selbst die Sozialpflichtigkeit des Eigentums gemäß Art. 14 Abs. 2 GG ist auf die Verwertung des Eigentums zugunsten der Allgemeinheit, d. h. der menschlichen Gesellschaft, ausgerichtet.[206]

Ein Stück Land (außerhalb bebauter Flächen), das man sein Eigentum nennt, ist aber kein toter Gegenstand, sondern beheimatet zahllose Lebewesen, angefangen von den Bodenorganismen über Pilze, Pflanzen, Insekten bis zu hin zu Wirbeltieren, die dort Nahrung und Unterschlupf suchen, Nachwuchs großziehen oder sich aus sonstigen Gründen aufhalten.

Wenn wir andere Lebewesen nicht mehr als Sachen behandeln, sondern ihnen einen Selbstzweck und Miteigentum an natürlichen Ressourcen und Naturgütern zubilligen wollen, eröffnet sich ein Spannungsfeld zur geltenden Eigentumsordnung. Denn das Herrschafts-, Nutzungs- und Verfügungsrecht über Grund und Boden schließt einerseits die auf dem betreffenden Stück Land beheimateten wild lebenden Pflanzen und Tiere ein, unterwirft sie andererseits gesetzlichen Verboten und staatlichen Genehmigungsvorbehalten. Letztere ändern aber grundsätzlich nichts an dem Bewusstsein einer vorrangigen Machtstellung des menschlichen Eigentümers.

Die geltende zivilrechtliche Eigentumsordnung ist mit der Idee einer Rechtsgemeinschaft mit der Natur nicht kompatibel. Widersprüchlich ist schon die eigentumsrechtliche Zuordnung der in der Natur lebenden Organismen: Während wild lebende Tiere herrenlos sind, also niemandem gehören (§ 960 Abs. 1 Satz 1 BGB), ist die Rechtslage bei Pflanzen verwickelt: Pflanzen, die nach dem Willen des Grundstückseigentümers nur zu einem vorübergehenden Zweck mit dem Boden verbunden sind, sind nach § 95 Abs. 1 Satz 1 BGB sogenannte Scheinbestandteile.[207] Sie gehören also nicht ohne Weiteres dem Grundstückseigentümer. Getreide, das auf einem gepachteten Acker gedeiht, gehört dem Landwirt, der das Feld gepachtet hat.

Wildkräuter (meist als Unkraut bezeichnet), die ohne Zutun des Menschen aus dem Boden sprießen, sind hingegen streng genommen nicht Eigentum des Pächters, sondern des Grundstückseigentümers. Bäume sind in der Regel nicht nur vorübergehend mit dem Erdboden verbunden, sodass sie gem. § 94 Abs. 1 Satz 2 BGB wesentliche Bestandteile eines Grundstücks sind, somit der Eigentümerin oder dem Eigentümer des Grundstücks gehören.[208] Pilze, Kleinstlebewesen und Mikroorganismen, unentbehrliche Glieder jedes Ökosystems, ignoriert die Rechtsordnung gänzlich. Das Recht, Tiere zu töten und sich anzueignen (Jagdrecht), ist mit dem Grundeigentum verbunden, ebenso das Fischereirecht mit dem Eigentum an einem privaten Gewässer. Tiere zu töten oder zu verletzen, die nicht zu den besonders geschützten Arten zählen, ist erlaubt, wenn man ein Tier nicht ohne vernünftigen Grund absichtlich schädigt. Solange man ein Grundstück zulässigerweise nutzt, kann man sich regelmäßig auf einen vernünftigen Grund berufen, wenn dabei zwangsläufig Tiere zu Schaden kommen. Pflanzen bzw. Gehölze zu entfernen, ist gesetzlich nur bezogen auf bestimmte Arten oder Biotope bzw. in geschützten Gebieten oder zu bestimmten Jahreszeiten verboten oder beschränkt, steht im Übrigen aber im Belieben des Eigentümers.

Wie müsste man die Eigentumsordnung in der Rechtsgemeinschaft mit der Natur umbauen? Man könnte sich vorstellen, nicht nur wild lebende Tiere, sondern sämtliche Lebewesen auf einem Grundstück dem Eigentumsrecht zu entziehen. Dies hätte zur Folge, dass der Waldbesitzer nicht zivilrechtlicher Eigentümer der Bäume wäre, die auf seinem Grundstück wachsen, die Weinstöcke nicht dem grundbesitzenden Winzer gehören und die Maispflanzen nicht dem Landwirt, der den Acker bestellt.

Damit würde man sich radikal von einer über lange Zeit gewachsenen zivilrechtlichen Eigentumsordnung verabschieden. Es wäre den Menschen schwer verständlich zu machen, dass man als Landwirt Saatgut, Gemüsepflanzen oder Hopfenstöcke kauft, mit dem Kauf das Eigentum daran erwirbt und dann mit dem Aussäen oder Einpflanzen das Eigentum wieder verliert. Der Staat müsste dann per Gesetz den Grundeigentümern erst das Recht einräumen, Land- und Forstwirtschaft zu betreiben. Die gesamte Bewirtschaftung der Kulturlandschaft stünde damit unter einem staatlichen Gesetzesvorbehalt. Ein solcher Schritt würde auf politisch kaum überwindbare Widerstände stoßen. Ob er vor dem Bundesverfassungsgericht Bestand hätte, ist offen.

Außerdem: Wenn man Nutzpflanzen vom Grundeigentum trennt, drängt sich die Frage auf, wieso man diese Maßnahme nicht auch auf Nutztiere überträgt, die in freier Natur gehalten werden. Rinder und Schafe auf der Weide rechtlich als herrenlos zu behandeln, würde aber wohl als noch abwegiger empfunden als eine entsprechende Regelung bei Nutzpflanzen.

Eigenrechte der Natur zielen auf eine Rechtsposition der Lebewesen, die sich ohne Zutun des Menschen entwickelt haben. Auch wenn Nutzpflanzen und Nutztiere ganz oder teilweise in das Naturgeschehen integriert sind, stehen sie eigentumsrechtlich den vom Menschen geschaffenen Sachen näher. Deshalb sollte man Nutzpflanzen, die nur zu einem vorübergehenden Zweck mit dem Boden verbunden sind, genauso wie Nutztiere im Alleineigentum des Menschen belassen. Alle anderen wild lebenden Pflanzen, die die vom Menschen bewirtschaftete Kulturlandschaft, aber auch Gewässer und forstwirtschaftlich genutzte Wälder besiedeln, wären nicht mehr mit dem Grundeigentum verbunden. Folglich stünden sowohl die Waldvegetation in der Kraut- und Strauchschicht als auch die forstwirtschaftlich nutzbaren Bäume nicht im Eigentum des Grundstückseigentümers.

Man könnte dem Waldbesitzer anstelle des Eigentums an seinen Gehölzen ein Aneignungsrecht einräumen: So wie Jagdpächter und Fischereiberechtigte das eigentumsgleiche Recht haben, jagdbares Wild zu erlegen bzw. Fische zu fangen und sich die getöteten Tiere anzueignen, hätte ein Grundstückseigentümer in Bezug auf die auf seinem Grundstück wachsenden Bäume und Gehölze das Recht, diese zu fällen und zu verwerten.

Mit der Herauslösung von wild wachsenden Kräutern und sämtlichen Gehölzen aus dem Grundstückseigentum könnte man dem Leitbild eines gemeinsamen Eigentums von Mensch und Natur an Naturressourcen und Naturgütern gerecht werden. Man würde damit verfassungsrechtlich kein Neuland betreten. Der Rechtsordnung ist die Idee, Verfügungsrechte an Grund und Boden vom Grundeigentum abzuspalten, nicht fremd. Der Gesetzgeber hat beispielsweise die Benutzung der Oberflächengewässer und des Grundwassers dem Eigentumsrecht vollständig entzogen und unter staatliche Bewirtschaftung gestellt. Bei besonders wichtigen Rohstoffen (bergfreie Rohstoffe) hat er das Gleiche getan.

Das Bundesverfassungsgericht hat bereits vor geraumer Zeit in dem sogenannten Nassauskiesungsbeschluss bekräftigt, dass das Grundeigentum von Teilen seiner Substanz entkleidet werden darf. In den 1960er-Jahren hatte ein Unternehmer auf Entschädigung geklagt, weil ihm die Behörde einen Kiesabbau untersagte. Der Abbau hätte das Grundwasser auf seinem Grundstück freigelegt. Dadurch drohte ein nahe gelegener Trinkwasserbrunnen verunreinigt zu werden. Der Unternehmer sah es als Enteignung seines Grundstückseigentums an, dass er mit dem Grundwasser nicht nach Belieben verfahren, es in diesem Falle also nicht freilegen durfte. Anders als der Bundesgerichtshof war das Bundesverfassungsgericht der Auffassung, dass es mit dem Grundgesetz in Einklang steht, wenn das Wasserhaushaltsgesetz das unterirdische Wasser dem Grundstückseigentum entzieht und einer öffentlich-rechtlichen Benutzungsordnung unterstellt.[209]

Löst man wild wachsende Kräuter auf einem Grundstück aus dem zivilrechtlichen Eigentumsrecht heraus, hätte dies eine geringe wirtschaftliche Relevanz. Denn diese Pflanzen sind für das Grundstück in aller Regel nicht wertbestimmend. Belässt man den Grundstückseigentümern das Recht, sich Bäume und sonstige Gehölze auf ihren Grundstücken anzueignen, bliebe ihr wirtschaftlicher Wert für das Grundeigentum erhalten.

Trotzdem halte ich die Klarstellung, dass ein Grundstück nicht nur dem Menschen zur Nutzung und Verfügung dient, sondern auch einen Lebensraum für nichtmenschliche Lebewesen darstellt, wichtig für die Bewusstseinsbildung. Eine solche Gesetzesänderung hätte einen hohen symbolischen Wert. Was für wild lebende Tiere gilt (§ 960 BGB), muss auch für wild wachsende Pflanzen gelten. Die Regelung des § 94 BGB müsste dann sinngemäß folgendermaßen lauten: Pflanzen sind keine wesentlichen Bestandteile des Grundstücks, es sei denn, sie sind zu einem vorübergehenden Zweck mit dem Erdboden verbunden worden.

Aus Sicht einer Rechtsgemeinschaft mit der Natur könnte man auch das dem Eigentum gleichgestellte Jagd- und Fischereirecht zur Diskussion stellen. Zwar macht das Jagdrecht den Grundeigentümer nicht zum Eigentümer der jagdbaren Tiere, es gibt ihm aber das Recht, diese Tiere zu töten und sich dann anzueignen. Ähnlich verhält es sich mit dem Fischereirecht. Beide Rechtsinstitute gelten als eigentumsgleiche Rechte, die durch das Eigentumsgrundrecht geschützt werden.[210]

Dass das Recht, Tiere jagen zu dürfen, mit dem privaten Grundeigentum verbunden ist, ist eine große Errungenschaft der bürgerlichen Revolution im 19. Jahrhundert. Zuvor hatte der Adel Jahrhunderte lang die Jagd als Privileg für sich beansprucht. Das Jagdrecht ist zwar immer noch mit dem Grundeigentum verknüpft, darf aber vom Eigentümer selbst nur ausgeübt werden, wenn er über einen zusammenhängenden Grundbesitz von 80 Hektar verfügt. Im Übrigen sind die Grundstückseigentümer innerhalb eines Jagdbezirks in einer Jagdgenossenschaft zusammengeschlossen. Auch die Ausübung der Jagd selbst ist streng reglementiert und mit Hegeverpflichtungen für das jagdbare Wild verbunden.

Auch wenn in der Verbindung mit dem Eigentumsrecht der Herrschaftsanspruch des Menschen den jagdbaren Wildtieren gegenüber aufscheint, drängt sich eine unter ausschließlich staatlicher Kontrolle stehende Jagdausübung als bessere Alternative nicht unbedingt auf.

Die Rechte der Natur können mit einem Jagdrecht, das an das Grundstückseigentum gebunden ist, in Einklang gebracht werden, wenn die Jagd in eine fürsorgende Bewirtschaftung der Kulturlandschaft einbezogen wird (siehe unten). Für die Binnenfischerei, namentlich die in der Freizeit betriebene Angelfischerei, gelten ähnliche Überlegungen.

Ich komme zurück auf § 94 BGB: Wild wachsende Pflanzen mit Ausnahme von ein- oder mehrjährigen Nutzpflanzen aus dem Grundeigentum herauszulösen und damit den wild lebenden Tieren gleichzustellen, wäre ein wichtiger Schritt für die Rechtsgemeinschaft mit der Natur.

Mindestens genauso bedeutsam für eine Eigentumsgemeinschaft von Mensch und Natur wäre jedoch eine über das einzelne Grundstück hinaus praktizierte gemeinsame fürsorgende Bewirtschaftung der Kulturlandschaft. Denn die Umwelten anderer Lebewesen enden nicht an Grundstücksgrenzen. Betrachtet man ein Luftbild einer beliebigen mitteleuropäischen Kulturlandschaft, wird dies augenfällig. Vorstellbar wäre es, die einzelnen Grundstückseigentümer in vergleichbarer Weise wie die Eigentümer von Baudenkmälern zu verpflichten, Lebensräume und Lebensbedingungen nichtmenschlicher Lebewesen zu erhalten und wiederherzustellen. Die Schwächen eines Systems, das auf Fürsorgepflichten einzelner Eigentümer aufbaut, deren Beachtung staatliche Behörden kontrollieren sollen, kann man indessen am Beispiel des Denkmalschutzes verdeutlichen: Desinteresse, Unkenntnis oder unzureichende finanzielle Mittel aufseiten privater Denkmaleigentümer und fehlende Kapazitäten zur flächendeckenden Überwachung aufseiten der zuständigen Behörden führen zum schleichenden Verfall vieler Denkmäler. Dabei erfasst der Denkmalschutz nur einen verschwindend geringen Anteil aller Gebäude. Bei einer flächendeckend geltenden Fürsorgepflicht des einzelnen Grundstückseigentümers für die Kulturlandschaft potenzieren sich die geschilderten Probleme.

Um das Fürsorgeprinzip bei der Nutzung der Kulturlandschaft zu stärken, müsste man die gemeinsame Verantwortung der Menschen, die das Land bewirtschaften, für die ökologische Vitalität und Vielfalt der

Kulturlandschaft als Teil ihrer emotionalen Bindung an ihr Land fördern und entwickeln. Dazu sollte man zusätzlich zur Änderung des § 94 BGB die zivilrechtliche Eigentumsordnung für die Grundstücke, die außerhalb des Siedlungszonen gelegen sind, fortentwickeln. Das betrifft zum Beispiel den Grundstücksverkehr, aber auch neue Regelungstypen für die land- und forstwirtschaftliche Nutzung von Flächen oder die Pflege von Naturflächen innerhalb der Kulturlandschaft.

In vorindustrieller Zeit gab es auch in Mitteleuropa Landwirtschaftsordnungen, in denen Äcker zur zeitweisen Bewirtschaftung getauscht oder die Ertragsfähigkeit der Böden bei der Landverteilung berücksichtigt wurde. Das Eigentumsrecht beinhaltete eher die Befugnis, es (zeitweise) zu bewirtschaften, als es nach Belieben zu veräußern und für andere Zwecke zu verwenden.[211] Gegen derartige gemeinschaftlich ausgeübte Bewirtschaftungsformen wurde immer wieder vorgebracht, sie führten letztlich zur Übernutzung der Landschaft, weil jeder Bewirtschafter kurzfristig einen möglichst großen Ertrag erzielen möchte (»Tragik der Allmende«).[212] Deshalb müsse man die Nutzung natürlicher Ressourcen entweder gänzlich dem freien Markt überlassen oder durch strikte staatliche Überwachung reglementieren. Dass es einen dritten Weg gibt, Naturgüter nachhaltig und schonend zu nutzen, hat die Ökonomin und Nobelpreisträgerin Elinor Ostrom am Beispiel der Nutzung von Wasserreservoiren zur Bewässerung landwirtschaftlicher Kulturen und anderer Naturgüter aufgezeigt. Sie hat bestimmte Merkmale herausgefunden, die gegeben sein müssen, damit eine kollektive Bewirtschaftung natürlicher Ressourcen auf lange Dauer gelingt, ohne dass der Staat mit Sanktions- und Überwachungsmaßnahmen eingreifen muss.[213]

Die Rechte der Natur führen dazu, dass menschliches Privateigentum an Grund und Boden und kollektives Natureigentum in ein ausgewogenes Verhältnis gebracht werden müssen. Eine über das einzelne Grund- oder Feldstück hinausgedachte Nutzung der Natur in der Kulturlandschaft sollte auf die Erfahrungen erfolgreicher Allmendemodelle zurückgreifen. Die bestehende Eigentumsordnung stellt jedenfalls nicht die einzige rechtliche Möglichkeit dar, Land zu verteilen und zu nutzen.

Ein wichtiges Ziel der Rechtsgemeinschaft mit der Natur wäre es, das Eigentum an der Kulturlandschaft bei denjenigen zu belassen, die einen örtlichen Bezug zu den Flächen haben. Land darf kein »Investment« von Personen sein, die nur Rendite erwirtschaften möchten, ohne Verantwortung für die Natur übernehmen zu wollen. Vielmehr gilt es, Verantwortungsgemeinschaften zu bilden.

In Bezug auf die Pflege und Bewirtschaftung der Kulturlandschaft gilt es, den Gedanken der gemeinsamen Fürsorge zu entwickeln. Verantwortungsgemeinschaften für das Land können die Möglichkeitsräume für seine dauerhafte Nutzbarkeit und das Existenz- und Entwicklungsrecht der Natur am ehesten gewährleisten.

Auf freiwilliger Basis wird eine fürsorgende, die Rechte der Natur berücksichtigende Landbewirtschaftung schon in Ansätzen praktiziert. Sie beruht meist auf der Initiative einzelner Personen. Aufgeschlossene Grundstückseigentümer sind bereit, ihren Beitrag zu leisten, wenn man sie anspricht und anleitet. Andererseits hängen solche Initiativen am seidenen Faden des Engagements Einzelner.

Wirtschaftliche Anreize für eine naturschonende Flächenbewirtschaftung allein werden nicht ausreichen, eine Koexistenz mit der Natur in der Kulturlandschaft flächendeckend aufzubauen. Sie sind zwar ein wichtiger Anreiz für die Land- und Forstwirte, aber auch ein zweischneidiges Schwert. Einerseits profitieren diejenigen Menschen, die in Städten und größeren Siedlungen leben und keine Grundstücke in der freien Natur besitzen, indirekt von einer ökologisch vitalen und vielfältigen Kulturlandschaft. Denn lebendige Böden und eine hohe Artenvielfalt garantieren langfristig die Erzeugung gesunder, unbelasteter Lebensmittel. Eine Landbewirtschaftung in Koexistenz mit der Natur sichert Grund- und Trinkwasservorkommen und ermöglicht Stadtbewohnern Erholung und Entspannung. Deshalb ist es ein Akt ausgleichender Gerechtigkeit, wenn die Allgemeinheit die mit einer ökologischen Landbewirtschaftung verbundenen wirtschaftlichen Erschwernisse und Einbußen ausgleicht.

Andererseits fördert eine Subventionierung eine Anspruchshaltung bei Grundeigentümern und Landbewirtschaftern, die ihre Bereitschaft an die finanzielle Abgeltung von bestimmten Leistungen knüpft. Die Dauerhaftigkeit solcher Maßnahmen indessen ist unsicher, da von wechselnden politischen und gesamtwirtschaftlichen Verhältnissen abhängig. Außerdem halte ich es für notwendig, dass wir uns von einer rein ökonomischen Betrachtung des Mensch-Natur-Verhältnisses verabschieden. Ebenso wenig, wie man gemeinschaftliche Werte wie den sozialen Frieden, ein reichhaltiges kulturelles Leben oder den Zusammenhalt und Gemeinsinn in einer Gesellschaft mit Geld aufwiegen kann, sollte auch in der Rechtsgemeinschaft zwischen Mensch und nichtmenschlicher Natur der ökonomische Nutzen nicht der alleinige Maßstab sein.

Nicht zuletzt setzt die Subventionierung einer naturschonenden Landbewirtschaftung nach wie vor am einzelnen Grundstück an.

Die geäußerte Skepsis gegenüber Zuschüssen für eine naturschonende Landbewirtschaftung darf aber den Blick nicht dafür verstellen, dass die wirtschaftspolitischen Rahmenbedingungen einen Ausgleich zwischen Landbewirtschaftern und der übrigen Bevölkerung fördern müssen. Dieser Ausgleich deckt sich nicht unbedingt mit dem in der Politik anerkannten Ziel, gleiche Lebensverhältnisse im gesamten Land anzustreben. Denn auch in ländlichen Gebieten zählt nur noch ein Bruchteil der Bevölkerung zur Gruppe der Landbesitzer bzw. Landbewirtschafter. Finanziell begünstigt werden sollten alle diejenigen, die Verantwortung für Boden und Landschaft tragen, wie Land- und Forstwirte, Umweltverbände und Privatpersonen, denen Land gehört, Jäger und nicht zuletzt kommunale Gebietskörperschaften. Wie dieser Ausgleich hergestellt wird – ob über Lebensmittelpreise, Abgaben oder Förderprogramme –, ist eine politische Frage, die der Gesetzgeber entscheiden muss.

Abgesehen von den finanziellen Aspekten, wäre eine Rechtsgemeinschaft mit der Natur in der Kulturlandschaft im Rahmen einer gemeinschaftlichen Benutzungsordnung von Vorteil. Wie oben erwähnt, gab und gibt es durchaus Vorbilder für die gemeinschaftliche Bewirtschaftung von land- und forstwirtschaftlichen Flächen. Solche Gemeinschaften existieren noch in Ansätzen, wenn man an die Jagd-, Fischerei- und Alpgenossenschaften oder Wasser- und Bodenverbände denkt.

An diese rechtlichen Strukturen könnte man anknüpfen. In den Jagdgenossenschaften beispielsweise sind von Gesetzes wegen alle Grundeigentümer zusammengeschlossen. Aufbauend auf dem Modell der Jagdgenossenschaft, könnte der Staat Grundstückseigentümer in einem überschaubaren Gebiet (z. B. einer Gemarkung) zu einer Kulturlandschaftsgemeinschaft für die Natur gesetzlich zusammenbinden. Einer solchen

Rechtsgemeinschaft müssten aber nicht nur die Eigentümerinnen und Eigentümer land- und forstwirtschaftlicher Flächen angehören, sondern auch Pächterinnen und Pächter. Denn mehr als die Hälfte aller Felder und Wiesen werden im Rahmen von Pachtverträgen bewirtschaftet.[214] Als Mitglieder könnte man zusätzlich Jagdpächter, Fischereiberechtigte, Kommunen, Naturschutz- und Landschaftspflegeverbände und vergleichbare Personengruppen aufnehmen.

Eine solche Gemeinschaft hätte die Aufgabe, für die in ihre Hände gegebene Kulturlandschaft zu sorgen, insbesondere die Qualität der Böden zu erhalten und zu verbessern, ein Wassermanagement zu etablieren, Landschaftspflegemaßnahmen durchzuführen und die Artenvielfalt zu fördern. Die Mitgliedschaft in dieser Gemeinschaft wäre mit der Pflicht verbunden, sich an diesen Maßnahmen zu beteiligen. Solche Gemeinschaften wären auch für die Bewältigung der Folgen des Klimawandels nützlich. Dürren und Starkregen können am besten gemeinsam bewältigt werden, etwa mithilfe eines großflächigen Wassermanagements.

Eine Verantwortungsgemeinschaft, die sich aus Menschen zusammensetzt, die sich persönlich kennen und regelmäßig treffen, bietet am ehesten die Gewähr dafür, dass die vom Gesetz vorzugebenden Rechtspflichten im Umgang mit der Natur sich zu Sozialnormen entwickeln, die ohne flächendeckende staatliche Überwachung beachtet werden. Denn der tägliche Umgang mit der Natur im Sinne einer Rechtsgemeinschaft kann nur funktionieren, wenn die eine Gemeinschaft bildenden Menschen ihr Verhalten selbst untereinander beobachten und Verstöße mit Missbilligung oder mit einem abgestuften System an Sanktionen ahnden. Diese Form der sozialen Kontrolle ist ein uraltes Verhaltensmuster und war eine der Triebfedern der kulturellen Entwicklung der Menschen.[215] Selbstverantwortete Überwachungs- und Sanktionsmechanismen wurden auch von Elinor Ostrom als unentbehrliche Bausteine einer funktionierenden Allmendebewirtschaftung identifiziert.[216]

Wie Rechtsnormen in Sozialnormen übergehen, konnte man wie unter einem Brennglas während der Coronapandemie beobachten. Wären die staatlich verordneten Kontaktbeschränkungen nicht von der überwiegenden Mehrheit der Bevölkerung als Verhaltensnormen akzeptiert und im Umgang miteinander praktiziert worden, wären die behördlichen Maßnahmen leer gelaufen. Man gab sich während der Pandemie nicht die Hand und verzichtete auf Körperkontakt. Verstöße hiergegen wurden mit missbilligenden oder tadelnden Äußerungen, manchmal auch mit dem Abbruch sozialer Beziehungen »beantwortet«. Rechtsnormen wurden von der Mehrheit eingeübt und wurden dadurch zu temporären sozialen Gepflogenheiten.

Übertragen auf die Kulturlandschaftsgemeinschaften, können Rechtspflichten zur verantwortungsvollen Pflege und Bewirtschaftung der Kulturlandschaft nur dann zu Verhaltensnormen werden, wenn sie gemeinsam eingeübt, praktiziert und von der Gemeinschaft selbst kontrolliert werden. Die staatliche Verwaltung könnte sich dann auf eine stichprobenartige Überwachung sowie die finanzielle und organisatorische Unterstützung beschränken.

Unbestrittenermaßen setzt eine von gemeinsamer Verantwortung getragene Landbewirtschaftung ein tiefgreifendes Umdenken bei den Eigentümern und Bewirtschaftern voraus, vielleicht sogar einen Bruch mit jahrhundertealten Ansichten und Gepflogenheiten im Umgang mit der Landschaft. Deswegen wäre es naiv zu glauben, dass mehr Verantwortung und größere Entscheidungsbefugnisse für lokale Gemeinschaften die Landbewirtschaftung gleichsam von selbst naturverträglicher machen würden. Es ist nicht belegt, dass Gemeinschaften von Menschen die Natur generell sorgsamer bewirtschaften als einzelne Eigentümer. Auch bei gemeinsamer Bewirtschaftung von Flächen steht zunächst die Optimierung des Nutzens für die Mitglieder der Gemeinschaft im Vordergrund. Eine lokale Organisation aus Grundeigentümern wäre, für sich genommen, keine Garantie für eine nachhaltige, an dem ökologischen Grundprinzip ausgerichtete Bewirtschaftung und Pflege der Kulturlandschaft.

Flächendeckend und dauerhaft wird eine über das einzelne Grundstück hinausgedachte Kulturlandschaftsgemeinschaft deshalb nur funktionieren, wenn man ihr feste rechtliche Strukturen gibt. Denn Freiheitsausübung braucht einen rechtlich gesicherten Ordnungsrahmen.[217] Es muss klar sein, welche Befugnisse auf Kulturlandschaftsgemeinschaften übertragen werden, wer Entscheidungen trifft, welche Verfahren einzuhalten und wer an der Entscheidungsfindung zu beteiligen ist. Die Rechte der Natur müssen integriert werden. Die Natur muss in der Kulturlandschaftsgemeinschaft eine Stimme im doppelten Sinne erhalten, nämlich im Sinne des Zur-

Sprache-Bringens und der Stimmabgabe bei Beschlüssen. Neben externen Vertreterinnen und Vertreter der Natur, z. B. anerkannten Umweltvereinigungen, könnte man auch aus dem Kreis der Landbewirtschafter selbst einzelne Personen als Naturbeauftragte benennen, die gegebenenfalls turnusgemäß wechseln. Solche Naturbeauftragten könnte man auch in großen landwirtschaftlichen Betriebseinheiten installieren, wie sie in ostdeutschen Bundesländern zu finden sind.

Intern bestimmte Naturbeauftragte dienten der Selbstkontrolle und Eigenüberwachung, die im Umweltrecht eine lange Tradition hat. So überwachen Betriebsbeauftragte für Gewässerschutz, Abfall und Immissionsschutz die technischen Anlagen in großen Betrieben, unterbreiten Vorschläge für die Verbesserung der Umwelttechnik und beraten und bilden die Mitarbeiterinnen und Mitarbeiter aus. Die Überwachung durch staatliche Behörden beschränkt sich auf Stichproben und turnusgemäße Kontrollen. Auf diese rechtlichen Strukturen könnte man zurückgreifen.

Die soeben beschriebenen Institutionen kosten Geld. Die Finanzierung darf nicht allein an den Grundstückseigentümern hängen bleiben. Denn von einer Kulturlandschaft in der Rechtsgemeinschaft mit der Natur profitieren auch die Menschen, die in Städten und großen Siedlungen leben. Sie müssen, wie oben bereits erwähnt, an der Finanzierung der Kulturlandschaftsgemeinschaften beteiligt werden. Ziel muss ein fairer Ausgleich zwischen den Interessen der Landnutzerinnen und Landnutzer, der übrigen Bevölkerung und den Rechten der Natur sein, immer ausgerichtet auf das ökologische Grundprinzip der Vorsorge und Fürsorge für die Gesamtheit.

Naturzonen

Es gibt nur wenige Gegenden auf der Erdoberfläche, in die Menschen seit ihrer Expansion vom afrikanischen Kontinent aus nicht vorgedrungen sind. Außerhalb von Gunstregionen blieb die Besiedelungsdichte aber meistens dünn.

Vor allem die Meere und die arktischen Gebiete waren einer intensiven menschlichen Nutzung lange Zeit nicht zugänglich. Heute erstreckt sich die tatsächliche und damit auch die rechtliche Verfügungsgewalt des Menschen fast auf die gesamte Landmasse. Eine Ausnahme bildet die Antarktis. Im Jahr 1959 schlossen die Anrainerstaaten und einige große Fischereinationen den

Antarktisvertrag. Darin verzichten die Vertragsstaaten zwar nicht endgültig auf Gebietsansprüche in der Antarktis. Solche Ansprüche werden aber, solange der Vertrag gilt, nicht geltend gemacht.

Die Vertragsstaaten betonen, die Antarktis »für alle Zeiten« nur für friedliche Zwecke nutzen zu wollen (Art. 1 Abs. 1).[218] Auch wenn die Menschheit ihre Begehrlichkeiten zur Ausbeutung der Natur in der Antarktis nicht umfassend und endgültig aufgegeben hat, könnte der Antarktisvertrag dennoch ein Vorbild dafür sein, der nichtmenschlichen Natur Zonen zu belassen, in denen der Mensch auf seinen Besitz- und Nutzungsanspruch bewusst verzichtet. Solche Ruhezonen könnte man in größerem Stil beispielsweise in Meeresgebieten, aber auch in dünn besiedelten Regionen der Erde wie Hochgebirgen, Wüsten oder großen Waldgebieten einrichten. Man muss dabei allerdings aufpassen, die legitimen Interessen indigener Bevölkerungsgruppen nicht zu missachten. Ihre Lebensweise war über lange Zeiträume hinweg Garant für eine Landnutzung im Einklang mit der Natur. Meine Überlegungen konzentrieren sich deshalb auf Naturzonen, wie sie in Mitteleuropa vorstellbar wären.

Naturzonen wären nach diesem Verständnis solche Flächen, die frei von jeglichem staatlichen Bewirtschaftungsregime sind. Das heißt, es dürften keine staatlichen Konzessionen für die Nutzung vergeben werden, wie dies zum Beispiel für die Nutzung der Gewässer möglich ist. Nach bundesdeutschem Recht gehört das Wasser zwar niemandem, darf aber mit staatlicher Genehmigung genutzt werden (Trinkwasserförderung, Wasserkraft, Fischteiche etc.).

In Naturzonen, in denen der menschliche Verfügungsanspruch über die Natur aufgegeben wird, müsste streng genommen auch das menschliche Eigentumsrecht aufgegeben werden. Es gäbe dann kein Grundbuch, das die Flächen in Flurstücke aufteilt und irgendeinem Eigentümer – und sei es dem Staat – zuordnet. Auf die Frage, ob dieser Schritt sinnvoll wäre, komme ich weiter unten zurück.

Zaghafte Ansätze, menschliche Nutzungsansprüche gegenüber der nichtmenschlichen Natur zurückzunehmen, sind auch in Mitteleuropa zu erkennen. Nationalparks und Wildnisgebiete streben eine ungestörte Entwicklung der Natur an, die Natur soll Vorrang vor menschlichen Nutzungsansprüchen haben. Doch selbst in Nationalparken, die nach § 24 Abs. 2 Satz 1 BNatSchG das Ziel verfolgen, in einem überwiegenden

Teil ihres Gebietes den möglichst ungestörten Ablauf der Naturvorgänge in ihrer natürlichen Dynamik zu gewährleisten, wird die Realität dem gesetzlichen Anspruch mancherorts nicht gerecht. Das Nationalparkgesetz für das Schleswig-holsteinische Wattenmeer etwa erlaubt sogar in der Schutzzone 1 die gewerbsmäßige Fischerei, die Schifffahrt sowie touristische Nutzungen in erheblichem Umfang. Im Einzelfall können sogar darüber hinaus Genehmigungen für weitergehende Vorhaben erteilt werden.[219]

Sind Naturzonen mit dem oben beschriebenen Inhalt überhaupt in Mitteleuropa denkbar? Der Grundsatz der Koexistenz zwischen Mensch und Natur gilt auch für die Naturzonen. Im Unterschied zur Kulturlandschaft, die der Mensch unter Achtung der Rechte der Natur gestaltet, ist der Mensch in Naturzonen lediglich Gast und Beobachter. Man kann Menschen aber aus Naturzonen nicht aussperren. Südafrikanische Wildtierparks, die eingezäunt und bewacht sind, sind für Mitteleuropa nicht geeignet und auch nicht erstrebenswert.

Auch wenn menschliche Nutzungsansprüche in Naturzonen aufgegeben werden, sind diese Gebiete keine rechtsfreien Räume. Sie müssen vor dem Zugriff der Menschen geschützt werden. Für den Aufenthalt von Menschen in Naturzonen müssen Regeln aufgestellt und durchgesetzt werden. Dazu braucht man Institutionen, die in der Lage sind, Naturzonen wirksam zu schützen. Das könnten staatliche Einrichtungen sein, in etwa wie eine Nationalparkverwaltung. Es könnten aber auch eigens geschaffene Institutionen sein. In diesem Zusammenhang wäre es von Vorteil, wenn solchen Naturzonen der Status als Rechtsperson zuerkannt würde. Die Lebensgemeinschaften in Naturzonen könnten als Rechtspersonen am Rechtsverkehr teilnehmen, ihr Territorium gegenüber menschlichen Einflüssen verteidigen oder auch rechtliche Vereinbarungen über das Verhältnis zwischen den Naturzonen und angrenzendem Kulturland abschließen. Das geltende Zivilrecht verfügt über wirksame Instrumente, um Eingriffe in eigene Rechte abzuwehren, insbesondere bei Beeinträchtigungen von Besitz und Eigentum. An dieser Stelle möchte ich die oben aufgeworfene Frage aufgreifen, ob die völlige Abschaffung des Rechtsinstituts Eigentum innerhalb von Naturzonen Sinn ergibt: Gleichgültig, ob das zivilrechtliche Eigentum an den Naturzonenflächen der dort beheimateten Natur als Rechtsperson zusteht, dem Staat oder einem Treuhänder, wäre das Eigentumsrecht ein wirksames rechtliches Mittel, um die Rechte der Natur in Naturzonen zu verteidigen. Wenn man das herkömmliche Eigentumsrecht in Naturzonen abschaffen würde, müsste man anstelle dessen ein gleichermaßen wirksames Rechtsinstitut neu schaffen, um die Rechte der Natur in diesen Gebieten abzusichern.

Neben diesen juristischen Überlegungen stellt sich für unsere seit Jahrtausenden von menschlicher Nutzung geprägten Landschaften die Frage: Ist die sich selbst überlassene Natur, die sich bei einer vollständigen Aufgabe des menschlichen Nutzungs- und Verfügungsanspruchs einstellt, tatsächlich die Natur, die man antreffen würde, gäbe es keine Menschen? Die Frage ist nicht leicht zu beantworten. Sie hängt davon ab, auf welchen Zeitpunkt man bei der Fiktion »Natur ohne Mensch« abstellt: auf den Zeitpunkt vor der Ankunft des Homo sapiens in Europa? Auf die Zeit vor dem Neandertaler? Auf die Zeit vor der Einwanderung von Bevölkerungsgruppen, die sesshaft waren und Landwirtschaft betrieben? Wissenschaftliche Forschungen deuten darauf hin, dass Mitteleuropa nach der letzten Eiszeit keineswegs fast vollständig mit Wald bedeckt war, wie Tacitus es um Christi Geburt in seiner Abhandlung über die Germanen beschrieben hat. Bereits damals waren in vielen Gegenden die großen Pflanzenfresser wie Auerochsen, Wisente oder Elche durch Bejagung dezimiert oder in unwirtliche Gegenden zurückgedrängt. Diese sogenannten Großherbivoren sind aber landschaftsprägend, denn sie halten den Wald offen. Vielleicht gab es auch größere Graslandschaften mit parkartigem Charakter. Die noch größeren Pflanzenfresser wie Waldelefanten, Riesenhirsche oder Nashörner hatten die Menschen nach ihrer Ankunft in Europa bereits ausgerottet.

Wahrscheinlich ist es letztlich keine fachliche, sondern eine gesellschaftspolitische Entscheidung, inwieweit man auch in Naturzonen fürsorgend eingreift. Sollten sich paläobiologische und ökologische Forschungen erhärten, dass große Pflanzenfresser für die Natur in unseren Breiten tatsächlich eine unentbehrliche Rolle spielen, stünde der Mensch in der Verantwortung, diese Tiere, soweit möglich, wieder in den Naturzonen anzusiedeln.

Dem Gedanken der Fürsorge kommt auch in Zusammenhang mit dem Verhältnis zwischen Naturzonen und Kulturlandschaft eine bedeutende Funktion zu. Denn es wäre naiv zu glauben, Naturzonen, die von einer mehr oder weniger intensiv genutzten Kulturlandschaft umschlossen sind, wären gleichsam Inseln der Glückseligkeit für die nichtmenschliche Natur.

Die Lebewesen in der Naturzone stehen im Austausch mit der Kulturlandschaft außerhalb. Da der Mensch Tiere, die an der Spitze der Nahrungskette stehen, ausgerottet und zurückgedrängt hat, stellt sich zum Beispiel die Frage, ob die Jagd in diesen Gebieten ruhen soll oder nicht. Bauen sich ohne Bejagung dichte Bestände an großen Pflanzenfressern wie Hirschen oder Rehen auf, wird sich die Naturzone in eine bestimmte Richtung entwickeln. Damit wären wir wieder bei der Frage, welche Rolle große Pflanzenfresser in Naturzonen spielen (sollen).

Praktisch relevant dürfte vielfach auch das Thema werden, wie man Konflikte mit der angrenzenden Kulturlandschaft vermeiden kann, etwa wenn die Naturzone zum ungestörten Rückzugsraum für Tierarten wird, die in der angrenzenden Kulturlandschaft überreichlich Nahrung finden und dadurch Schäden an landwirtschaftlichen Kulturen verursachen oder empfindliche Arten in der Kulturlandschaft zurückdrängen.

Der Mensch kann sich seiner Verantwortung für die Fürsorge von Naturzonen also nicht entziehen. Der Perspektivenwechsel in der Rechtsgemeinschaft mit der Natur liegt darin begründet, dass der Mensch seiner grenzenlosen Verfügungsmacht Einhalt gebietet. In Naturzonen beschränkt er sich auf die Rolle des Bewahrers und des Gastes. Der Mensch erkennt damit an, dass ihm nicht der gesamte Planet alleine gehört. Menschen können sich in Naturzonen auch mit ihrem Verhältnis zur Natur (und mitunter auch zu sich selbst) auseinandersetzen. Die touristische Anziehungskraft von Nationalparks überall auf der Welt, gleichgültig, ob sie der Qualität von Naturzonen nahekommen, bringt die natürliche Affinität der menschlichen zur nichtmenschlichen Natur überdeutlich zum Ausdruck.

Man könnte, nicht ganz zu Unrecht, einwenden, die Kernzonen mancher Wald- oder Alpennationalparke sowie große Wildnisgebiete von privaten gemeinnützigen Organisationen entsprächen in ihrer ökologischen Qualität bereits heute weitgehend den hier beschriebenen Naturzonen. Es ist auch weniger die tatsächliche Beschaffenheit, die den Unterschied ausmacht, sondern die Sichtweise, die wir als Menschen auf diese Gebiete haben. Der Umstand, dass die Natur in solchen Gebieten buchstäblich (und rechtlich) nur sich selbst gehören würde, hätte eine hohe Symbolkraft, die man nicht unterschätzen sollte. Deshalb sind Naturzonen auch in dicht besiedelten Regionen wie Mitteleuropa für eine Rechtsgemeinschaft mit der Natur unentbehrlich.

Kapitel 12

Globale Rechtsgemeinschaft mit der Natur

Die Rechtsgemeinschaft mit der Natur als ökologische Rechtsordnung, wie ich sie zur Diskussion gestellt habe, baut auf den Gedanken der (mittel-)europäischen, namentlich der deutschen Rechts- und Verfassungstradition auf. Ein universell für alle Staaten gültiges Modell wird es nicht geben. Jede Rechtskultur muss für sich selbst den geeigneten Weg zur Koexistenz mit der nichtmenschlichen Natur finden.[220]

Darüber hinaus ist aber die Frage berechtigt, ob nicht eine globale Rechtsgemeinschaft mit der Natur auf völkerrechtlicher Ebene dringend nötig ist. Denn die Biosphäre auf der Erde ist ein ineinander verwobenes Geflecht an Naturräumen.

Blickt man vom Weltall auf den Blauen Planeten, kann man keine Ländergrenzen erkennen. Sie existieren nur in unseren Köpfen und bisweilen leider auch in Gestalt von Mauern und Zäunen.

Natürlich wäre es wünschenswert, wenn es irgendwann eine erdumspannende ökologische Verfassungsordnung gäbe. Wahrscheinlich ist eine solche Weltordnung sogar unumgänglich. Ihren Inhalt und vor allem ihren verfahrensrechtlichen und institutionellen Rahmen zu beschreiben, ist jedoch nicht möglich. Denn eine solche transnationale Verfassung kann nur das Ergebnis politischer Verhandlungen auf internationaler Ebene sein.

Hinzu kommt, dass das Völkerrecht mit einem entscheidenden Manko behaftet ist: der Souveränität der Staaten und dem Prinzip der Freiwilligkeit. Es gibt keine Weltregierung, die einen einzelnen Staat zwingen kann, der Natur auf seinem Territorium und der Biosphäre insgesamt keinen Schaden zuzufügen. Im heutigen Verbund eigenständiger Nationalstaaten können völkerrechtliche Verträge nicht mit rechtlichen Mitteln durchgesetzt werden. Verstößt ein Staat gegen transnationale Abkommen, kann ihre Geltung nur erzwungen werden, indem das betreffende Land mit wirtschaftlichen Sanktionen und/oder politischer Isolation bestraft wird. Gegenüber Diktaturen oder wirtschaftlich starken Ländern funktioniert dieser Mechanismus aber nur bedingt.

Die Rechtsgemeinschaft mit der nichtmenschlichen Natur ist getragen von den Prinzipien der Koexistenz und des Respektes vor anderen Lebewesen. Eine innerhalb der Menschheit gewaltsam erzwungene ökologische Weltordnung geriete in Widerspruch mit diesen Prinzipien, wäre inkonsistent.

Trotz des Grundsatzes der Freiwilligkeit im Völkerrecht sollten die positiven Ansätze internationaler Kooperation nicht gering geschätzt werden. In den Vereinten Nationen arbeiten viele Staaten im Bereich der Gesundheitspolitik, der humanitären Hilfe, aber auch auf dem Feld der Umweltpolitik zusammen. Wie man an den Klimaschutzabkommen, aber auch anderen überstaatlichen Konventionen sieht, gelingt es über kulturelle Barrieren und tiefgreifende politische Differenzen hinweg, völkerrechtliche Verträge zum Schutz der Erde abzuschließen.

Vielleicht kann die Rechtsgemeinschaft mit der Natur ein Band zwischen konkurrierenden oder gar verfeindeten Staaten oder Blöcken knüpfen, das auch die friedliche Koexistenz unter den Menschen stärkt.

Kapitel 13

Die Transformation der Rechtsordnung – ein Ausblick

Wie könnte der beschriebene Paradigmenwechsel in der Rechtsordnung Wirklichkeit werden? Muss sich erst das gesellschaftliche Bewusstsein ändern, damit eine Verfassungsänderung wie in Ecuador eine politische Mehrheit finden kann, oder soll erst die Verfassung geändert werden, damit sich unter neuen rechtlichen Rahmenbedingungen ein anderes gesellschaftliches Bewusstsein herausbildet? Also Wandel der Rechtskultur durch gesellschaftspolitische Initiativen (bottom-up) oder durch staatliche Rechtssetzung (top-down)?

Um eine Vorstellung zu bekommen, wie eine solche Transformation gelingen könnte, kann ein Blick in die Vergangenheit Anhaltspunkte liefern. Vor etwa 200 Jahren ergriffen große gesellschaftliche Veränderungen die Bevölkerungen in Nordamerika und Europa. Mit der Französischen Revolution und im Gefolge von freiheitlichen Bestrebungen in ganz Europa gewann die Idee der Menschenrechte an Gestalt. In Deutschland wurden individuelle Grundrechte erstmals in der Paulskirchenverfassung 1849 Bestandteil eines – allerdings nicht in Kraft gesetzten – Verfassungstextes. Vorausgegangen waren dem Grundrechtskatalog, den das erste frei gewählte deutsche Parlament verabschiedete, die »Erklärung der Menschen- und Bürgerrechte« durch die französische Nationalversammlung im Jahr 1789 und die Unabhängigkeitserklärung der Vereinigten Staaten im Jahr 1776. Diese wiederum fußten auf rechtsphilosophischen und politischen Ideen aus dem 17. und 18. Jahrhundert, etwa Samuel von Pufendorf, John Locke oder Jean-Jacques Rousseau.[221] Die Ideen der Französischen Revolution transportierten Dichter und Schriftsteller über Universitäten, Literatur, Kunst und Theater in die bürgerliche Gesellschaft. Daraus entwickelten sich gesellschaftliche Strömungen, die von Adel und Kirche Freiheit und Gleichheit für alle einforderten. Reformen in Richtung einer freiheitlichen Rechtsordnung wurden, wenn auch zögerlich, auch von oben herab verordnet, etwa durch den Preußenkönig Friedrich II. oder auf Betreiben der napoleonischen Besatzungsmacht in den westlichen und süddeutschen Staaten.

Begleitet wurden diese Entwicklungen von dramatischen Umbrüchen in der Bevölkerungsstruktur und der Ökonomie: Die Bevölkerungszahl nahm in der zweiten Hälfte des 18. Jahrhunderts in den später zum Deutschen Reich gehörenden Staaten je nach Region zwischen 50 und 100 Prozent zu.[222] Es setzte eine nie gekannte Landflucht ein, die Industrialisierung nahm ihren Lauf, getrieben von der Erfindung der Dampfmaschine.

Vor allem die Französische Revolution hatte einen ganz wesentlichen Anteil an der geistesgeschichtlichen und politischen Entwicklung, denn sie schuf mit der Erklärung der Menschen- und Bürgerrechte verbindliches Verfassungsrecht und setzte damit politische Theorien in geltendes Recht um.

In den Politik- und Sozialwissenschaften diskutiert man mehrere Modelle, wie unvorhergesehene äußere Ereignisse und gesellschaftliche Umbrüche (»shocks«) eingefahrene Verhaltensmuster und Regeln schlagartig verändern können. Eine Theorie besagt, dass Technologien, aber auch Einstellungen und Verhaltensweisen, die nur in gesellschaftlichen oder wirtschaftlichen Nischen existieren, durch veränderte äußere Umstände plötzlich mehrheitsfähig werden. Ein anderes Modell besagt, dass durch den Druck von äußeren Umständen Politik und Gesellschaft gezwungen sind, bisherige Regeln schnell anzupassen, um Nachteile und Gefahren von den Menschen abzuwenden. Ob solche geänderten Regeln und Verhaltensweisen dann aber dauerhaft bestehen bleiben, hängt von vielen Faktoren ab, unter anderem Dauer und Häufigkeit solcher krisenhaften Situationen.[223] Sollen sich soziale und juristische Normen langfristig durchsetzen, müssen sie jedenfalls vorher in Teilen der Gesellschaft erörtert und grundsätzlich gebilligt werden.

Um auf die Menschen- und Bürgerrechte zurückzukommen: Ohne theoretische staatsphilosophische und staatspolitische Konzepte, die im 18. und 19. Jahrhundert von Teilen der Gesellschaft aufgenommen und verbreitet wurden, hätten die Grundrechte nicht den Weg in heutige Verfassungsordnungen gefunden, auch wenn dies ein wechselvoller historischer Prozess aus Revolution, Reform und Restauration war, begleitet von demografischen, wirtschaftlichen und politischen Entwicklungen, insbesondere zwei Weltkriegen im 20. Jahrhundert.

Eine Blaupause für die Transformation der Verfassungs- und Rechtsordnung im Sinne einer Rechtsgemeinschaft mit der Natur lässt sich aus dem historischen Vergleich mit den menschlichen Grundrechten ganz gewiss nicht herstellen. Man kann aber immerhin den Schluss ziehen, dass ohne eine theoretische Fundierung einer Rechtsgemeinschaft mit der nichtmenschlichen Natur eine Neuausrichtung der Rechtsordnung nicht zu erreichen sein wird. Initiativen aus der Gesellschaft müssen den Prozess anstoßen, und wahrscheinlich bedarf es zudem mächtiger Impulse durch äußere Ereignisse. Alles Weitere wäre Spekulation.

Die Novellierung der Verfassung Ecuadors im Jahr 2008 kommt nach meiner Überzeugung hinsichtlich ihrer historischen Dimension der Erklärung der Menschen- und Bürgerrechte durch die französische Nationalversammlung im Jahr 1789 nahe. Denn in Ecuador wurde erstmals ein neues Selbstverständnis des Menschen im Verhältnis zur Natur als Grundlage eines Staates anerkannt und der Natur wurde ein eigener Rechtsstatus zugesprochen. Sicherlich sind die politischen Auswirkungen dieser Verfassungsänderung nicht mit der Französischen Revolution vergleichbar, die im Zentrum Europas stattfand, deren Staaten damals große Teile der Welt wirtschaftlich und politisch dominierten. Der Verfassungstext Ecuadors hat jedoch Vorbildcharakter für alle Staaten dieser Erde.

Es wird für die Menschheit eine Überlebensfrage sein, ihr Verhältnis zur Natur neu zu bestimmen. Die Wirtschaftssysteme umzubauen und das Bildungswesen auf eine Koexistenz des Menschen mit den anderen Lebewesen auszurichten, ist eine Herkulesaufgabe. Eine Neuausrichtung der Rechtsordnung ist ein Baustein von vielen, jedoch ein ganz entscheidender, um den Planeten bewohnbar zu halten.

Ob die Menschheit diesen kulturellen Schritt schafft, ist offen. Unsere Körperlichkeit als Säugetier können wir nicht ändern. Auf eine Laune der Natur, die uns durch eine genetische Mutation ein »Gen der umfassenden Weisheit« beschert, das sich im menschlichen Genom durchsetzt, brauchen wir nicht zu hoffen. Eine technische »Aufrüstung« unseres Gehirns, die unsere Verhaltensweisen in einem ökologisch verträglichen Sinne manipuliert, möchten wir uns nicht wünschen.

Andererseits kann die Tatsache, dass der Mensch, biologisch gesehen, ein Tier ist, auch eine Chance im Umgang mit der nichtmenschlichen Natur sein. Denn die Selbsterkenntnis, dass wir mit anderen Lebewesen verwandt sind, kann Ausgangspunkt für eine neue Sichtweise der Natur und Grundstein für eine Rechtsgemeinschaft mit der Natur werden.

Danksagung

Für wertvolle Hinweise und Anregungen zu dem Manuskript danke ich den Mitgliedern des Vereins »Netzwerk Rechte der Natur e. V.« (www.rechte-der-natur.de), namentlich Christine Ax, Karina Czupor, Dr. Peter Mohr und Helmut Scheel, den Juristen Alfred Hillebrand und Dr. Otmar Lell sowie Dr. Stefan Knauß vom Helmholtz-Zentrum für Umweltforschung Leipzig.

Weiterführende Informationen zur Initiative Grundgesetzreform des *Netzwerk Rechte der Natur e.V.*:
https://www.rechte-der-natur.de/de/initiative-grundgesetzreform.html

NETZWERK
RECHTE
DER NATUR
www.rechte-der-natur.de

Über den Autor

© Sandra & Laura Vögele

Bernd Söhnlein ist Fachanwalt für Verwaltungsrecht in Neumarkt in der Oberpfalz mit den Schwerpunkten Umwelt- und Planungsrecht. Seit vielen Jahren ist er ehrenamtlich im Naturschutz tätig und ist Gründungsmitglied des Vereins »Netzwerk für Rechte der Natur e.V.«.

Anmerkungen

1 Überblick bei: Kramm: Rechte für Flüsse, Berge und Wälder, Kap. II und III.

2 Der Wirtschafts- und Sozialausschuss der Europäischen Union hat im Jahr 2019 eine Studie vorgelegt, die sich mit der Forderung für eine Charta über die Rechte der Natur auf europäischer Ebene befasst: The European Economic and Social Committee: Towards an EU Charter for the Fundamental Rights of Nature.

3 Kirchhoff/Trepl: Vieldeutige Natur, S. 13.

4 Zu diesem Naturbegriff: Mill: Nature, S. 131.

5 Mill, ebd.

6 Zur Definition, was Leben ist: Fritsche: Biologie für Einsteiger, S. 1 ff.

7 Nicht zu leugnen ist, dass die Abgrenzung zwischen Artefakten und Naturbestandteilen Schwierigkeiten bereiten kann: Auch ein Vogelnest ist eine Art Kunstprodukt, steht aber insofern in einer Wechselbeziehung zu Lebewesen, als es von ihm zur Fortpflanzung genutzt wird. Gleiches gilt für einen maschinell hergestellten Nistkasten, der im Wald als Ersatzbrutplatz aufgehängt wird. Wie bei allen unbestimmten Rechtsbegriffen muss im Einzelfall entschieden werden, was zur Natur im Sinne der beschriebenen juristischen Definition gehört und was nicht.

8 Soentgen: Ökologie der Angst, S. 8.

9 Soentgen, ebd., S. 7.

10 Der WBGU definiert die Biosphäre wie folgt: »Die Biosphäre ist der von Leben erfüllte Raum der Erde, von der belebten Schicht der Erdkruste (inklusive Seen und Ozeane) bis hin zur unteren Schicht der Atmosphäre. Die Biosphäre bildet ein nahezu ausschließlich von der Sonnenenergie angetriebenes globales Ökosystem, das aus Organismen und dem Teil der unbelebten Materie besteht, mit dem Organismen in Wechselwirkung stehen. Sie ist gekennzeichnet durch komplexe, weltumspannende Stoffkreisläufe.« WBGU: Jahresgutachten 1999, S. 9.

11 Eingehend: Ehlers: Das Anthropozän.

12 Das Zweite Konvivialistische Konzept, S. 33 f.

13 Buck: Pico della Mirandola. Über die Würde des Menschen, S. 7.

14 Buck, ebd.: Einleitung XII ff.

15 Bundesverfassungsgericht (BVerfG), Urteil vom 21.6.1977, Az. 1 BvL 14/76, Neue Juristische Wochenschrift (NJW) 1977, 1525.

16 Henrich: Die seltsamsten Menschen der Welt, S. 37 f.

17 Überblick bei: Wesel: Geschichte des Rechts, Rz. 249; s. auch: Welzel: Ein Kapitel aus der Geschichte der amerikanischen Menschenrechte, S. 238 ff.

18 Hardmeier/Ott: Naturethik und biblische Schöpfungserzählung, S. 43 f.

19 Wesche: Die Rechte der Natur, S. 19.

20 Meyer-Abich: Wege zum Frieden mit der Natur, S. 190.

21 Böckenförde: Recht, Staat, Freiheit, S. 112.

22 Zhao: Alles unter dem Himmel, S. 79.

23 Muntenbrock verwendet dafür den treffenden Begriff der Zivilreligion, Muntenbrock: Zivilreligion, Rn. 569 f.

24 Muntenbrock, ebd., Rn. 445.

25 »Celebrating nature, the Pacha Mama (Mother Earth), of which we are a part and which is vital to our existence (…), Hereby we decide to build a new form of public coexistence, in diversity and in harmony with nature, to achieve the good way of living, the sumak kawsay.«

26 Im zweiten konvivialistischen Manifest wird Konvivialismus als »Kunst des Zusammenlebens (con-vivere)« beschrieben, die es ermöglicht, gleichzeitig füreinander und für die Natur Sorge zu tragen: Das zweite konvivialistische Manifest (Fn. 12), S. 35.

27 White: The Historical Roots of Our Ecological Crisis, Science 155 (3767), S. 1203–1207.

28 Hardmeier/Ott (Fn. 18), S. 38 ff.

29 Hardmeier/Ott (Fn. 18), S. 141 ff., 258; Ibrahim Ozdemir als Vertreter der islamischen Theologie weist darauf hin, dass auch der Koran so ausgelegt werden könne, dass die Natur als Gesamtheit einen Eigenwert besitzt, unabhängig vom Nutzen für den Menschen: Ozdemir: Toward an understanding of environmental ethics from a Qur'anic perspective, S. 20.

30 Hume: A Treatise of Human Nature, Book III, Part. I, Sect. I.

31 Mill (Fn. 4).

32 BVerfG, Urt. v. 21.6.1977 (Az. 1 BvL 14/76, BVerfGE 45, 187/229).

33 Mahlmann: Rechtstheorie und Rechtsphilosophie, § 35 Rn. 45.

34 Überblick bei Mahlmann, ebd., § 35 Rn. 1–48.

35 S. schon: Hume (Fn. 30).

36 Nietzsche: Über Wahrheit und Lüge im außermoralischen Sinne, S. 1.

37 Mahlmann (Fn. 33), § 34 Rn. 39.

38 Gabriel: Der Mensch als Tier, S. 51.

39 Purdy: After Nature, S. 280.

40 Largo: Das passende Leben, S. 97 ff.

41 Methorst J. et al., The importance of species diversity for human well-being in Europe, Ecological Economics 181 (2021) 106917; Cox D. T. C. et al., Doses of Neighborhood Nature: The Benefits for Mental Health of Living with Nature, BioScience, February 2017, Vol. 67 No. 2, S. 147 ff.

42 Searles: The nonhuman environment in normal development and schizophrenia, S. 5 f.; Gebhard: Erfahrungen von Natur und seelische Gesundheit, S. 134 f.

43 BVerwG, Urt. v. 7.3.1997 (Az. 4 C 10/96), Beschl. v. 26.11.2020 (Az. 4 BN 26.20).

44 Barkmann: Handbuch der Umweltwissenschaften, Bd. 4, Kap. VI 3.8.2; Barkmann weist zu Recht darauf hin, dass sich die Unversehrtheit (Integrität) von Ökosystemen nicht objektiv naturwissenschaftlich beschreiben lässt, sondern der Begriff der Integrität zwangsläufig durch menschliche Wertvorstellungen aufgeladen ist.

45 S. dazu: Hunt: Inventing Human Rights, S. 26–34.

46 Eichholz: Gerechtigkeit, Menschenwürde und die Rechte der Natur, S. 78.

47 So Purdy (Fn. 39), S. 272.

48 In Bezug auf Menschenrechte ebenso: Mahlmann (Fn. 33), § 3 Rn. 26 a. E.; ähnlich argumentiert Meyer-Abich: Naturphilosophische Begründung einer holistischen Ethik, S. 172; ders.: Wege zum Frieden mit der Natur (Fn. 20), S. 174; Meyer-Abich geht es dabei um die Frage, ob nichtmenschlichen Naturelementen ein ethischer Eigenwert zukommt. Dieser Gesichtspunkt spielt im Rahmen der Begründung einer vorstaatlichen Prämisse des Eingebundenseins des Menschen in das Naturgeschehen keine Rolle. Denn es geht hier allein um das Selbstverständnis des Menschen im Verhältnis zur nichtmenschlichen Natur.

49 Kant: Grundlegung zur Metaphysik der Sitten, S. 428.

50 Korsgaard: Tiere wie wir, S. 36 f.

51 Nussbaum: Gerechtigkeit für Tiere, S. 125.

52 Soentgen (Fn. 8), S. 7 ff.

53 Wesche (Fn. 19), S. 183 ff.

54 Kramm: When a River becomes a Person, S. 307–319.

55 Gutmann: Hybride Rechtssubjektivität, S. 110 f.

56 Die menschlichen Zivilisationen sind in die natürlichen Abläufe der Biosphäre eingebunden. Sie sind die Grundlage allen menschlichen Lebens und Wirkens.

57 Zum Kreislauf als Grundprinzip natürlicher Abläufe: Reheis: Erhalten und Erneuern, S. 17.

58 Der Vorschlag lautet, Art. 1 GG um einen neuen Absatz 2 zu ergänzen: »Die Würde der Natur gebietet, die natürlichen Lebensgrundlagen zu schützen, zu pflegen und zu wahren und den Eigenwert der natürlichen Mitwelt im Ganzen der Natur zu achten« [https://www.rechte-der-natur.de/files/opensauce/pdf/Netzwerk%20Rechte%20der%20Natur%20_%20Grundgesetzreform%2022%20April%202022_.pdf].

59 Enders: Die Menschenwürde in der Verfassungsordnung, S. 412.

60 Richter: Die Würde der Kreatur, S. 321.

61 Söhnlein: Landnutzung im Umweltstaat des Grundgesetzes, S. 26 ff.

62 Richter (Fn. 60), S. 322.

63 Richter, ebd., S. 323 ff.

64 Richter, ebd., S. 328.

65 BVerfG, Urt. v. 10.10.1995 (Az. 1 BvR 198/91, BVerfGE 93, 266 / 293); Gröschner: Das Überwachungsrechtsverhältnis, S. 102, 114 f.

66 BVerfG, Urt. v. 12.10.2010 (Az. 2 BvF 1/07), Rn. 121.

67 Voßkuhle: Umweltschutz und Grundgesetz, Neue Zeitschrift für Verwaltungsrecht (NVwZ) 2013, S. 8.

68 Kersten: Das ökologische Grundgesetz, S. 111–118; Kersten nennt als Grundpfeiler des ökologischen Staatsprinzips die Achtung der Natur und der Tiere, der Artenvielfalt, die Bewahrung der Meere und des Klimas.

69 Zum Ganzen: Mahlmann (Fn. 33), § 17 Rnrn. 15–30.

70 BVerfG, Urt. v. 11.09.2007 (Az. 1 BvR 2270/05, 1 BvR 809/06, 1 BvR 830/06).

71 BVerfG, Urt. v. 01.07.1953 (Az. 1 BvL 23/51).

72 Laplace: Philosophischer Versuch über die Wahrscheinlichkeiten, S. 4.

73 Wissenschaftlicher Beirat der Bundesregierung Globale Umweltveränderungen (WBGU): Jahresgutachten 1999, S. 229.

74 Soentgen (Fn. 8), S. 113.

75 WBGU (Fn. 73), S. 229 f.; s. a.: McCoy et al.: Natural aerosols explain seasonal and spatial patterns of Southern Ocean cloud albedo.

76 Ripl/Hildmann: Nachhaltige Bewirtschaftung von Ökosystemen aus wasserwirtschaftlicher Sicht, S. 72 f.; Otto: Waldökologie, S. 297.

77 Mambrey: Ökologische Systeme verstehen, S. 12.

78 Zhao (Fn. 22), S. 79.

79 Höffe: Goldene Regel, S. 118.

80 Zhao (Fn. 22), S. 231 f.

81 Zhao, ebd., S. 231 f.

82 Schmitz Oswald et al.: Animals an the zoogeochemistry of the carbon cycle

83 Dazu bereits: Jonas: Das Prinzip Verantwortung, S. 28.

84 Scherer/Heselhaus: Handbuch des EU-Wirtschaftsrechts. Umweltrecht, Rn. 35 f.

85 BVerfG, Beschl. v. 24.03.2021 (Az. 1 BvR 2636/18 u. a.), Rn. 206, 211.

86 WBGU (Fn. 73), S. 407 ff.

87 BVerfG, Beschl. v. 20.12.1979 (Az. 1 BvR 385/77).

88 Callies: Rechtsstaat und Umweltstaat, S. 511 f.

89 Wagner/Bergthaler/Krömer/Grabmair: Eigenrechtsfähigkeit der Natur, S. 89.

90 Adloff; Ontologie, Konvivialität und Symbiose oder: Gibt es Gaben der Natur?, S. 208 ff.; Corte Constitutional del Ecuador, Ruling No. 1149–19-JP/21 (»Los Cedros«), Rz. 49.

91 Ebd., Rz. 50 ff., mit Verweis auf IAHCR Court, Advisory Opinion 23–17.

92 BVerfG, Urt. v. 16.1.1957 (Az. 1 BvR 253/56/BVerfGE 6, 32, 41).

93 BVerfG, Urt. v. 9.2.2010 (Az. 1 BvL 1/09 u. a./BVerfGE 125, 175, 222).

94 Kirste: Die beiden Seiten der Maske. Rechtstheorie und Rechtsethik der Rechtsperson, S. 345 (349).

95 BVerfG, Beschl. v. 19.02.2014 (Az. 2 BvR 2455/12, Rn. 15); Bayerischer Verfassungsgerichtshof, Entscheidung v. 18.11.2002 (Az. Vf. 3-VII-01, Rn. 40).

96 Mayr: »Rechte am Embryo«. Zivil- und familienrechtliche Fragestellungen

im Rahmen der In-vitro-Fertilisation, Neue Zeitschrift für Familienrecht (NZFam) 2018, S. 914.

97 BVerfG, Urt. v. 28.05.1993 – 2 BvF 2/90.

98 Der im Folgenden verwendete Begriff des subjektiven Rechtes meint seine Ausprägung als subjektives Recht im Sinne eines durchsetzbaren Rechtsanspruchs.

99 Kirste, (Fn. 94), S. 350.

100 Art. 43 United Nations Declaration on the Rights of Indigenous Peoples, UN-Deklaration Nr. 61/295.

101 Kirste (Fn. 94), S. 350.

102 Zhao (Fn. 22), S. 14.

103 Zhao, ebd., S. 18.

104 Gorke: Artensterben, S. 195.

105 Kirchhoff/Trepl (Fn. 3), S. 52 ff.

106 Gorke (Fn. 104), S. 95.

107 Zum Ganzen: Kirchhoff/Trepl (Fn. 2), S. 52 ff.; Sadava et al.: Biologie, S. 1728, 1756 f.

108 DAF/ANL, Begriffe aus Ökologie, Landnutzung und Umweltschutz.

109 Verfassungsgericht des Landes Brandenburg Beschl. v. 12.10.2000 (Az. 20/00).

110 Kirste (Fn. 94), S. 351.

111 Zur Historie: Musielak/Voit: Zivilprozessordnung, § 50 Rn. 23.

112 So Kirste (Fn. 94), S. 367.

113 BVerfG, Beschl. v. 24.10.2022 (Az. 1 BvR 19/22).

114 Roth: Das Problem der Willensfreiheit aus der Sicht der Hirnforschung.

115 Kirste (Fn. 94), S. 371.

116 Savigny: System des heutigen Römischen Rechts. Zweyter Band, § 60.

117 Henrich: Secret of our success, S. 280 ff.

118 Kirste (Fn. 94), S. 372.

119 Purdy (Fn. 39), S. 279.

120 In diesem Sinne Purdy, ebd.

121 Birnbacher: Juridische Rechte für Naturwesen. Eine philosophische Kritik, in: Nida-Rümelin/Pfordten, Ökologische Ethik und Rechtstheorie, S. 71.

122 Nach Kant sind die Gegenstände der Erfahrung auf das sinnlich Wahrnehmbare beschränkt: Kant: Kritik der reinen Vernunft, S. 207.

123 Inter-American Court of Human Rights, Advisory Opinion OC-23/17 v. 15.11.2017, Nr. 47.

124 BVerfG, Beschl. v. 24.03.2021 (Az. 1 BvR 2656/18), Rn. 114.

125 Gutmann: Monkeys in their own right, The Estrellita Judgement of the Ecuadorian Constitutional Court.

126 Korsgaard, (Fn. 50), S. 249 ff.

127 Der spanische Gesetzestext verwendet allerdings nicht den Begriff »persona juridica« (Rechtsperson), sondern »la personalidad juridica« (Rechtspersönlichkeit).

128 So auch: Corte Constitutional Del Ecuador im Fall »Los Cedros« (Rn. 87) Rz. 43.

129 Morgan: Die Urgesellschaft, S. 52 ff.

130 Lehninger/Nelson/Cox: Prinzipien der Biochemie, S. 426 f.

131 Wesche (Fn. 19), S. 253.

132 Wesche, ebd., S. 195 ff.

133 United Nations Environmental Programme, The Economics of Ecosystems and Biodiversity (TEEB), Genf 2010, S. 19.

134 Wesche (Fn. 19), S. 254 ff.

135 In diese Richtung argumentiert auch die Philosophin Martha Nussbaum; Nussbaum (Fn. 51), S. 265 ff.

136 OLG Celle, Beschl. v. 30.1.2018 (Az. 9 W 13/18).

137 Altwicker: Rechtsperson im Rechtspositivismus, S. 225 (238); Kirste (Fn. 94), S. 345 (354).

138 Corte Constitutional del Ecuador, 10.11.2021, CASE No. 1149–19-JP/20.

139 In diesen Beispielen ergibt sich der Rechtsanspruch aus europäischen Rechtsvorschriften, nämlich der Luftqualitätsrichtlinie: Europäischer Gerichtshof, Urt. v. 25.07.2008 (Rs. C-237/07).

140 Entsprechende Projekte werden von einer österreichischen Medienagentur bereits umgesetzt.

141 Verwaltungsgericht Hamburg, Beschl. v. 22.09.1988 (Az. 7 VG 2499/88).

142 § 2 Unterlassungsklagengesetz (UKlAG).

143 Kersten (Fn. 68), S. 100 ff.

144 Duden, Das Fremdwörterbuch: »Entität«.

145 Für eine umfassende, insbesondere auch die Pflanzen einschließende Rechtssubjektivität der Natur auch: Meyer-Abich (Fn. 20), S. 182 ff.

146 Purdy (Fn. 39), S. 279.

147 Richtlinie 2011/92/EU des Europäischen Parlaments und des Rates vom 13. Dezember 2011 über die Umweltverträglichkeitsprüfung bei bestimmten öffentlichen und privaten Projekten, ABl. L 26/1 ff.

148 Erwägungsgrund Nr. 14 der UVP-Richtlinie, ebd.

149 BGH, Urt. vom 13.06.2013 (Az. IX ZR 155/11), NJW 2013, 2965.

150 Corte Constitutional Del Ecuador (Fn. 90).

151 BVerwG, Beschl. vom 19.07.2012 (Az. 1 B 6.12).

152 Vorbild dazu könnte § 67a Verwaltungsgerichtsordnung sein: Nach dieser Vorschrift kann ein Verwaltungsgericht bei einem Prozess, an dem mehr als zwanzig Personen im gleichen Interesse beteiligt sind, ohne durch einen Prozessbevollmächtigten vertreten zu sein, den Klagenden durch Beschluss aufgeben, einen gemeinsamen Bevollmächtigten zu bestellen, wenn sonst die ordnungsgemäße Durchführung des Rechtsstreits beeinträchtigt wäre.

153 S. Erwägungsgrund Nr. 18 der Aarhus-Konvention.

154 Kissel: Grenzen der rechtsprechenden Gewalt.

155 BVerfG, Beschl. vom 20.07.2021 (Az. 1 BvR 2756/20 u. a.).

156 Prof. Dr. Jens Kersten ist Inhaber des Lehrstuhls für Öffentliches Recht und Verwaltungswissenschaften an der Ludwigs-Maximilians-Universität in München.

157 Kersten (Fn. 68), S. 153, 155 ff.

158 Kersten, ebd., ausführlich, einen Ökologischen Rat befürwortend: Callies (Fn. 88), S. 515 ff.

159 https://www.bmwk.de/Redaktion/DE/Dossier/Gas-Kommission/20221031-kommission-fur-gas-und-warme-legt-abschlussbericht-vor.html (abgerufen: 08.08.2023).

160 Ebenso: Callies C. (Fn. 88), S. 517.

161 S. zu den von Kersten vorgeschlagenen Gremien: Kersten (Fn. 68), S. 135 ff.

162 S. § 51 Gesetz über Naturschutz und Landschaftsentwicklung im Bundesland Vorarlberg, vom 04.03.1997 in der Fassung vom 17.09.2013, LGBl. Nr. 44/2013; Es ist allerdings ein gewisses Paradox, dass die Umweltanwaltschaften in Österreich geschaffen wurden, um Klage- und Beteiligungsrechte von Umweltverbänden aufgrund völker- und europarechtlicher Vorgaben zu unterlaufen, und sie ihre Funktion und Bedeutung womöglich einbüßen, nachdem die österreichischen Umweltgesetze an das Europarecht angepasst werden mussten.

163 § 46c Abs. 2 Gesetz über Naturschutz und Landschaftsentwicklung im Bundesland Vorarlberg v. 04.03.1997 in der Fassung vom 16.01.2024, LGBL. Nr. 8/2024.

164 Der Sachverständigenrat ist ein Gremium aus Wissenschaftlern verschiedener Fachdisziplinen, der die Bundesregierung in Umweltfragen berät. Er legt regelmäßig Berichte zu einzelnen Themen des Umweltschutzes vor. Diese Berichte binden aber die Regierung nicht und sind in der Vergangenheit oft folgenlos geblieben.

165 Wenn jede Einwohnerin und jeder Einwohner Deutschlands im Jahr 1 Euro für die Naturtreuhänderschaft zahlen würde, könnte man ein ausreichendes Budget erzielen.

166 Purzer/Zenetti: Die Rechte des spanischen Mar Menor, S. 55–59.

167 Kersten (Fn. 68), S. 104 ff.

168 Der effektive Schutz der allgemeinen Handlungsfreiheit in der Zukunft war auch Gegenstand des Klimabeschlusses des Bundesverfassungsgerichts v. 24.03.2021.

169 Ständige Rechtsprechung des Bundesverfassungsgerichts, s. BVerfG (Fn. 85), Rn. 152 mit weiteren Nachweisen.

170 BVerfG, ebda., Rn. 149.

171 Zum Ganzen: Prigogine: Die Gesetze des Chaos, S. 23 ff.; Cramer, Chaos and order, 1993, S. 75 ff., Ebeling: Selbstorganisation und Entropie in ökologischen und ökonomischen Prozessen, S. 29 ff.

172 EuGH, Urt. v. 07.09.2004 (Rs. C-127/02).

173 BVerwG Urt. v. 03.11.2020 (Az. 9 A 12.19).

174 Soentgen (Fn. 8), S. 113.

175 Corte Constitutional Del Ecuador (Fn. 90), Rz. 62.

176 [https://verfassungsblog.de/the-mar-menor-lagoon-in-spain-enjoys-legal-standing-and-now-what/].

177 Böckenförde (Fn. 21), S. 112 f.

178 Ähnlich: Piccolo et al. Nature's contributions to people and peoples' moral obligations to nature, in: Biological Conservation 270 (2022), 109572.

179 Cullinan: Wild Law, S. 68.

180 BVerfG, Beschl. v. 24.03.2021 (Az. BvR 2656/18 u. a.), Rn. 206.

181 Kloepfer M., Droht der autoritäre ökologische Staat? in: Baumeister, H. (Hrsg.), Wege zum Ökologischen Rechtsstaat, 1994, S. 42.

182 BVerfG, Beschl. v. 24.03.2021 (Az. 1 BvR 2656/18 u. a.), Rn. 117 ff.

183 Schweitzer: Die Lehre der Ehrfurcht vor dem Leben, S. 30.

184 Auch Purdy verweist auf den Umstand, dass die Menschen Lebewesen sind wie alle anderen Lebewesen auch: Purdy (Fn. 39), S. 280.

185 Im Yellowstone-Nationalpark wurde nach der Wiederansiedlung der Wölfe ein starker Rückgang der Verbissschäden an jungen Espen beobachtet, sodass die Wölfe indirekt zu einer Wiederbewaldung beigetragen haben. Ob sich derartige Effekte auch in der mitteleuropäischen Kulturlandschaft langfristig einstellen würden, ist aber wissenschaftlich bisher nicht belegt. S. Heurich: Welche Effekte haben große Beutegreifer auf Huftierpopulationen und Ökosysteme? Bottom-up- versus Top-down-Control, S. 337–345.

186 Ahrendt: Die Freiheit, frei zu sein, S. 40 f.

187 Vorlage d. Ausschusses für Grundsatzfragen vom 23.09.1948, Jahrbuch des öffentlichen Rechts Bd. 1 (1951), S. 55.

188 Ausführlich: Rixecker, in: Münchner Kommentar zum BGB, Anh. zu § 12, AllgPersönlR.

189 Graeber/Wengrow: Anfänge, S. 514, 536.

190 Es lässt sich belegen, dass ab dem 17. Jahrhundert in europäischen Hauptstädten wie Paris oder London Zusammenschlüsse und Gesellschaften von Gelehrten an Zahl und Bedeutung gewonnen haben. In diesem »Dunstkreis« wurden die Ideen zu Freiheit und Rechtsstaat geboren: Henrich: Die sonderbarsten Menschen der Welt, S. 602, 636 ff.

191 Im Ergebnis ähnlich: Eichholz (Fn. 46), S. 81.

192 Gabriel (Fn. 38), S. 137.

193 Das Netzwerk »Rechte der Natur« hat deshalb vorgeschlagen, Art. 2 GG dahingehend zu ergänzen, dass die Allgemeine Handlungsfreiheit auch die Rechte der Natur nicht verletzen darf.

194 BVerfG, Beschl. v. 24.03.2021 (Az. BvR 2656/18).

195 Die britische Wirtschaftswissenschaftlerin Kate Raworth hat ein solches Wirtschaftsmodell als Donut-Ökonomie beschrieben; Raworth: Doughnut Economics: Seven Ways to Think Like a 21st Century Economist.

196 Jonas: Technik, Freiheit, Pflicht, S. 41.

197 Gabriel (Fn. 38), S. 90.

198 Bosselmann: Ökologische Grundrechte, S. 94 ff.

199 In Anlehnung an Art. 5 Nr. 1 Verfassung des Königreiches Bhutan.

200 Wieland, in Dreier: Grundgesetz, Art. 14, Rn. 63.

201 Wieland, ebd., Rn. 23.

202 Statistisches Bundesamt, Stand: 09/2022 [https://www.destatis.de/DE/Themen/Branchen-Unternehmen/Landwirtschaft-Forstwirtschaft-Fischerei/Flaechennutzung/siedlungs-verkehrsflaeche_aktuell.html].

203 S. Mitteilung des Bundesamtes für Raumentwicklung vom 24.11.2022, [https://www.are.admin.ch/are/de/home/medien-und-publikationen/medienmitteilungen/medienmitteilungen-im-dienst.msg-id-91874.html].

204 Wesche (Fn. 19), S. 100 ff., 115 f.

205 Hendlin: From Terra Nullius to Terra Communis: Reconsidering Wild Land in an Era of Conservation and Indigenous Rights, S. 145 ff.

206 Bosselmann (Fn. 198), S. 123.

207 Staudinger/Stieper: BGB, § 95, Rn. 4.

208 Der Bundesgerichtshof sieht grundsätzlich alle Bäume, ob gepflanzt oder von selbst aufgegangen, als wesentliche Bestandteile des Grundstücks und damit vom Eigentumsrecht umfasst an (BGH, Urt. v. 27.01.2006, Az. V ZR 46/05, Rn. 9). Ausnahmen bilden nur Weihnachtsbaumkulturen oder Baumschulgehölze.

209 BVerfG, Beschl. vom 15.07.1981 (Az. 1 BvL 77/78).

210 Wieland (Fn. 200), Art. 14, Rn. 36.

211 Maine: Lectures on the Early History of Institutions, S. 101 ff.

212 Hardin: Tragedy of the Commons.

213 Ostrom: Die Verfassung der Allmende jenseits von Staat und Markt, S. 117 ff.

214 Im Jahr 2020 betrug der Pachtanteil bei landwirtschaftlich genutzten Flächen 60 Prozent: Pressemitteilung des Statistischen Bundesamtes vom 20.07.2021, abrufbar unter: www.destatis

215 Henrich (Fn. 117), S. 185 ff.

216 Ostrom: (Fn. 213), S. 241 ff.

217 Hegel: Rechtsphilosophie, § 260; s. dazu: Gröschner/Dierksmeier/Henkel/Wiehart: Rechts- und Staatsphilosophie, S. 249 f.

218 Antarktisvertrag vom 1.12.1959; veröffentlicht vom Umweltbundesamt [https://www.umweltbundesamt.de/themen/nachhaltigkeit-strategien-internationales/antarktis/das-antarktisvertragssystem/der-antarktis-vertrag] (Stand: 26.02.2023)

219 Nationalparkgesetz v. 17.12.1999, GVOBl. 1999, 518.

220 Wesche (Fn. 19), S. 16.

221 Wesel: Geschichte des Rechts, S. 420 f.

222 Wehler: Deutsche Gesellschaftsgeschichte. Zweiter Band 1815–1845/49, S. 8.

223 Johnstone/Shot: Shocks, institutional change and sustainability transitions.

Literaturverzeichnis

Adloff, Frank (2020): Ontologie, Konvivialität und Symbiose oder: Gibt es Gaben der Natur?, in: Zeitschrift für Theoretische Soziologie, 2 (198)

Ahrendt, Hannah (2018): Die Freiheit, frei zu sein, dtv Taschenbuch

Altwicker, Tilman (2015): Rechtsperson im Rechtspositivismus, in: Gröschner, Rolf/Kirste, Stephan/Lembcke, Oliver W.: Person und Rechtsperson. Zur Ideengeschichte der Personalität, Mohr Siebeck

Barkmann, Jan/Fränzle, Otto/Schröder, Winfried/Müller, Felix (2017): Handbuch der Umweltwissenschaften. Band 4, Wiley-VCH

Birnbacher, Dieter (2002): Juridische Rechte für Naturwesen. Eine philosophische Kritik, in: Nida-Rümelin, Julian/Pfordten, Dietmar von der, Ökologische Ethik und Rechtstheorie, Nomos Verlagsgesellschaft

Böckenförde, Ernst-Wolfgang (1991): Recht, Staat, Freiheit. Studien zur Rechtsphilosophie, Staatstheorie und Verfassungsgeschichte, Suhrkamp Verlag

Bosselmann, Klaus (1998): Ökologische Grundrechte. Zum Verhältnis zwischen individueller Freiheit und Natur, Nomos Verlagsgesellschaft

Buck, August (Hrsg.) (1990): Giovanni Pico della Mirandola. De hominis dignitate. Über die Würde des Menschen, Felix Meiner Verlag

Callies, Christian (2000): Rechtsstaat und Umweltstaat. Zugleich ein Beitrag zur Grundrechtsdogmatik im Rahmen mehrpoliger Verfassungsrechtsverhältnisse, Mohr Siebeck

Cox Daniel T. C. et al. (2017): Doses of Neighborhood Nature. The Benefits for Mental Health of Living with Nature, in: BioScience (67/2), 147

Cramer, Friedrich (1993): Chaos and Order. The Complexe Structures of Living Systems, Wiley-VCH

Cullinan, Cormac (2011): Wild Law. A Manifesto for Earth Justice, green books

Dachverband Agrarforschung/Akademie für Naturschutz und Landschaftspflege (1994): Begriffe aus Ökologie, Umweltschutz und Landnutzung.

Die konvivialistische Internationale (2020): Das zweite konvivialistische Manifest, transcript-Verlag

Duden: Das Fremdwörterbuch. Band 5 (2023), Dudenverlag

Ebeling, Werner (1994): Selbstorganisation und Entropie in ökologischen und ökonomischen Prozessen, in: Beckenbach, Frank/Diefenbacher, Hans (Hrsg.): Zwischen Entropie und Selbstorganisation, Metropolis-Verlag

Eichholz, Reinald (2022): Gerechtigkeit, Menschenwürde und die Rechte der Natur, KunstRaumRhein

Enders, Christoph (1997): Die Menschenwürde in der Verfassungsordnung. Zur Dogmatik des Art. 1 GG, Mohr Siebeck

European Economic and Social Committee (2019): Towards an EU Charter of the Fundamental Rights of Nature [https://op.europa.eu/en/publication-detail/-/publication/7af5cff1-175d-11ec-b4fe-01aa75ed71a1/language-en]

Fritsche, Olaf (2010): Biologie für Einsteiger. Prinzipien des Lebens verstehen, Spektrum Akademischer Verlag

Gabriel, Markus (2022): Der Mensch als Tier, Ullstein

Gebhard, Ulrich (1993): Erfahrungen von Natur und seelische Gesundheit, in: Seel, Hans-Jürgen/ Sichler, Ralph/Fischerlehner, Brigitte (Hrsg.): Mensch – Natur. Zur Psychologie einer problematischen Beziehung, VS Verlag für Sozialwissenschaften.

Gorke, Martin (1999): Artensterben. Von der ökologischen Theorie zum Eigenwert der Natur, Klett-Cotta

Graeber, David/Wengrow, David (2022): Anfänge. Eine neue Geschichte der Menschheit, Klett-Cotta

Gröschner, Rolf (1992): Das Überwachungsrechtsverhältnis. Wirtschaftsüberwachung in gewerbepolizeilicher Tradition und wirtschaftsverwaltungsrechtlichem Wandel, Mohr Siebeck

Gröschner, Rolf/Dierksmeier, Claus/Henkel, Michael/Wiehart, Alexander (2000): Rechts- und Staatsphilosophie. Ein dogmenphilosophischer Dialog, Springer

Gutmann, Andreas (2021): Hybride Rechtssubjektivität. Die Rechte der »Natur oder Pacha Mama« in der ecuadorianischen Verfassung von 2008, Nomos Verlagsgesellschaft

Gutmann, Andreas (2022): Monkeys in their own right. The Estrellita Judgement of the Ecuadorian Constitutional Court. Verfassungsblog 22.02.2022, [https://verfassungsblog.de/monkeys-in-their-own-right/]

Hardin, Garret (1968): Tragedy of the Commons, in: Science Vol. 162 (3859)

Hartmeier, Christof/Ott, Konrad (2015): Naturethik und biblische Schöpfungserzählung, W. Kohlhammer

Hendlin, Yogi Hale (2014): From Terra Nullius to Terra Communis: Reconsidering Wild Land in an Era of Conservation and Indigenous Rights, in: Environmental Philosophy 11 (2)

Henrich, Joseph (2016): Secret of our success, Princeton University Press

Henrich, Joseph (2022): Die seltsamsten Menschen der Welt, Suhrkamp Verlag

Heurich, Marco (2015): Welche Effekte haben große Beutegreifer auf Huftierpopulationen und Ökosysteme? Bottom up versus Top down Control, in: Naturschutz und Landschaftsplanung 47 (11)

Höffe, Otfried (2023): Goldene Regel, in: Höffe, Otfried (Hrsg.): Lexikon der Ethik, Verlag C.H.Beck

Hume, David (1896/2000): A Treatise of Human Nature. Norton David Fate, Norton Mary (Hrsg.), Oxford University Press

Hunt, Lynn (2008): Inventing Human Rights. A History, Norton & Company

Johnstone, Phil/Shot, Johan (2023): Shoks, institutional change, and sustainability transitions, in: Proceedings of the National Academy of Sciences 120 (47)

Jonas, Hans (1984): Das Prinzip Verantwortung, Suhrkamp

Jonas, Hans (1987): Technik, Freiheit und Pflicht. Ansprache zur Verleihung des Friedenspreises des Deutschen Buchhandels 1987 [https://www.friedenspreis-des-deutschen-buchhandels.de/alle-preistraeger-seit-1950/1980-1989/hans-jonas]

Kant, Immanuel (1787): Kritik der reinen Vernunft. 2. Auflage, Hofenberg Sonderausgabe

Kant, Immanuel: Grundlegung zur Metaphysik der Sitten. Hrsg. u. eingef. v. Theodor Valentiner (1986), Reclam

Kersten Jens (2022): Das ökologische Grundgesetz, Verlag C.H.Beck

Kirchhoff, Thomas/Trepl, Ludwig (Hrsg.) (2009): Vieldeutige Natur. Landschaft, Wildnis und Ökosystem als kulturgeschichtliche Phänomene, transcript Verlag

Kirste, Stephan (2015): Die beiden Seiten der Maske. Rechtstheorie und Rechtsethik der Rechtsperson, in: Gröschner Rolf/Kirste Stephan/Lembcke Oliver W.: Person und Rechtsperson. Zur Ideengeschichte der Personalität, Mohr Siebeck

Kissel, Otto Rudolf (1982): Grenzen der rechtsprechenden Gewalt, in: Neue Juristische Wochenschrift, Heft 33, S. 1777–1785

Kloepfer Michael (1994): Droht der autoritäre ökologische Staat? in: Baumeister, Hubertus (Hrsg.): Wege zum Ökologischen Rechtsstaat, Eberhard Blottner Verlag

Koorsgaard, Christine M. (2021): Tiere wie wir. Warum wir moralische Pflichten gegenüber Tieren haben, Verlag C.H.Beck

Kramm, Matthias (2020): When a River becomes a Person, in: Journal of Human Development and Capabilities, 21(4), 307–319

Kramm, Matthias (Hrsg.) (2024): Rechte für Flüsse, Berge und Wälder, oekom Verlag

Largo, Remo H. (2020): Das passende Leben, Fischer Taschenbuch

Laplace, Pierre Simon (1812): Philosophischer Versuch über die Wahrscheinlichkeiten. Reprint (1886), Duncker & Humblot

Lehninger, Albert L./Nelson David L./Cox, Michael M./Teschke, Harald (Hrsg.) (1998): Prinzipien der Biochemie, Spektrum Akademischer Verlag

Mahlmann, Matthias (2021): Rechtsphilosophie und Rechtstheorie, Nomos

Maine, Henry Sumner (1914): Lectures on the Early History of Institutions [https://oll.libertyfund.org/titles/maine-lectures-on-the-early-history-of-institutions]

Mambrey, Sophia (2023): Ökologische Systeme verstehen. Untersuchung fachspezifischer und systemischer Einflussfaktoren, Springer

Mayr, Magdalena (2018): »Rechte am Embryo«. Zivil- und familienrechtliche Fragestellungen im Rahmen der In-vitro-Fertilisation, in: Neue Zeitschrift für Familienrecht (NZFam) 2018, 913–920

McCoy, Daniel et al. (2015): Natural aerosols explain seasonal and spatial patterns of Southern Ocean cloud albedo, in: Science Advances 1 (6)

Methorst Joel et al. (2021): The importance of species diversity for human well-being in Europe, in: Ecological Economics (181): 106917

Meyer-Abich, Klaus-Michael (1984): Wege zum Frieden mit der Natur, Hanser Verlag

Meyer-Abich, Klaus-Michael (2002): Naturphilosophische Begründung einer holistischen Ethik, in: Nida-Rümelin, Julian/Pfordten, Dietmar von der: Ökologische Rechtstheorie, Nomos Verlagsgesellschaft

Mill, John Stuart (2021): Nature, Reclam Verlag

Morgan, Lewis H. (1891): Die Urgesellschaft. Untersuchungen über den Fortschritt der Menschheit aus der Wildheit durch die Barbarei zur Zivilisation, Verlag J. H. W. Dietz

Muntenbrock, Axel (2010): Zivilreligion. Eine Rechtsphilosophie I, Open Access der Freien Universität Berlin

Musielak, Hans-Joachim/Voit, Wolfgang (2021): Zivilprozessordnung. Kommentar zur ZPO mit Gerichtsverfassungsgesetz, Verlag Franz Vahlen

Nietzsche, Friedrich (1873): Über Wahrheit und Lüge im außermoralischen Sinne [https://www.geisteswissenschaften.fu-berlin.de/v/interart/media/dokumente/laboratory-reader/Wilson_Text_Nietzsche_dt.pdf]

Nussbaum, Martha (2023): Gerechtigkeit für Tiere. Unsere gemeinsame Verantwortung, wbg Theiss

Ostrom, Elinor (1999): Die Verfassung der Allmende jenseits von Staat und Markt, Mohr Siebeck

Otto, Hans-Jürgen (1994): Waldökologie, Ulmer

Ozdemir, Ibrahim (2003): Toward an understanding of environmental ethics from a Qur'anic perspective, in: Foltz, Richard (Hrsg.): Islam and Ecology. A Bestowed Trust, Center for the Study of World Religions, Harvard Divinity School

Piccolo, John J. et al. (2022): Nature's contributions to people and peoples' moral obligations to nature, in: Biological Conservation (270): 109572

Prigogine, Ilja (1998): Die Gesetze des Chaos, Insel Verlag

Purdy, Jedediah (2015): After Nature. A Politics for the Anthropocene, Harvard University Press

Purzer, Alex/Zenetti, Jula (2024): Die Rechte des spanischen Mar Menor, in: Kramm, Matthias (Hrsg.): Rechte für Flüsse, Berge und Wälder, oekom

Raworth, Kate (2018), Doughnut Economics: Seven Ways to Think Like a 21st Century Economist, Random House Business

Reheis, Fritz (2022): Erhalten und Erneuern, VSA

Richter, Dagmar (2007): Die Würde der Kreatur. Rechtsvergleichende Betrachtungen, in: Zeitschrift für ausländisches öffentliches Recht und Völkerrecht (ZaöRV) 67

Ripl, Wilhelm/Hildmann, Christian (1995): Nachhaltige Bewirtschaftung von Ökosystemen aus wasserwirtschaftlicher Sicht, in: Fritz, Peter/Huber, Joseph/Levi, Hans Wolfgang: Nachhaltigkeit in naturwissenschaftlicher und sozialwissenschaftlicher Perspektive, Wissenschaftliche Verlagsgesellschaft

Rixecker, Roland (2018): Kommentierung zu § 12 BGB, in: Säcker, Franz Jürgen/Rixecker, Roland/Oetker, Hartmut (Hrsg.), Münchner Kommentar zum Bürgerlichen Gesetzbuch, Band 1, Verlag C.H.Beck

Roth, Gerhard (2004): Das Problem der Willensfreiheit aus der Sicht der Hirnforschung, in: Brandenburgische Akademie der Wissenschaften (Hrsg.): Debatte 1, 83–92

Sadava, David/Hillis, David M./Heller, Greig H./Hacker, Sally D./Markl, Jürgen (Hrsg. dt. Ausgabe) (2019): Purves. Biologie, Springer

Savigny, Friedrich Carl von (1840): System des heutigen Römischen Rechts. Zweyter Band, § 60, Veit und Comp.

Scherer, Joachim/Heselhaus, Sebastian (2024), in: Dauses, Manfred/Ludwigs, Markus: Handbuch des EU-Wirtschaftsrechts, 60. EL, Kap. O. Umweltrecht

Schmitz, Oswald et al. (2018): Animals an the zoogeochemistry of the carbon cycle, in: Science 362, 1127ff.

Schweitzer, Albert (1952): Die Lehre der Ehrfurcht vor dem Leben, Union Verlag

Searles, Harold F. (1960): The nonhuman environment in normal development and schizophrenia, International Universities Press

Soentgen, Jens (2018): Ökologie der Angst, Matthes & Seitz

Söhnlein, Bernd (1999): Landnutzung im Umweltstaat des Grundgesetzes, Boorberg

Stieper, Malte (2021): Kommentierung zu § 95 BGB, in: J. von Staudingers Kommentar zum Bürgerlichen Gesetzbuch und Nebengesetzen. Buch 1. Allgemeiner Teil §§ 90–124, Otto Schmidt/De Gruyter

Übereinkommen über den Zugang zu Informationen, die Öffentlichkeitsbeteiligung an Entscheidungsverfahren und den Zugang zu Gerichten in Umweltangelegenheiten (Aarhus-Konvention) [https://www.aarhus-konvention.de/aarhus-konvention/uebereinkommen/]

Verfassung des Königreichs Bhutan [https://www.nationalcouncil.bt/assets/uploads/files/Constitution%20%20of%20Bhutan%20English.pdf]

Voßkuhle, Andreas (2013): Umweltschutz und Grundgesetz, Neue Zeitschrift für Verwaltungsrecht (NVwZ) 1–2

Wagner, Erika/Bergthaler, Wilhelm/Krömer, Michaela/Grabmair, Lukas (2022): Eigenrechtsfähigkeit der Natur, Jan Sramek Verlag

Wehler, Hans Ulrich (2005): Deutsche Gesellschaftsgeschichte. Zweiter Band 1815–1845/49, Verlag C.H.Beck

Welzl, Hans: Ein Kapitel aus der Geschichte der Erklärung der amerikanischen Menschenrechte, in: Schnur, Roman (Hrsg.) (1964): Zur Geschichte der Erklärung der Menschenrechte, Wissenschaftliche Buchgesellschaft

Wesche Tilo (2023): Die Rechte der Natur, Suhrkamp Verlag

Wesel, Uwe (2014): Geschichte des Rechts. Von den Frühformen bis zur Gegenwart, Verlag C.H.Beck

White Lynn (1967): The Historical Roots of Our Ecological Crisis, in: Science 155 (3767), S. 1203–1207

Wieland, Joachim (2008): Kommentierung zu Art. 14 Grundgesetz, in: Dreier, Horst (Hrsg.), Grundgesetz, Mohr Siebeck

Wissenschaftlicher Beirat der Bundesregierung Globale Umweltgefahren (WBGU): Welt im Wandel. Nachhaltige Nutzung der Biosphäre, Jahresgutachten 1999

Zhao, Tingyang (2020), Alles unter dem Himmel. Vergangenheit und Zukunft der Weltordnung, Suhrkamp Verlag